mylène rémy

la côte d'ivoire aujourd'hui

(7e édition)

79 pages de photos en couleurs
14 cartes-itinéraires

LES EDITIONS DU
JAGUAR

sommaire

Photo couverture :
Dans la région de Man, les petites danseuses sacrées suivent une initiation très dure pendant plusieurs années et doivent rester séparées de leur famille. Parmi leurs exploits les plus spectaculaires figure leur voltige au-dessus de la tête du maître de danse qui les reçoit ensuite dans ses bras entre deux poignards (photo C. Lenars/Explorer).

Page précédente :
Entre océan et lagune, à l'est d'Abidjan, se sont implantés des villages de vacances, tel celui d'Assinie, géré par le Club Méditerranée qui a su ne pas trahir le caractère du site (photo Club Méditerranée).

panorama

ville par ville

la côte d'ivoire en carte

le voyage

panorama

le sol et les hommes

■ Une forêt de gratte-ciel, des grues signalant partout des chantiers en cours, des quartiers entièrement neufs surgis du sable ou de la brousse, Abidjan, dès les premières années de l'Indépendance, s'est profondément métamorphosée. Quant à Yamoussoukro, passée du statut de « village du Président » à celui de capitale administrative en 1983, qui la reconnaîtrait ? Pendant ce temps, à l'intérieur du pays, les villes anciennes changeaient de peau ; des hameaux se regroupaient en agglomérations modernes ; des lacs nés de barrages transformaient le visage de plusieurs départements ; dans l'Ouest naissait San Pedro, ville et port nouveaux. Ailleurs, la forêt primaire faisait place à des cultures industrialisées, à des espèces végétales étrangères... Pendant vingt ans, la Côte d'Ivoire sembla vivre sous le signe de la mobilité et des innovations.

Et puis, le rythme s'est peu à peu calmé ! Certes la conjoncture économique internationale représente la première cause de ce ralentissement. Mais peut-être celui-ci obéit-il également à des raisons beaucoup plus complexes, des raisons en rapport direct avec le tempérament ivoirien. Car cette nation vivant à 200 à l'heure se compose d'individus qui détestent la hâte, les contacts brutaux, l'entrée dans le vif d'un sujet sans préliminaires courtois. L'Ivoirien, même l'homme d'affaires le plus dynamique, a le sens paysan de la durée que l'on ne peut violer. Pour qu'il vous aime, il faut l'aimer et avoir pris le temps de le comprendre dans toute sa complexité, une complexité née de toutes les tendances radicalement différentes auxquelles il est soumis.

S'il envisage la nouveauté et le futur avec sérénité, il entend ne pas perdre contact avec ses traditions, c'est-à-dire avec une perception aiguë des forces qui gouvernent l'univers et l'homme, et de leur permanence.

Ni demi-mesure, ni demi-teinte

Les Gaulois ne redoutaient qu'une seule chose, paraît-il : voir le ciel leur tomber sur la tête. Quelle panique auraient-ils éprouvée, s'ils avaient habité dans ce pays tropical dont le climat et la lumière ne connaissent ni demi-mesure ni demi-teinte !

La nuit y survient avec une telle brusquerie qu'il semble toujours qu'un préposé céleste ait fermé un commutateur électrique. De même les orages éclatent et se terminent avec la soudaineté d'une douche commandée par et pour un géant. Des arbres gigantesques, déracinés par un ouragan, barrent soudain la route. Puis, peu après, la forêt reprend une immobilité qui semblait inimaginable quelques heures auparavant.

D'un bout à l'autre de ce pays d'une superficie modérée, avec ses 322 000 kilomètres carrés, s'opposent de violents contrastes entre l'humidité tempérée du sud et la sécheresse du nord, entre la fraîcheur des nuits et la brûlure du soleil zénithal, entre des saisons dont le nombre et la durée varient selon la latitude. Les forces de la nature s'imposent à l'homme et lui donnent en permanence conscience de sa faiblesse.

Cependant, ce climat tropical s'assortit souvent d'étranges douceurs. Si la tombée du jour est rapide, elle ménage pendant quelques instants des ciels presque déchirants de beauté. Entre les violentes pluies de l'hivernage, dans le nord, un éclairage d'une extraordinaire douceur illumine le paysage. Le vent, lorsqu'il ne s'emballe pas en tornades, n'est plus que souffle léger. A la chaleur de la savane succède l'ombre tempérée d'un bosquet de manguiers ou de tecks, tandis que, dans la zone forestière, la chaleur des villes est compensée par un environnement végétal dont la densité est synonyme de pénombre et de fraîcheur reposantes.

Le grondement furieux de l'océan

A part la neige, l'eau emprunte tous les aspects pour s'imposer d'un bout à l'autre du pays, de ruisselets en rivières et en fleuves et de lacs en océan.

Il s'agit de l'océan Atlantique et du golfe de Guinée dont la côte, entre Liberia et Ghana, est ivoirienne sur 550 kilomètres. Partout, il donne furieusement de la voix en s'enroulant sur lui-même, avant de venir mourir sur le sable en gerbes d'écume qui apportent aux baigneurs une fraîcheur bienfaisante ; à l'ouest, entre Sassandra et la frontière du Liberia, la côte rocheuse s'incurve en baies, bien protégées par des promontoires : la barre, trop rigide pour suivre ces contours, libère un flot qui s'apaise peu à peu et vient s'étaler en douceur sur les plages.

L'eau lutte aussi contre elle-même : De Fresco jusqu'au Ghana, à l'est, un mince cordon de sable sépare l'océan d'un réseau de lagunes aux méandres tourmentés, qui communiquent souvent entre elles. Des passes plus ou moins étroites percent ce cordon. L'eau douce et l'eau salée s'affrontent, et la mer, victorieuse, se mélange juste assez à la lagune pour régénérer ses immenses étendues immobiles.

En fait, à part le canal de Vridi, creusé pour que les bateaux puissent pénétrer dans la lagune Ebrié à hauteur du port d'Abidjan, ces chenaux ont été provoqués par l'embouchure de fleuves et de rivières. Le Bandama se jette à Grand Lahou à l'extrémité de la lagune Tagba. La petite rivière Mé s'élargit en lagune Potou, à l'est de l'immense lagune Ebrié et rejoint la Comoë à hauteur de Grand Bassam. Enfin, la Bia fait semblant de mourir au fond de la lagune Abi, mais son courant est plus fort que l'inertie de ces eaux dormantes et il a réussi à creuser lui aussi un chenal à côté d'Assinie.

Ces fleuves et ces rivières sont loin d'être les seuls à arroser l'ensemble du pays. Le Cavally, né en Guinée, devient ivoirien au-dessus de Danané et achève sa carrière comme frontière entre le Liberia et la Côte d'Ivoire. Le petit San Pedro n'a, lui, qu'une courte vie avant d'aboutir un peu plus à l'est. Le Sassandra, grossi de son cortège d'affluents, descend du nord sur 650 kilomètres et trouve la côte en bordure de la ville à qui il a donné son nom. Et d'innombrables rivières naissent dans le nord : les unes – par pur esprit de contradiction – abandonnent la Côte d'Ivoire pour rejoindre le Niger. Les autres, les plus nombreuses, alimentent le Bandama et la Comoë, puissants seigneurs, suzerains des savanes comme des forêts, du nord au sud. A ces cours d'eau permanents s'ajoutent de modestes marigots. A sec pendant les mois de grande chaleur, le moindre d'entre eux gonfle dès les premières pluies, déborde, s'arrondit en mares et fait l'important.

L'extraordinaire fascination de l'eau

Fleuves et rivières, dans l'ouest montagneux, se précipitent en chutes à la moindre occasion, s'éparpillent en minicascades parmi les rochers et transforment en marécages les bas-fonds. Ils apportent la fertilité aux terres sèches du nord, mais constituent aussi un danger, car les eaux de pluie qui les alimentent lavent le sol de son limon et leur en font cadeau. La couleur de la lagune et même de la mer devant l'embouchure des fleuves, à l'époque de l'hivernage, en porte témoignage.

Sur le voyageur, l'eau exerce toujours une fascination extraordinaire, qu'il s'agisse des lagunes ou des fleuves. Il faut dire qu'ils sont la respiration des zones de forêts dont la densité provoquerait souvent une sensation d'étouffement si, à point nommé, ils ne venaient écarter leur masse sombre. D'ailleurs, dans ce pays chaud, ils sont une promesse de fraîcheur, surtout lorsqu'il est possible de suivre en pirogue leurs bords ombragés d'arbres dont la forme, la hauteur, l'épaisseur varient d'une région à une autre. Et puis l'eau abrite la vie : elle contient des poissons parfois sacrés, dans ce pays à majorité animiste, ou même des hippopotames et des crocodiles. On ne les voit pas toujours, mais leur présence est, sinon certaine, du moins possible.

Parfois, la route est coupée par un fleuve qu'il faut franchir sur un bac : autrefois fréquente, cette traversée devient de plus en plus rare au fur et à mesure que des ponts remplacent partout ces plates-formes pittoresques. On n'en apprécie que plus ces courts moments de navigation silencieuse qui repose des cahots de la route.

Mais les ponts ne garantissent pas toujours une circulation sans histoire. Dans certaines régions, comme le Parc de la Comoë, les violentes pluies de l'hivernage les submergent souvent et les rendent inutilisables, comme leur piste d'accès.

Lacs et barrages : électrification et irrigation

Il était inévitable que le gouvernement de Côte d'Ivoire prenne conscience de l'atout considérable que représente ce système hydrographique, sur le plan de l'électrification.

Les barrages d'Ayamé, sur la Bia, ont provoqué la naissance de lacs de petite dimension qui forment déjà, indépendamment de leur utilité, un argument touristique. Mais ils n'ont pas métamorphosé leur région comme l'ont fait les barrages sur le Bandama et le Sassandra, où il en existe deux : celui barrant les chutes du Nawa, près de Soubré, a une importance très restreinte. Il n'a pas provoqué de retenue d'eau comme à Buyo, au nord, où un lac a surgi, en forme de V, dont les deux branches atteignent Guiglo au nord-ouest et la route Daloa-Duékoué au nord-est. Immédiatement empoissonné, il a constitué un apport de nourriture non négligeable pour la population et, grâce à son très beau plan d'eau reflétant les géants de la forêt l'encerclant, il deviendra probablement

Parmi les multiples espèces animales rencontrées en Côte d'Ivoire, les buffles figurent parmi les plus fréquentes (photo M. et A. Kirtley/Éditions du Jaguar).

le centre d'une nouvelle zone touristique.

Mais le lac de Buyo ne peut rivaliser avec celui de Kossou, accompagné par une autre retenue d'eau plus petite, en aval, à Taabo. Dans cette zone, où la forêt se transforme en savane, très peuplée par des paysans qui ont dû par milliers abandonner leurs terres, l'eau, en noyant de nombreux villages, a bouleversé à la fois le paysage et l'existence des hommes. Et sur la carte, cette immense tache bleue aux contours dentelés semble aérer la forme un peu massive de la Côte d'Ivoire.

Connaissez-vous la savane ?

En provoquant une réorganisation totale de la région du centre, le lac a même entraîné, dans la zone nord, une transformation physique de la savane : de nouvelles espèces végétales ont été introduites et leur imbrication avec les anciennes donne à l'ensemble des blocs de culture un schéma original. Quant aux arbres dont les eaux n'ont pas atteint le sommet, ils parsèment la surface du lac en masses plus ou moins serrées et leurs branches noires et dépouillées évoquent des tableaux de Carzou.

La zone de savane forme au sud une pointe et s'évase en remontant vers le nord jusqu'à l'envahir complètement de l'est à l'ouest. Mais la savane, contrairement à ce qu'imaginent beaucoup d'Européens qui l'assimilent au Sahel, n'a rien de désertique. D'abord, au voisinage des cours d'eau, elle est coupée par des galeries forestières souvent très fournies. Ensuite, même lorsque son horizon est largement dégagé, elle est toujours piquée d'arbres, moins hauts que les géants des forêts du sud, mais qui n'en ont pas moins une taille fort honnête. Ce qui enchante avec ces arbres, qui se détachent bien les uns des autres, soit individuellement, soit par boqueteaux, c'est leur diversité : diversité de leurs espèces, mais aussi diversité de leurs aspects suivant la saison.

La savane est une facétieuse ou une coquette qui renouvelle complètement sa garde-robe à l'occasion de ses deux uniques saisons.

Contrairement au sud qui entremêle d'une manière plus compliquée périodes sèches et humides, la savane a jugé mieux de grouper les pluies de juillet à novembre et de dormir au soleil le reste de l'année. Cela lui permet de se couvrir, pendant la première saison, d'un tapis d'une extraordinaire luxuriance, qui dissimule à demi les dénivellations du terrain et presque complètement troupeaux domestiques et animaux sauvages. C'est alors que les arbres, parés de toutes leurs feuilles et souvent de fleurs, font apparaître le plus nettement leur personnalité. Autour et dans les agglomérations, ce sont des nimes, des cacias à fleurs jaunes, des manguiers à la floraison rose. Surtout dans le nord-ouest s'y ajoutent des vergers merveilleux d'orangers, de mandariniers, de citronniers, de goyaviers, d'anacardiers et même, lorsqu'on les laisse vivre, des fromagers et des flamboyants.

Dans la savane même, des rôniers viennent en avant-garde au-devant de la zone forestière, tandis qu'à partir de Bouaké, les tecks, en troupeau compact, font une apparition très appréciée. Ces arbres, aux feuilles exubérantes, aux fleurs-fruits dorés, au tronc élancé constituent vraiment une des parures du nord. Enfin, les vrais arbres de la savane, nérés et karités, plus petits, sont alors tout ébouriffés de feuilles vertes, gorgées d'eau.

Cessent les pluies : les herbes jaunissent, les feux de brousse s'allument un peu partout. Voilà la savane métamorphosée. Une fois les récoltes rentrées, sa « peau » ocre rouge apparaît sous les mêmes nérés et karités qui ont perdu leurs feuilles et ont été noircis par le feu. Dans la brousse, plus un soupçon de vert, mais une gamme de tons brûlants et brûlés, qui s'harmonisent avec le pelage des bœufs, des chèvres et des moutons.

De bonne fermière normande, la savane devient princesse du désert.

Dans la zone sud règne au contraire une certaine permanence… ou tout au moins elle devrait normalement y régner. La nature a prévu pour son manteau forestier primitif une continuité dans l'apparence, faite d'ailleurs de morts et de renaissances qui se perdent dans la masse compacte des végétaux inextricablement liés. Mais la nature propose et l'homme dispose.

Si vous aimez la forêt et ses mystères

Il a disposé partout de la forêt primaire : même dans le sud-ouest où, pendant longtemps, les forestiers ont cru qu'elle resterait inépuisable. Il n'en reste que des lambeaux comme celui que représente la forêt de Taï. Ailleurs et d'abord autour d'Abidjan, cette forêt laisse la place aux palmiers, bananiers, caféiers, cacaoyers, hévéas et bien d'autres cultures encore, très souvent originaires de pays étrangers. Ces paysages, en fait artificiels, sont loin d'être laids. Bien au contraire : pour de nombreux Européens, ils ont un caractère beaucoup plus « exotique », donc authentique, que les espèces naturelles de la forêt primaire. A l'œil du profane, ces espèces, complètement inconnues de lui, font figure de faussaires ! C'est assez comique. Seule la densité de la végétation et la présence de lianes géantes rassurent l'amateur de dépaysement sur le crédit que l'on peut accorder à ces simulatrices ! Pourtant leur masse impressionne, surtout dans le sud-ouest à peine peuplé, leur masse et leur solitude, qui n'est qu'apparente, car l'on y perçoit une vie cachée, faite de la présence d'animaux rarement visibles ou de forces occultes qui s'imposent ici à l'imagination.

Il y a entre les manuels de géographie et l'impression du voyageur une complète contradiction. La Côte d'ivoire, affirme-t-on, est un pays « généralement plat, à l'exception de quelques collines dans l'ouest ne dépassant pas 900 mètres ».

Eh bien, l'automobiliste, lui, quand il emprunte la plupart des pistes, voit partout des collines ou tout au moins des plissements assez prononcés pour lui permettre d'avoir fréquemment sur le pays des points de vue étendus. Dans la forêt, la route se détache en ocre devant lui comme un gros serpent aux ondulations verticales. Dans la savane, il est bien rare de ne pas voir à l'horizon se détacher une ligne dentelée de crêtes ou un dôme qui prend facilement une allure de montagne, par contraste avec les lignes plates du paysage.

Le long de la grande route qui traverse le nord, de Ferkessédougou à Odienné, les creux et les bosses, qui animent partout le sol, s'accentuent de plus en plus au fur et à mesure que l'on s'approche d'Odienné, et finalement le mont Dienguélé, qu'on le veuille ou non, semble beaucoup plus qu'une simple colline. Mais c'est surtout la région de Man qui surprend le voyageur. A côté de l'Himalaya ou même des Alpes, qu'est-ce que des sommets ne dépassant pas 900 mètres ? Or tout est question de proportions. Les dix-huit montagnes entourant Man, dont l'une d'ailleurs, le *mont Tonkoui*, atteint 1 294 mètres, ne paraissent pas du tout médiocres et font autant d'effet, lorsqu'elles se détachent sur une

DANS L'OUEST, LES PONTS DE LIANES

Dans l'ouest, en pays Yacouba, les cours d'eau sont franchis sur des ponts faits de grosses et de fines lianes accrochées aux arbres de l'une et l'autre rives. La première pensée du voyageur est de se demander comment il va marcher sur cette chose oscillante et molle. La deuxième, s'il est un peu curieux, concerne la façon dont on a bien pu s'y prendre pour accrocher certaines de ces lianes, très fines, à des branches qui le sont tout autant et ne supportent certainement pas le poids d'un homme. En ce qui concerne sa première question, la réponse est : pieds nus, d'abord parce qu'un talon s'accrocherait, ensuite parce que les lianes sont sacrées et qu'il ne faut pas leur imposer le contact d'une semelle. Quant à la deuxième question, nul ne peut y répondre : personne n'a le droit d'assister à la fabrication du pont, qui doit être achevé en une seule nuit par des initiés. Ni les étrangers ni même les autres villageois ne sont autorisés à demander des détails sur la manière dont peuvent procéder les responsables pour travailler si vite et si bien. Celui qui enfreindrait cette interdiction et essayerait de pénétrer dans la zone interdite risquerait sa vie.

*Franchir ces ponts de liane demande une certaine expérience,
surtout avec une lourde charge sur la tête.
Mais que dire de l'exploit réalisé par les hommes du village
qui ont édifié cet ouvrage d'art en une seule nuit.*

plaine, que des aiguilles rocheuses plantées sur des plateaux déjà situés en haute altitude.

Du voyage autour de la Côte d'Ivoire, le touriste gardera donc le souvenir de routes mouvementées, rarement en lignes droites et ressemblant, au contraire, à des montagnes russes dont les bosses le feront souvent décoller de son siège.

Des arbres, mais aussi des bêtes

Comme toute l'Afrique de l'Ouest, la Côte d'Ivoire s'est trouvée confrontée au grave problème que représente la disparition progressive de sa faune. Pour avoir une idée de l'importance que jouait cette faune dans toutes les régions, il suffit d'entendre quelques contes et de connaître la prodigieuse diversité des animaux-totems, considérés par chaque ethnie et même chaque famille comme son fondateur-protecteur. Et pourtant, le moment est arrivé où tous ces animaux s'étaient tellement raréfiés qu'ils ne faisaient plus partie de la vie quotidienne des habitants.

La première mesure a été de constituer des réserves. En 1926, aux portes d'Abidjan avait été créée une réserve forestière, le *parc du Banco*. A vrai dire, il ne s'agissait pas alors de préserver des animaux, mais de garder une relique de la forêt qui, autrefois, recouvrait toute la région. En 1953, ce parc est classé définitivement comme parc national et sa superficie totale est fixée à 3 000 hectares. La même année, dans la région de Bouna au nord-est, 1 150 000 hectares sont consacrés à une réserve animale, comme l'est, au sud-ouest, la forêt de Taï. La réserve de Bouna sera transformée en 1968 en *parc national de la Comoë* et la *forêt de Taï* deviendra en 1972 un parc national d'une superficie de 335 000 hectares. Il comprend entre autres le *mont Nienokoué* qui constituera son principal pôle d'attraction et il se prolonge vers le nord par la *réserve du N'Zo* (90 000 ha).

En 1960, la *réserve d'Asagny*, à côté de Grand Lahou, est délimitée. Elle couvre 30 000 hectares en bordure de la lagune. En 1965, c'est le tour des 34 000 hectares du *mont Peko*, au nord du parc de Taï, situé en zone montagneuse avec des sommets dépassant parfois 1 000 m,

FUNÉRAILLES CHEZ LES SÉNOUFO

Après la mort, l'âme du défunt peut tenter de s'attarder dans les lieux qui lui sont familiers. C'est une situation dangereuse, car elle constitue une porte ouverte sur l'au-delà par laquelle peuvent surgir des monstres. Il faut donc aider cette âme à partir définitivement. Le mort est placé sur un lit taillé d'une seule pièce dans un tronc d'arbre. Il est isolé, grâce au rite accompli par les initiés qui tournent autour de lui en frappant les tam-tams et en soufflant dans de grandes trompes en bois. Sur le cadavre est placé un petit tambour, frappé à coups redoublés en même temps qu'est agité un puissant grelot : l'âme est ainsi expulsée.

Le corps est ensuite placé sur un brancard et porté en procession autour du village. Les forgerons, immunisés contre les mauvais esprits, se chargent de l'enterrer, sur le flanc droit, la tête tournée vers l'est. Un dernier repas est offert au défunt et les pots ayant servi à sa préparation sont cassés sur place.

Quand la mort semble suspecte, on peut interroger le Sandogo, qui dévoilera le coupable. Ou c'est le mort, lorsqu'il est sur son brancard, qui dirige les porteurs vers son assassin sans qu'ils puissent résister à la force qui les entraîne. La punition consiste généralement en sacrifices et en bannissement du coupable.

puis, à cheval sur les sous-préfectures de Grabo, Buyo, Soubré, Grand Bereby, du parc de Taïpa.

En 1968 est créé le *parc de la Marahoué*, dont les 101 000 hectares s'étendent au-dessus de la route reliant Bouaflé et Daola.

Depuis1973, au-dessus de Katiola, la réserve de faune du *Haut Bandama* couvre 123 000 hectares. Enfin, en avril 1974, le parc national historique des *îles Ehotiles*, au large de la lagune Abi, a été confié au ministère de l'Éducation nationale pour des recherches historiques et archéologiques. D'autres réalisations du même ordre concernent le Centre et l'Ouest, comme le parc national du *mont Sangbé*, entre le Sassandra et la route Touba-Biankouma, dont les 95 000 hectares comprennent de nombreuses collines de plus de 1 000 m ; le parc du *mont Nimba* (19 500 ha), à la frontière guinéenne, essentiellement réserve botanique ; la réserve d'Okromodou, au nord de Fresco (90 000 ha).

A l'est de Yamoussoukro, une société privée a aménagé la première tranche de 21 000 ha du Parc de vision d'Abokouamékro, depuis la fin de 1989.

La préoccupation de l'environnement

Les parcs nationaux ne répondent pas au seul objectif de protéger la faune, bien que cette protection s'avère particulièrement nécessaire puisque la suspension du droit de chasse, décidée en 1974, est arrivée à son terme et qu'une loi est en préparation à ce sujet : elle admettrait la chasse hors de ces parcs, tout en prévoyant des mesures en organisant les modalités. Mais ces parcs et réserves concernent l'ensemble de l'environnement. Le parc de Taï, notamment, a comme principale raison d'être de conserver intact le dernier vestige de la forêt primaire, riche en espèces introuvables ailleurs. Il n'est d'ailleurs pas ouvert au public, tout comme celui des îles Ehotiles consacré aux recherches notamment archéologiques.

Pourtant le point de vue des touristes, si curieux d'une faune disparue chez eux, n'est pas oublié. C'est pour répondre à leur attente que le parc d'Abokouamékro, entièrement clôturé, comprend des enclos gardés pour les éléphants et les rhinocéros blancs et qu'on réintroduira autour d'eux la gamme des animaux originaires de la région.

C'est encore pour préserver l'environnement qu'est en cours la réalisation d'un Conservatoire du littoral du sud-ouest, avec un cahier des charges très précis et une Autorité qui le fera respecter. Rien d'important, affirme-t-on au ministère du Tourisme, ne doit se construire avant que le Conservatoire soit opérationnel et un plan d'urbanisation établi.

Abidjan n'est pas toute la Côte d'Ivoire

L'existence de parcs nationaux dans toutes les régions augmente donc l'intérêt des différentes zones touristiques qui ont été délimitées en fonction de leur aire géographique et climatique, mais aussi de leurs attraits spécifiques.

Pendant longtemps, les étrangers venant en Côte d'Ivoire se cantonnaient à *Abidjan*. C'était d'ailleurs beaucoup plus souvent des hommes d'affaires que de véritables touristes. Les statistiques officielles faisaient apparaître au début de 1978 un pourcentage de 49 % de touristes de loisir sur le nombre total des voyageurs. Encore ce pourcentage englobait-il les visites familiales.

Il s'en est suivi un développement prépondérant des hôtels abidjanais. Toujours d'après les chiffres officiels, sur 6 200 chambres classées en 1987 dans les établissements anciens ou nouveaux, environ la moitié était groupée dans les hôtels de la capitale. Celle-ci est-elle arrivée maintenant à saturation ?

Il semble que l'équilibre tende à s'établir entre Abidjan et l'intérieur, puisqu'en 1993 sur 7 360 chambres déclarées par les mêmes statistiques, 4 174 concernent la première et 3 186 le deuxième.

En ce qui concerne le flot des visiteurs touristiques, après une nette augmentation au cours des années 1980, il a connu un tassement certain au début de la présente décennie, ne serait-ce que parce que l'ivoirisation générale des cadres a entraîné le départ de nombreux Européens et supprimé leurs visiteurs.

Pour rétablir leur progression, un effort a été fait portant sur l'établissement de vols charters une fois par semaine qui a permis une baisse importante du coût du voyage depuis octobre 1994.

Par ailleurs, est actuellement repris le projet de développement du tourisme balnéaire qui concernait jusqu'à ces dernières années essentiellement la zone allant d'Abidjan à Assinie, vers l'est, surtout après le bitumage de la route conduisant à Assinie et Aboisso.

Le lancement de la côte ouest était

Non loin de Korhogo, entouré par les cultures d'ignames, un village ivoirien parmi tant d'autres…
(photo M. et A. Kirtley/Éditions du Jaguar).

freiné par le manque de bonne communication routière. Une première amélioration avait été apportée par l'ouverture de la route goudronnée de Gagnoa à Soubré et San Pedro qui se trouvait ainsi reliée par l'intérieur à l'axe Gagnoa-Abidjan et à la route conduisant jusqu'à Odienné dans le nord-ouest. Mais cette amélioration était bien faible à côté de celle que l'on attend de la route côtière, entièrement terminée et inaugurée par le président de la République, ainsi que le nouveau pont sur le Sassandra, aux portes de la ville du même nom, le 2 décembre 1994. Certains tronçons étaient déjà en service, comme Abidjan-Dabou, le premier réalisé, ou Sassandra-Grand Bereby, puis Abidjan-frontière du Ghana. Dorénavant la côtière relie sans rupture cette frontière à celle du Liberia, avec des bretelles de liaison goudronnées vers Assinie, Jacqueville, Grand Lahou, Fresco, Sassandra, San Pedro, Grand Bereby, n'excédant pas dix kilomètres.

Plus rien ne s'oppose donc au développement harmonieux de cette côte ouest superbe, véritable paradis avec ses sites boisés, ses plages protégées de la barre, ses lagunes, ses rivières navigables… Sans pour cela faire oublier les autres régions, toutes remarquables pour leurs paysages et leurs traditions.

C'est d'ailleurs pourquoi le bitumage des routes, anciennes et nouvelles, reste également une action prioritaire dans le nord, en particulier avec le revêtement Korhogo-Odienné.

Pendant longtemps, les promoteurs privés ne manifestèrent qu'un enthousiasme limité devant la perspective d'implanter des hôtels dans des sites jusque-là peu fréquentés, puisqu'Abidjan, Bouaké, Bassam constituaient presque les seuls points visités. Après l'implantation du Club Méditerranée à Assinie, qui représentait une première ouverture, fut créée une société d'Etat, la Sietho, chargée d'étudier dans quelles villes il serait souhaitable de construire un hôtel, de quelle catégorie il devait être et de quelle importance, puis de veiller à sa construction. On décida alors qu'une chaîne d'établissements 3 étoiles, de 30 à 40 chambres, à raison d'au moins un par région répondrait aux besoins. Ce qui fut fait et même au-delà, puisqu'il fut construit quatorze unités, remarquablement étudiées sur le plan esthétique, confort, situation, services. Malheureusement les sociétés d'État coûtent cher. La Sietho fut dissoute, ainsi que quelques autres, et les hôtels remis aux municipalités dont ils dépendaient. Mais les municipalités ne sont pas des professionnels du tourisme. Beaucoup de ces hôtels ont connu depuis des vicissitudes dues à de mauvaises gestions. En 1994, un programme de réhabilitation a été décidé par le ministère du Tourisme portant d'abord sur quatre hôtels.

Cela n'empêche pas l'action d'investisseurs privés, toujours intéressés par les sites ayant fait leurs preuves.

Mais le problème crucial reste partout celui d'une bonne gestion.

Une formule originale : le motel Dala

Le gouvernement ivoirien, par l'intermédiaire de la Sietho, ne s'était pas contenté d'investir et de gérer, à partir du début des années 70. Il a aidé aussi à mettre en place des formules novatrices. C'est ainsi qu'à Boundiali, les villageois ont créé une coopérative, la Mutuelle de la Bagoé à laquelle tout le monde a cotisé, et ils ont construit eux-mêmes le village touristique du *Dala* qui leur appartenait et dont les bénéfices étaient utilisés pour des équipements profitant à toute la communauté. Gestion, entretien, animation étaient entièrement assumés par des représentants de cette communauté. Cette formule a un triple intérêt. Elle donne aux paysans-propriétaires une autonomie financière et une responsabilité qui les valorisent à leurs propres yeux. Sur le plan investissements, cela dégage l'État d'une lourde charge, alors que pour les villageois, elle est relativement faible, puisque le capital travail est réparti entre eux et que la construction est effectuée avec des matériaux du pays, peu onéreux.

En 1995, il semble que cette formule de gestion ait été abandonnée. Heureusement, le soir, des troupes de danse des environs viennent toujours se produire sur la grande place ménagée à cet effet devant la case-restaurant ; les touristes ne sont pas les seuls à venir les regarder et les applaudir : la population de Boundiali ne dédaigne pas le spectacle qu'elles lui offrent ainsi, ni celui que constituent les étrangers venus de si loin.

Une autre réalisation similaire eut lieu presqu'à la même époque (début des années 70) a Gouessesso, au nord de Man, non sur le plan de la gestion, mais sur celui de l'intégration d'un village-hôtel dans son environnement villageois.

Davantage qu'à Boundiali, agglomération importante qui n'a plus qu'un lointain rapport sur le plan architectural avec ce qui se faisait en milieu Sénoufo, il a été possible à Gouessesso de concevoir un espace sans aucune rupture entre les cases villageoises et celles qui constituent le motel. On s'est même débrouillé pour que restent totalement invisibles de l'extérieur la piscine et le tennis, mitoyens entre eux, et jouxtant la case-restaurant. Seule une abondante floraison signale les constructions récentes.

Richesse et diversité des cultures

Pour une population d'environ treize millions d'habitants, la Côte d'Ivoire comprend plus de soixante ethnies, une ethnie pouvant se définir comme une communauté se référant à un même ancêtre et à des traditions, des croyances et une langue communes. Cependant, on a, pour plus de clarté, groupé entre elles les ethnies ayant une origine géographique présumée identique et ayant appartenu à un même noyau.

C'est ainsi que l'on distingue les groupes suivants : Les Malinké, les Voltaïques, les Mandé-Sud, les Krou, le groupe Lagunaire et enfin les Akan.

Les *Malinké,* qui viennent primitivement des bords du Niger, se sont divisés en deux tronçons : l'un au nord-ouest occupe la région d'Odienné, jusqu'aux frontières du Mali et de la Guinée. Le deuxième s'étend à l'est de l'axe routier Niakaramandougou – Ferkessédougou. On l'appelle groupe *Dioula*, ce qui n'indique pas une provenance, mais une profession. Le mot dioula signifie en effet commerçant. Ce sont des marchands Malinké qui se sont également répandus à la fois vers le centre-nord et autour de Bondoukou au nord-est.

Le groupe Voltaïque comprend les *Sénoufo*, placés en sandwich entre les deux groupes Malinké, les *Koulango* et les *Lobi* qui se succèdent ou cohabitent dans le Nord-Est, le long des frontières burkinabè et ghanéenne.

A l'ouest, sous le groupe Malinké, sont répartis les *Mandé-Sud.* Ils comprennent les *Dan* ou *Yacouba,* les *Gouro* ou *Koueni* et les *Gagou.* Ce nom de Mandé, qui est donné parfois aux Malinké, laisserait supposer un vague cousinage entre eux. Pourtant ils n'ont rien de commun, ni l'aspect physique, ni la religion, ni même la provenance, car de nombreux spécia-

LA FAMILLE ÉLARGIE DES MALINKÉ

Chez les Malinké, la famille se compose de l'homme le plus âgé, et de ses frères avec leurs femmes et leurs enfants. Les étrangers qui ont séjourné deux ans dans la famille en deviennent membres. Le chef, c'est-à-dire l'homme le plus âgé, a un pouvoir presque absolu. Tout le monde travaille pour lui. C'est lui qui répartit les tâches, gère les biens, subvient à tous les besoins et choisit la femme de ses fils. En revanche, ce sont les oncles paternels à qui l'on demande la main des jeunes filles. Les pourparlers de fiançailles peuvent durer deux ans. Quand le mariage est décidé, la jeune fille doit partager une noix de cola avec le jeune homme, s'engageant ainsi définitivement. Le garçon, jusqu'à sept ans, reste avec sa mère. A sept ans, son père l'initie à la phase de production par le gardiennage des animaux, la corvée d'eau, le petit élevage. La famille se charge de son éducation théorique grâce aux veillées pendant lesquelles la sagesse est enseignée par des contes et des conseils. L'initiation religieuse débute à cette époque. Entre dix et quinze ans, l'enfant prend davantage de responsabilités dans les champs, et organise sa journée lui-même. De quinze à dix-huit ans, l'éducation est parachevée et filles et garçons commencent à se fréquenter en vue du mariage. A partir de seize ans, un garçon et une fille ont le droit de dormir ensemble, mais sans avoir aucun rapport sexuel. Ils ne se marieront pas forcément l'un avec l'autre.

Par ces couleurs et les appels pittoresques des vendeuses de légumes et de fruits, le marché africain représente pour le touriste un spectacle dont il ne se lasse pas et une merveilleuse prise de contact avec la gaieté et la gentillesse des habitants.

listes considèrent maintenant les Mandé-Sud comme étant probablement plus ou moins des autochtones.

Les *Krou*, dans le Sud-Ouest, viennent du Liberia anglophone. D'ailleurs, dans la région de Tabou, sur la côte, certains sont appelés des Krumen. Ils englobent les *Gueré*, les *Wobé*, les *Niaboua*, les *Neyo*, les *Beté*, les *Godié*, ainsi que les *Dida*. Mais l'origine de ces derniers semble assez mystérieuse. Car ils se distinguent très fortement des autres Krou par leurs croyances et leurs coutumes. Pour compliquer les choses, les *Adioukrou*, qui affirment être venus de l'ouest, se considèrent comme étant des cousins des Dida... mais les ethnologues les croient en réalité des autochtones.

Le groupe *Lagunaire* est arrivé en plusieurs vagues du Sud-Est, c'est-à-dire du Ghana, et réunit les *Abé*, *Atié*, *Abouré*, *Ebrié*, *Brignan*, *Alladian*, *Appoloniens*, *Abi*, *Fanti*, tous d'origine ethnique Akan.

Enfin, également du Ghana, d'autres Akan sont venus plus tard, comme les *Abron* et les *Agni*, qui se répartissent le long de la frontière ghanéenne, depuis Bondoukou jusqu'à Aboisso.

Quant aux *Baoulé*, appartenant au groupe Akan des Ashanti, ils occupent essentiellement la région centre, où ils sont en contact avec les Gouro, à l'ouest, et les Gagou, au sud.

Hors de cette classification, d'ailleurs un peu simpliste, d'autres ethnies se sont mélangées aux précédentes ou existent encore en très petits noyaux, notamment dans les montagnes de l'ouest ou dans les forêts.

Il est évident qu'il s'est produit, surtout depuis les dernières décennies, un brassage de populations important, notamment dans les grandes villes. De plus, la création du barrage de Kossou a provoqué une certaine émigration des paysans délogés par les eaux vers la région peu peuplée du Sud-Ouest. Cependant, jusqu'à présent coutumes et traditions sont restées très vivantes et composent un fonds culturel d'une immense richesse. Sans prétendre avoir la possibilité, en quelques semaines, d'en apprendre l'essentiel, le voyageur, au cours des multiples conversations qu'il ne tient qu'à lui de provoquer, aura maintes fois l'occasion d'en prendre conscience et de s'en trouver à son tour enrichi.

Un dieu, des religions : comprendre l'animisme

A part les Malinké et les Dioula, convertis en totalité à l'islam depuis le XVIIe siècle, les différentes ethnies ont un point commun, l'*animisme*. Contrairement à ce que les premiers Européens (et beaucoup de leurs successeurs...) ont cru voir dans cette famille de croyances (car l'animisme recouvre bien des notions), il s'agit de toute autre chose que de la simple adoration de faux dieux. En réalité, c'est la présence d'un dieu unique qui est perçue dans l'ensemble de la création, qu'il s'agisse des mondes minéral, végétal, animal ou des principes élémentaires. Mais ce dieu unique qui fait régner l'harmonie et l'équilibre dans l'univers est lointain, et ses volontés sont difficiles à connaître. L'homme éprouve le besoin de trouver des intermédiaires qui l'aident à les comprendre et à agir de manière à ne pas troubler l'ordre naturel des choses. Par ailleurs, indépendamment de Dieu et de ceux qui entrent en son nom en contact avec l'humanité, il existe des forces mauvaises qui ont comme but de détruire cette harmonie du monde, et il convient de s'en préserver.

Autour de ce thème, chaque ethnie a développé une cosmogonie, un rituel, un système social particuliers qui méritent l'intérêt et parfois l'admiration.

Officiellement, 60 pour cent des Ivoiriens sont des *animistes* déclarés. Ce qui ne veut d'ailleurs pas dire qu'ils ne le soient plus du tout lorsqu'ils se convertissent aux autres religions. Il y a d'étranges compatibilités entre elles toutes.

L'*islam*, cependant, a fait beaucoup d'adeptes, même parmi les Sénoufo qui ont si longtemps résisté à l'influence des Malinké, fervents musulmans. Actuellement, dans la plupart des villes, surtout dans le nord et le centre, les mosquées sont nombreuses. Et à l'époque du Ramadan, souvent appelé le Carême en Côte d'Ivoire, on est surpris de voir la foule de fidèles qui, d'un bout à l'autre du pays, observent scrupuleusement le jeûne terrible pendant lequel, du lever au coucher du soleil, il est interdit de manger, de boire et de fumer.

Les 15 pour cent restants sont *chrétiens*, soit catholiques, soit protestants, ou encore appartenant à des sectes dérivées du christianisme. La plus ancienne est le *harrisme*, créé par le Libérien William Hade Harris, après la Première Guerre mondiale. Elle possède un clergé important et compte parmi ses membres des personnalités unanimement respectées, comme Albert Atcho, récemment décédé.

Le jeune État ivoirien a eu à résoudre, dès l'indépendance, un problème difficile en ce qui concerne le choix d'un code civil. Certes, la colonisation avait plus ou moins imposé nombre de lois émanant du code français. Mais il régnait une certaine souplesse quant à la polygamie et aux transmissions d'héritages, notamment par filiation matrilinéaire, c'est-à-dire par les femmes : au lieu de laisser ses biens à ses fils, on les léguait à ses oncles et cousins maternels, frères de même mère, neveux par les sœurs.

Si la filiation patrilinéaire coexistait avec la précédente dans certaines ethnies, il y avait consensus pour que la veuve n'hérite de rien, la fille rarement. Le chef de la famille étendue, comprenant les ménages des enfants et frères plus jeunes, oncles, parents âgés, jouissait d'une autorité totale, en particulier pour le choix des épouses. Le jeune homme travaillait pour son père si celui-ci avait payé la dot de sa future femme, ou pour son beau-père, si la dot était prévue partie en biens divers, partie en travaux des champs.

La loi du 7 octobre 1964 a supprimé la polygamie, tout au moins pour les futurs mariages. La filiation se fait du père à ses enfants qui héritent de lui et la veuve peut bénéficier de l'usufruit, au lieu d'être obligée de retourner chez elle ou d'épouser le frère de son mari. La dot exigée par les parents de la fiancée a été supprimée. Quant à l'autorité parentale, elle appartient au père et la mère et uniquement à l'égard de leurs enfants mineurs.

Est-ce à dire que les nouvelles dispositions soient toujours scrupuleusement respectées, du moins en ce qui concerne la polygamie ? C'est douteux. Il est vrai que la position sociale de la femme a considérablement changé depuis l'adoption du nouveau code civil et qu'elle tente de faire peu à peu respecter la loi. Certes, il ne lui est plus imposé de devenir, en cas du décès de son mari, une des épouses de l'héritier ou de l'aîné de ses beaux-frères. Mais, pas plus qu'avant, elle ne peut lutter contre les caprices d'un mari resté polygame dans l'âme... moins qu'avant, même : prendre une seconde ou une énième épouse s'assortissait de contraintes, et quand une favorite rompait l'équilibre, les autres savaient s'unir pour le rétablir. Ce n'est plus le cas quand le mari se contente d'ouvrir un « deuxième bureau », expression typiquement abidjanaise pour désigner le ou les foyers extra-conjugaux. Heureusement, il reste à la femme

LE HARRISME

En 1915, William Wade Harris naît au Liberia. D'abord athée, il reçoit une révélation de Dieu et fonde une religion dérivée du christianisme. Celle-ci repose essentiellement sur la croyance en un seul Dieu, l'amour du prochain, le respect des dix commandements, la confession publique qui libère l'âme et guérit les esprits troublés et la prière en commun.

Dans les églises harristes, en dehors du prédicateur, siègent les apôtres, vêtus d'une soutane blanche, incrustée d'une croix en tissu noir.

Actuellement, le harrisme est dirigé en Côte d'Ivoire par le prédicateur suprême, John Ahui, qui ordonne les prêtres. Un comité national donne ses directives à la communauté.

A Bregbo, siège du prophète Albert Atcho, le 13 septembre a lieu la fête des Écoliers, avant la rentrée des classes, destinée à bénir les enfants et à leur permettre de travailler pendant l'année scolaire sans être troublés par les esprits diaboliques.

Depuis la mort d'Albert Atcho, la communauté qu'il avait fondée tente de survivre. Mais pour qu'elle réussisse, il faudrait que se manifeste rapidement une personnalité aussi rayonnante que celle du fondateur.

Franchir la barre qui tout le long de la côte ivoirienne s'interpose entre la pleine mer et le rivage est affaire de spécialistes... ce que sont les pêcheurs pour qui cet exploit n'est que routine.

délaissée la possibilité de demander le divorce et de travailler deux fois plus qu'avant pour élever ses enfants dans l'une des carrières qui lui sont toutes ouvertes.

Avant tout, Un bon enseignement

Pour choisir une carrière, il faut commencer par suivre toute la filière scolaire. Théoriquement c'est possible pour tous les enfants et, au moment de l'inscription en école primaire (obligatoire de 6 à 11 ans), on constate un bon taux d'admission. De 80 % il était tombé, ces dernières années à 70 % mais on espère qu'à la fin de la décennie, il sera monté à 90 %.

En 1993-1994, d'après le ministère de l'Education nationale, les élèves de l'enseignement primaire, public et privé, représentaient un total de 1 553 540 (contre 1 117 000 en 1985). Pendant la même période, le total des élèves suivant les deux cycles du secondaire se montait à 445 505 ! Depuis longtemps d'ailleurs les professionnels de l'enseignement s'inquiètent du nombre de jeunes abandonnant l'école avant d'avoir le moindre diplôme. Parmi eux, beaucoup de filles, récupérées pour accomplir à la maison les travaux ménagers. Encore une des raisons d'abandon par ces jeunes filles a-t-elle moins d'importance depuis les années 70. En effet, jusque-là une fille enceinte était obligée d'abandonner définitivement l'école et, pour certaines, cela représentait la fin de tout espoir de promotion. Or le cas était relativement fréquent : pour une petite fille, envoyée en ville chez un parent pour y suivre l'école, il était bien difficile de concilier liberté toute neuve et vertu ! Il a été instauré un certificat d'« inaptitude provisoire » qui permet à la jeune mère, après son accouchement, de reprendre ses études. C'est un net progrès, bien que l'existence d'un bébé en ville où l'aide qu'apporte la famille est de moins en moins grande ne puisse certes pas favoriser l'assiduité scolaire, surtout s'il faut gagner sa vie et celle de l'enfant !

De plus l'évolution de la société touche de plein fouet l'accueil traditionnel réservé à l'enfant. Dans certaines ethnies, le fait pour une jeune fille

LE MARIAGE CHEZ LES YACOUBA

Contrairement à certaines ethnies dans lesquelles il n'est pas interdit d'épouser une femme de sa famille, le Yacouba doit choisir une jeune fille qui a un totem différent. Le totem étant l'animal-ancêtre ou protecteur d'une famille que celle-ci ne devra jamais ni tuer ni manger, cela signifie donc que l'épouse ne sera pas liée à son mari par des liens de consanguinité.
L'adultère de la femme est essentiellement puni par une amende. La répudiation n'est pas obligatoire. C'est le mari qui décide. S'il profite de l'occasion pour se séparer d'une femme qu'il n'aime plus, il la renvoie chez ses parents qui doivent rendre la dot. Quant à l'amant, il doit rembourser au mari tout ce que celui-ci a dépensé pour sa femme. Mais si l'époux offensé préfère garder la fautive, l'amant n'est pas quitte pour autant. Il doit payer une amende et faire des cadeaux : vêtements et poulets, pour les deux époux, ainsi que pour les vieux du village qui ont servi d'arbitres au litige. Sage coutume en vérité, qui doit inciter à la réflexion les aspirants Don Juan !

d'avoir un bébé hors mariage ne constituait pas un handicap : ne prouvait-elle pas qu'elle était féconde, première qualité d'une femme, autrefois ? Les temps difficiles, particulièrement en ville, ont quelque peu freiné l'enthousiasme à l'égard de cette fécondité, même s'il a fallu attendre les toutes dernières années pour que le contrôle des naissances ait acquis droit de cité en Côte d'Ivoire.

Garder le contact avec le réel

Le gouvernement ivoirien a depuis longtemps conscience des lacunes du système d'enseignement actuel, notamment du fait que l'instruction classique sépare arbitrairement les domaines intellectuel, manuel et technique et valorise abusivement le premier. C'est pourquoi une réforme profonde de l'enseignement scolaire serait-elle sans doute nécessaire pour donner à l'enfant une formation globale plus épanouissante et mieux adaptée aux conditions sociales et économiques qui doivent être les siennes par la suite.

Pour de longues années encore, la Côte d'Ivoire restera un pays essentiellement agricole. D'où l'importance fondamentale que revêtent tous les problèmes de formation rurale, qu'il s'agisse des jeunes ou des adultes. Depuis longtemps, de nombreux organismes ont mis sur pied des actions de développement intégré comprenant des cours d'alphabétisation, des techniques particulières au monde paysan et, pour les femmes, de pédiatrie et d'enseignement ménager. Les grandes sociétés de développement en particulier ont été appelées à organiser des centres de formation sur les questions techniques qu'elles avaient à traiter, mais aussi sur des sujets beaucoup plus généraux. Le Centre Alpha qui s'occupe de formation continue est également chargé de prospection dans les entreprises pour détecter les besoins de formation dans le personnel.

Bien choisir sa voie

De plus en plus, on essaye d'inciter les adultes analphabètes à acquérir une formation de base qui leur permette d'exprimer sans complexe un avis qui vaut bien celui de techniciens, plus instruits, mais étrangers, donc ignorants de certaines réalités que connaissent justement ces illettrés. Mais cela ne signifie pas pour autant que l'on renonce à une éducation proche de celle que connaissent les pays industrialisés, avec ses grandes divisions en primaire, secondaire, enseignement technique, universitaire, en facultés et grandes écoles.

6 541 écoles primaires publiques et 708 privées, 395 établissements secondaires dont 230 collèges privés, 10 lycées techniques, une trentaine de centres de formation professionnelle, 12 centres de perfectionnement, dans le public, 45 collèges techniques, une centaine de centres conventionnés de formation dans le secteur privé, couvrent l'ensemble des régions. Quant à l'enseignement supérieur, il est assuré par l'Université d'Abidjan qui comprend toutes les grandes facultés classiques, celle d'Abobo-Adjamé également à Abidjan, pour les sciences, et celle de Bouaké pour les lettres et les sciences économiques. A Yamoussoukro se sont édifiées d'abord l'Institut National Supérieur d'Études Techniques (INSET), puis l'École Nationale Supérieure de Travaux Publics et l'Institut Universitaire d'Agronomie (INA). Par ailleurs, un Institut de Recherches Forestières a été lui aussi implanté dans la nouvelle capitale qui prend de plus en plus rang de ville universitaire.

Le village de Tiegba sur la lagune Ebrié séduit l'Européen par le pittoresque de ses maisons sur pilotis. Mais faut-il s'étonner que les pêcheurs recherchent désormais un habitat plus salubre ?

les arts et la littérature

■ Les arts traditionnels ivoiriens comptent parmi les plus riches d'Afrique. Rien ne peut en donner une meilleure idée qu'une visite du Musée national de la Côte d'Ivoire, à Abidjan, où sont présentés les plus remarquables spécimens de sculpture sur bois, de poterie, de tissage, de fonte à la cire perdue ou de bijouterie, provenant de toutes les ethnies.

Depuis longtemps, l'Occident apprécie la beauté formelle de l'art nègre. Pourtant il semble qu'il y ait à la base de cette admiration un malentendu profond. Si une ou plutôt des civilisations ont accordé la primauté à la fonction sur la forme, ce sont bien les civilisations noires, et en particulier celles de la Côte d'Ivoire. En effet, la vie toute entière et dans toutes ses manifestations est sous-tendue par une conception mystique et unificatrice du monde. Aussi la beauté n'est-elle jamais recherchée pour elle-même : elle est atteinte parce qu'il y a un accord fondamental entre la pensée religieuse et l'objet chargé de l'exprimer ou de la servir, qu'il s'agisse d'ustensiles relativement humbles ou de ces importants supports de la liturgie que sont les statues et les masques.

Masques et statues : le sens des rites

Statues et masques ont un double but. Ils exercent une action propitiatoire à l'égard des puissances bénéfiques (génies, ancêtres, dieux secondaires), qui sont des intermédiaires entre l'homme et une déité diffuse dans l'univers. Mais ils peuvent aussi éloigner les puissances du mal toujours prêtes à nuire et même à tuer. Le masque en particulier ne désigne pas seulement ce qui dissimule le visage mais tout le corps du participant initié qui le porte et dont l'incognito doit être préservé. Il ne fait alors plus qu'un avec ce dernier et incarne le temps de la cérémonie une puissance surnaturelle spécifique dont il est sacrilège de provoquer la présence à n'importe quelle occasion. Il existe pourtant aussi des masques de réjouissance à l'égard desquels on n'éprouve pas le même respect et surtout le rôle du masque et ses identités varient avec les différentes ethnies, de même que son aspect.

A part quelques exceptions, les ethnies de la côte, vivant en milieu ouvert sur le large, soumises depuis plusieurs siècles aux influences étrangères et notamment chrétiennes, ne se servent pas de masques. Cependant, les petites statuettes d'ancêtres ou de divinités mineures se rencontrent fréquemment, notamment dans les groupes habitant à l'est d'Abidjan.

Les forêts, aux horizons fermés, pleines de bruits inquiétants et de présences invisibles, semblent livrées à des forces occultes dont il est facile d'imaginer la malveillance. Dans l'ouest, elles ont provoqué, chez les maîtres du genre que sont les Gueré, une floraison de masques où est systématisée la recherche de l'horreur. Car ils sont chargés de catalyser les forces négatives pour en changer le signe. Pourtant, dans une région analogue à celle des Gueré, les Dan ont au contraire créé des masques d'une pureté, d'un dépouillement et d'une sérénité extraordinaire.

En tout cas dans l'ouest, les statues ont laissé toute la primauté aux masques et ne figurent que dans les cultes domestiqus intimes, en particulier chez les Dan et les Beté.

Au fur et à mesure que l'on se rapproche du nord-ouest, c'est-à-dire de l'aire d'influence des Malinké musulmans, le règne du masque diminue pour disparaître complètement, puisque l'islam interdit toute représentation humaine.

En se dirigeant au contraire vers le centre, on continue à trouver, chez les Gouro, puis chez les Yaouré, un emploi préférentiel du masque, mais, comme chez les Dan, celui-ci s'apaise, s'affine, évoque des entités bienveillantes.

Encore plus au centre, les sculpteurs Baoulé sont plus connus pour leurs statuettes de petite taille. Celles-ci représentent les ancêtres et sont utilisées dans les cultes familiaux ou constituent un support du culte de fécondité et reçoivent des sacrifices. Cependant, les Baoulé créent aussi des masques, tantôt représentant des visages aux traits fins, beaux, détendus, tantôt assez lourds et chargés de motifs allégoriques plus dramatiques.

Au pays du Poro... ou la culture Sénoufo

Le nord est essentiellement représenté par la culture Sénoufo, qui repose sur le Poro, système de vie englobant les différents aspects de celle-ci : métaphysique, liturgique, sociologique, politique et même technique. Le Poro, régissant totalement l'existence, a engendré un rituel très varié et très riche, dans lequel statues et masques jouent un rôle considérable. Des castes bien déterminées, sculpteurs, forgerons, bronzeurs, les réalisent. Certains sont ensuite gardés dans le bois sacré et les non-initiés n'ont plus le droit de les voir sous peine de mort.

Selon les occasions, les masques sont petits et anthropomorphiques ou, au contraire, ils ont un aspect imposant, composite, et associent les attributs de différents animaux symboliques ou totémiques. Parmi ces derniers, il faut compter ceux qui servent à des rites magiques extérieurs au Poro.

Dans la statuaire, sont fréquemment représentés le premier couple, qui a été bénéfique pour l'humanité, contrairement au couple de la Bible, ainsi que les quatre animaux primordiaux : le caméléon, la tortue, le serpent python et le grand oiseau calao.

La sculpture sur bois a produit également des objets dont les rapports avec la religion sont moins évidents ou même absents. En pays Sénoufo, les « canaris », récipients destinés à contenir de vulgaires aliments ou des substances pouvant servir au culte, sont fréquemment en bois et leur couvercle est surmonté d'un sujet animalier.

Les portes de case de la même région sont célèbres pour leurs motifs sculptés allégoriques, exprimant la personnalité du chef de la famille, comme ceux qui ornent le dos de son fauteuil. Ces meubles sont donc exécutés sur commande d'après les indications du client.

On connaît également les Baoulé pour leurs portes de case, leurs sièges de chef, qui sont plutôt des tabourets. mais là où leur art domine, c'est dans les ravissantes figurines en cuivre de quelques centimètres de haut qui leur servent de poids à peser la poudre d'or. Ces minuscules statuettes, réalisées d'après la technique dite à la cire perdue, sont d'une prodigieuse variété et travaillées avec la plus grande finesse.

La poterie est pratiquée par toutes les ethnies et presque toujours par des femmes. Jattes, canaris, vases de toutes tailles et de tous usages sont généralement « montés » à la main, sans l'aide d'aucun tour, et cuit sur le feu, aussi bien chez les Baoulé que chez les Atié, ou les Koulango. Les Malinké sont très habiles en cet art et la région d'Odienné réunit la plus forte proportion de potiers de toute la Côte d'Ivoire.

Dans tout le groupe Akan, l'or a une valeur symbolique considérable. Dans

LE PORO

Pour les Sénoufo, l'homme au moment de sa naissance n'est qu'un animal. Ce qui va l'élever peu à peu au-dessus de cet état, c'est l'enseignement dispensé par le Poro, ainsi que l'entraînement aux épreuves, qui conduit à la possession de soi-même.

Il existe plusieurs phases d'initiation, durant chacune sept ans : le kouord *est la période pré-nubile. L'enfant est chargé de certaines corvées et il apprend quelques mots symboliques. Le* dain *prépare à la vie en commun. Pendant cette période, l'adolescent devra être capable d'accomplir des sacrifices personnels. Il apprend à participer aux travaux collectifs, à confectionner les costumes et à participer aux fêtes rituelles. Le* tcholo *incite à la réflexion sur le sens de la vie. Un certain nombre de secrets, qu'il n'était pas apte à comprendre auparavant, sont révélés au jeune homme. Ils concernent la théologie, la philosophie, le comportement social et un enseignement professionnel. Enfin le* kaffono *permet d'atteindre la connaissance suprême et l'intronisation définitive parmi les initiés masqués. Une fois intégrés totalement dans le Poro, les initiés doivent verser une cotisation annuelle. En retour, ils reçoivent l'aide de leurs frères, ils sont protégés par les « grands maîtres », qui ont poursuivi encore plus loin la recherche philosophico-religieuse et, au moment de leur mort, leurs funérailles sont assurées par les membres du Poro.*

Masques... Masques de toutes formes, de toutes couleurs, splendides porteurs des symboles ancrés au plus profond de l'âme africaine (photos M. et A. Kirtley/Éditions du Jaguar).

chaque famille, il est gardé sous forme de poudre, mais aussi de statuettes et surtout de bijoux : pectoraux, boucles d'oreilles, bagues, bracelets. Les fondeurs Sénoufo, aussi, réalisent des bijoux, notamment des amulettes représentant de belles figurines, ainsi que des bagues en bronze.

Baoulé et Sénoufo se retrouvent également au premier rang des tisserands, qui occupent en Côte d'Ivoire une place considérable. Les Sénoufo sont aussi renommés pour leur peinture sur tissu.

La peinture, d'ailleurs, si elle n'a jamais revêtu l'importance de la sculpture, est loin d'être absente. Comment évoquer, sans parler de véritable peinture, les motifs, à base de kaolin, plus ou moins mélangé de teintures diverses, dont les participants de certaines fêtes ou cérémonies s'ornent le visage ou le corps ? Mais la peinture peut présenter un aspect plus profane. C'est le cas des pirogues souvent très décorées, dans la région ouest de la côte. Et toujours dans la même région ouest, mais cette fois dans les villages Krumen de l'intérieur, certains murs extérieurs de cases portent encore les vestiges d'un art pictural, figuratif ou non figuratif, parfois remarquable.

Les instruments de musique

Les instruments de musique et de rythme sont doublement associés aux différentes formes de culte, et par leur ornementation symbolique, et par leur utilisation comme accompagnement de toutes les cérémonies.

D'une ethnie à l'autre, leurs noms varient, ainsi que la composition, toujours codifiée, du groupe instrumental et de l'ordre dans lequel les musiciens se présentent. Parmi les plus répandus, dominent les *tam-tams*. Ils empruntent des tailles et même des formes diverses : tantôt très hauts et cylindriques, tantôt petits et arrondis. A Abengourou, il existe un tam-tam très grand dont la membrane est constituée par une oreille séchée d'éléphant. La plupart du temps, les mains frappent directement la membrane. Mais on peut aussi se servir d'accessoires, comme en pays Sénoufo où une tige en forme de crosse est utilisée.

La base rythmique est soutenue souvent par des *calebasses* recouvertes d'une résille de perles ou de cauris (petits coquillages venant de l'océan Indien par l'intermédiaire des marchands Dioula, qui ont longtemps remplacé la monnaie et qui apparaissent fréquemment dans l'ornementation des costumes rituels). Ces grosses calebasses, secouées vigoureusement tantôt par des femmes, tantôt par des hommes, produisent une tonalité haute, mais assez sèche, contrastant avec le son grave, mais vibrant des tam-tams. Le rythme est également accentué par les *grelots* qui sont souvent fixés autour des chevilles des danseurs.

Les *balafons*, sortes de xylophones, ont aussi des tailles et des tonalités très variées. Parfois, dans le même groupe instrumental, ils sont au nombre de trois. Celui du milieu est tenu par le chef d'orchestre qui donne le motif principal, tandis que ses acolytes exécutent des variations sur ce thème. Ces variations sont reprises par les flûtistes. Certains utilisent des *flûtes* verticales à bec, tandis que d'autres préfèrent des flûtes traversières. La région Yacouba ou Dan est particulièrement renommée pour sa musique, et pour la richesse de tons et la variété de ses flûtes.

De grandes *trompes de bois* et des *oliphants*, trompettes réalisées avec des défenses d'éléphant, donnent des sons plus éclatants.

Comme instruments à cordes, il faut citer un objet curieux qui comprend une grosse calebasse cylindrique ou demi-cylindrique dont la partie plate est alors tendue de peau. Elle est surmontée d'un long manche de bois sur lequel des cordes en cuir sont pincées par le musicien qui alterne ces pincements avec des coups donnés à l'aide de la paume de la main sur la calebasse, formant caisse de résonance, tandis que des grelots autour du manche ajoutent leur bruit de crécelle à chaque mouvement du musicien.

Danses traditionnelles et conception du monde

Comme tous les arts, la danse est intimement liée à la vie religieuse et sociale. Puisque chaque ethnie a une conception de l'univers, un panthéon et des coutumes qui lui sont propres, elle a élaboré un ensemble de danses originales qui couvrent toutes les circonstances.

A l'heure actuelle, la chorégraphie symbolique s'est souvent dénaturée et simplifiée, dans la mesure où la vie moderne fait disparaître de nombreuses coutumes et surtout la possibilité d'en comprendre la signification ésotérique. Car c'était au cours des périodes d'initiation, masculine ou féminine, que l'enfant ou l'adolescent apprenait à la fois à exécuter chaque geste des danses qui lui seraient dévolues et à en connaître le sens complet. Celui-ci se situe parfois à plusieurs niveaux : l'un apparent, compréhensible par tout le groupe, même par ceux qui ne sont pas initiés ou qui ont reçu un degré d'initiation moins élevé. Un deuxième ou même un troisième, plus ésotériques, ne sont accessibles qu'à un petit nombre. D'ailleurs, certaines danses ne peuvent pas être exécutées ni vues par n'importe qui.

Plus une ethnie a développé un système religieux et philosophique élaboré, plus l'initiation devient longue et pyramidale. Le plus complet d'entre eux, le Poro, exige pratiquement une vie entière d'études pour atteindre le suprême degré de connaissance. Il dure au moins pendant trois cycles de sept ans, c'est-à-dire vingt et un ans. Les femmes suivent le premier cycle. Après quoi, elles se marient, ont des enfants, et jusqu'à la ménopause ne peuvent aller plus loin dans l'initiation. Après la ménopause, considérées alors comme asexuées, elles ont le droit de suivre les autres cycles. C'est dire que le premier d'entre eux ne représente qu'une simple préparation sociale et qu'il n'est pas suffisant pour avoir le droit d'assister aux grandes danses d'initiés.

Il est à remarquer que les ethnies qui possèdent les plus beaux masques sont en même temps renommées pour leurs danses. C'est le cas des Sénoufo et c'est celui des Dan.

Mais le substratum religieux qui oriente la vie de ces derniers est différent. Chaque adolescent passe par une période d'initiation relativement courte. Mais parallèlement à cette éducation qui règle la vie sociale, religieuse et pratique de tout le groupe, se développe l'enseignement ésotérique des sociétés secrètes. La plus puissante, le Gor, a un rôle particulier. Il est chargé d'empêcher l'existence de conditions économiques trop inégales à l'intérieur de la communauté. Appartenir au Gor impose des sacrifices personnels importants, mais confère aussi des privilèges, comme par exemple le don d'arrêter la guerre ou parfois de se rendre invisible.

Les échassiers du pays Yacouba

Pour avoir le droit d'exécuter certaines danses, il faut subir une initiation

LE TRAVAIL DE LA CIRE PERDUE

De nombreux objets sont réalisés en bronze coulé, qu'il s'agisse des poids Baoulé destinés à peser l'or ou de statues plus importantes.
On établit d'abord une forme en terre que l'on recouvre d'une couche de cire de l'épaisseur que doit avoir celle du bronze.
Sur la cire vient une nouvelle couche de terre délayée. On pratique des ouvertures pour le passage de l'air et pour celui du métal.
Lorsqu'on coule le métal en fusion, la cire fond et est extraite pendant que le bronze prend petit à petit la place qu'elle occupait.
Lorsque la coulée est terminée, on brise le moule en terre. Le travail est terminé au poinçon.

Le cauri, coquillage venant de l'océan Indien par l'intermédiaire des commerçants Dioula, a partout été adopté pour symboliser dans les costumes d'initiation le sexe féminin. Les jeunes filles Sénoufo en font un usage presque exclusif pour leurs coiffures rituelles.

rigoureuse et souvent secrète. Le Gueu-Gblin, ou danse des Échassiers, est ainsi réservé à une véritable caste dont les membres ne doivent révéler à personne leur appartenance sous peine de mort. Juchés sur des échasses, d'où le nom familier de danse des échassiers du Gueu-Gblin, ces acrobates portent un masque spécial qui leur dissimule entièrement le visage. En revanche, tout le monde peut participer au spectacle. Et les touristes ne s'en privent pas, car c'est l'un des plus extraordinaires que l'on puisse voir en pays Yacouba qui n'en est pourtant pas avare. Il n'est pas besoin de comprendre leur signification ésotérique pour apprécier le Gueu-Gblin ou le Menon, danse acrobatique, elle aussi, exécutée par des fillettes, choisies dès l'âge de quatre ans et qui, jusqu'à treize ans, vivent totalement à l'écart des leurs, après avoir suivi une initiation secrète de deux ou trois ans.

Le Gouah, lui, est réservé à de jeunes garçons, célèbres sous le nom de petits danseurs de Biankouma.

Bien d'autres ethnies ont conservé des rites plus ou moins secrets, toujours accompagnés de danses. La fête des Ignames, à Abengourou, inclut le Kinion-Pli, dont chaque geste a une signification précise et qui est exécuté d'une façon différente selon le rang social du danseur.

Dans le sud, chez les Adioukrou, les fêtes de génération, c'est-à-dire le moment où l'adolescent est admis au sein des adultes, après une initiation et une série d'épreuves, sont toujours très vivantes et associées à des danses symboliques.

Il semble même que certaines cérémonies tombées dans l'oubli renaissent peu à peu. Chez les Atié, dans la région sud, en août 1975 a été repris pour la première fois depuis soixante-dix ans le Sam-Mim, danse des hommes pendant les cérémonies d'initiation.

Sur toute l'étendue du pays, à côté des danses à caractère religieux, se perpétuent de simples danses de réjouissances. Peuvent même en faire désormais partie certaines chorégraphies, destinées à l'origine à célébrer un rite, mais qui sont peu à peu tombées dans le domaine public.

A cette évolution naturelle s'oppose la volonté consciente, ici ou là, de préserver des traditions partout menacées. C'est le cas de Moussa Kourouma, fondateur des « Compagnons d'Akati », dont l'objectif est d'assurer la pérennité des danses accompagnatrices de tous les rites religieux et des croyances dont elles sont inséparables. Avant chaque spectacle, il explique donc la signification des gestes, jamais gratuits, que les touristes verront s'enchaîner devant eux sans en comprendre le sens profond.

Ce faisant, il évoque le personnage capital que fut le griot dans les civilisations orales d'Afrique de l'Ouest, héraut du roi dont il transmettait la parole, mémoire collective des peuples, qu'il fut indépendant, attaché à un roi ou à une grande famille. Historien, poète, satiriste redouté, improvisant en musique des couplets adaptés à la personnalité de qui lui plaisait... ou lui déplaisait, il était à la fois admiré, redouté, parfois haï... ou puni de mort si sa mémoire des généalogies royales était prise en défaut.

Théâtre, danse et musique

Depuis la fondation du théâtre ivoirien moderne en 1953 par trois jeunes auteurs, Coffi Gadeau, Amon d'Aby et Bernard Dadié, qui critiquaient avec verve le monde traditionnel, de nombreux auteurs ont cherché à exprimer les multiples facettes de l'âme ivoirienne, sous une forme qui se distingue de l'art dramatique européen.

On a assisté à l'éclosion d'artistes polyvalents à la personnalité bien différente mais dont le point commun est souvent la recherche d'un théâtre total dans lequel « s'intègrent... le verbe et le chant, la musique et la danse, la mimique et le gestuel... qui doit se faire de manière à favoriser la participation du public », comme le décrit Niangoran Porquet, fondateur de la griotique.

Cette définition ne rend pas seulement compte de sa recherche personnelle : elle s'applique également au très talentueux Souleymane Koly, Guinéen fixé à Abidjan depuis longtemps et qui poursuit une carrière dont le succès ne s'est jamais démenti. Son genre : la comédie musicale, dansée, mimée, chantée, parlée aussi, mais pas forcément en français, puisque tous les héros de ses pièces sont issus des milieux populaires d'Abidjan où l'on s'exprime en dioula. Après les triomphes que furent *Didi par ci, Didi par là* et *Adama champion*, avec sa troupe Koteba, forme théâtrale du Mali permettant de raconter, tout en chantant et en dansant, les méfaits du village, il n'a cessé de monter de nouveaux spectacles dont *Atoukassé* qui lui a valu le prix du Festival des Arts dramatiques 87, *Waramba*, opéra mandingue, en 1991, grandiose, proche de l'épopée ou au contraire le satirique *Tous unis dans nos wax*. Il a même réussi à donner une forme théâtrale, dans *Navetanes*, au récit autobiographique de son enfance et de sa scolarité !

Le Grand Prix ID des Arts et des Lettres de janvier 1989 a également mis à l'honneur, outre Souleymane Koly, des dramaturges, la plupart du temps doublés de directeurs de troupe, tels que Daniel Adjé, Biti Moro, Vincent Ticouaï Diallo, Tuo Nagourgo, Thiam Abdul Karim, Jeanne Bana.

Depuis 1988, on a revu des troupes qui semblaient avoir disparu, comme le Djiboua de Divo, l'Indénié Théâtre, l'Echo Eburnéen de J.F. Eyou, etc.

A signaler aussi l'expérience très intéressante de Were Were Liking qui, dans la villa Ki Yi, à la Riviéra, a monté un centre d'échanges culturels, le « Ki Yi M'Bock » avec des expositions de peintures (cette dernière est elle-même peintre), mais aussi des spectacles de marionnettes géantes, de théâtre, de danse, de cinéma, des concerts, des soirées de contes dans une salle de 70 places sur gradins, entourant une scène minuscule, pendant lesquels, du mercredi au samedi, on peut en même temps dîner.

En 1993, après une tournée en Europe, notamment en France, le Ki Yi M'Bock a présenté au cours du premier Marché des arts du spectacle africain à Abidjan *Un Touareg s'est marié avec une Pygmée*, symbole du refus des barrières et des nationalismes étroits. Dans le même Masa, qui dura du 27 mars au 1er avril 1993 et qui doit se renouveler tous les deux ans, se produisait le cercle du Duo Théâtre de Guédéba Martin, qui fait partie de la cinquantaine de troupes composant la Fédération nationale du théâtre ivoirien.

Au Masa qui accueillait des artistes venant de toute l'Afrique, la danse était également représentée. Du côté ivoirien se produisait le Ballet national de Côte d'Ivoire, né en 1974, avec sa dernière création : *Les noces sanglantes de la déesse Djéla Lou Zaouli*, œuvre de Louis Akin. Non présente pendant cette manifestation, l'une des plus connues parmi les vedettes de la danse ivoirienne, Rose-Marie Guiraud qui a longtemps fait des tournées dans le monde entier et qui a fondé une école de danse renommée portant son nom avec, comme à la villa Ki Yi, des stages de formation, concernant non seulement l'art chorégraphique mais différentes disciplines musicales. Ces stages peuvent être suivis par des étrangers en vacances.

Au Masa de 1993, la musique était aussi à l'honneur avec notamment le groupe Woya de Divo, formé de jeunes de 15 ans et Meiway et sa troupe – Les Génitaux, originaires de Grand Bassam.

Mais du côté des musiciens modernes, il faudrait naturellement citer en premier Alpha Blondy, l'une des vedettes les plus populaires de Côte d'Ivoire, chanteur de reggae, que l'on connaît également bien en France ; ou encore le tambourineur Adama Dramé, fils de griot, originaire de Bouaké.

Littérature et art dramatique

Ceda (Abidjan), l'Harmattan, Hatier, les Nouvelles Éditions ivoiriennes (NEI), « Présence africaine » et « Karthala » (à Paris) permettent depuis déjà de nombreuses années aux Africains d'expression française de se faire connaître de toute la francophonie.

Les écrivains ivoiriens y figurent en bonne place spécialement les romanciers. Citons Anne-Marie Adiaffi (*La Ligne brisée*), Véronique Tadjo (*A vol d'oiseau* ou *Le Royaume aveugle*). Jean-Marie Adiaffi (*La Carte d'identité*) qui est également un poète (*D'éclairs et de foudre*, *Galerie infernale*), Simone Kaya (*Le Prix d'une vie*), Paul Yao Akoto (*L'Envol des tisserins*, *L'escalier aux sept marches*). Des auteurs renommés comme Bernard Zadi Zaourou, actuel ministre de la Culture, auteur de *Les Sofas* suivi de *l'Œil* (1979), pièces de théâtre, mais aussi de la *Tignasse* et de *Fer de lance*, comme Amadou Kone, célèbre pour *Les frasques d'Ebinto* et, depuis, pour *Liens*, *Courses*, *Traites*, sont particulièrement féconds. Ahmadou Kourouma dont le roman *Les soleils des indépendances*, paru il y a vingt ans fut salué unanimement, publia, en 1990, son *Monné, outrages et défis* qui a reçu le même accueil. Après avoir occupé des postes de responsabilité dans des organisations internationales, il veut se consacrer désormais à l'écriture en Côte d'Ivoire. Destin qui évoque celui du très grand Amadou Hampâté Bâ, Malien d'origine, mais qui a passé toute la fin de sa vie à Abidjan jusqu'en 1991 et dont il faudrait citer toute l'œuvre, comme *L'étrange destin de Wangrin* ou *Kaydara*, sans parler de tous ses livres consacrés à expliquer les religions traditionnelles d'Afrique de l'Ouest. Bien d'autres jeunes talents mériteraient d'être mentionnés. Mais il faut citer des historiens, comme J.N. Loucou (*Histoire de la Côte d'Ivoire*), des sociologues

Suivant les régions et les ethnies, l'architecture change totalement de style dans le décor mural comme dans les formes ou l'emploi des couleurs. Parfois une inspiration étrangère y est perceptible, mais toujours adaptée au génie local.

comme Abdou Touré *(Les Petits Métiers d'Abidjan)*, des économistes comme Mamadou Koulibaly *(Le libéralisme, nouveau départ pour l'Afrique noire)*, ou, beaucoup plus originale, Axelle Kabou *(Et si l'Afrique refusait le développement ?)* ou encore un traditionaliste comme Alphonse Tiérou *(Dooplé, loi éternelle de la danse africaine)*, etc.

Quant au professeur Niangoran Bouah, de l'Université d'Abidjan, c'est à la fois pour son ouvrage capital sur *L'Univers Akan des poids à peser l'or* et pour ses écrits sur une nouvelle science, la drummologie, traitant des textes battus sur les grands tambours « parleurs » Attié, selon un code évoquant le morse, qu'il est le plus connu. On le voit, tous les genres littéraires sont représentés fort dignement en Côte d'Ivoire.

Les arts plastiques modernes

Les arts plastiques, comme la peinture et la sculpture, sont enseignés à l'Institut national des Arts. Depuis quelques années se sont manifestés en peinture les représentants de deux genres originaux et complètement différents. Parmi ceux qui incarnent l'école (faussement) naïve – en réalité décrivant avec un merveilleux humour la vie quotidienne actuelle – il faut d'abord citer Zéphyrin. Quant au mouvement « Vohou-Vohou », il s'agit d'une mutation profonde qui a eu lieu à partir de 1981, délaissant la copie de l'art occidental pour s'inspirer au contraire de tous les thèmes faisant partie du patrimoine ivoirien et les exprimer sur des matériaux traditionnels comme l'écorce d'arbre (tapa). Parmi ses représentants, Oliko qui a lancé la technique de trituration de plantes, écorces, argile, sable, mélangés à de la colle et appliqués sur toile, tapa, etc. ou Dosso Sekou et Kouassi Konan, issu du mouvement Vohou-Vohou, le jeune Tiébena Dagnogo, réalise des collages de différents matériaux pour des panneaux décoratifs ou des portes.

En 1993, du 24 novembre au 8 décembre, il a participé à la Biennale Africaine des Arts Plastiques, les « Grafolies », qui avait lieu pour la première fois à Abidjan dans le but d'encourager les artistes plasticiens de Côte d'Ivoire.

BIBLIOGRAPHIE

Histoire générale de l'Afrique, *publiée sous l'égide de L'UNESCO, 12 volumes prévus, dont trois sont sortis ;*

Histoire des civilisations *(Presses Universitaires de France) ;*

Mère Afrique, *de Basil Davidson (Presses Universitaires de France) ;*

Les Religions traditionnelles africaines, *d'Amadou Hampaté Bâ (Seuil), 1965, l'un des écrivains participant à l'Histoire de l'Afrique de l'Unesco déjà citée ;*

Croyances et coutumes des Agni de Côte d'Ivoire, *de F.J. Amon d'Aby (Bibliothèque nationale d'Abidjan, en consultation) ;*

Le Problème des chefferies traditionnelles en Côte d'Ivoire, *de F.J. Amon d'Aby (Bibliothèque nationale d'Abidjan) ;*

L'Afrique noire pré-coloniale, *de Cheick Anta Diop (Présence Africaine) ;*

Les Danseuses d'Impa-Aya, *de Simone Kaya (Inadès, Abidjan) ;*

Et si l'Afrique refusait le développement, *d'Axelle Kabou (l'Harmattan) ;*

Le Sacré et le profane, *d'Eliade Mircea (Gallimard), 1965 ;*

Les Religions d'Afrique noire, *de Louis Vincent Thomas (Stock), 1981 ;*

Vers quoi tend l'architecture ivoirienne ?

La Côte d'Ivoire se trouve à la croisée des chemins pour son architecture.

Son habitat traditionnel relève de deux styles principaux : la case en banco et toit conique en chaume, dont la taille et la forme exacte ont varié selon les époques et les régions, et la maison de style soudanien, rectangulaire, avec toit-terrasse.

Depuis l'indépendance, tandis qu'Abidjan se tournait vers une architecture moderne, ne gardant plus trace du passé africain, les villes de l'intérieur, puis les villages, un à un, détruisaient l'habitat traditionnel pour le remplacer par des maisons de type européanisé, sans doute plus solides, certainement moins adaptées au climat avec leur mince toiture en tôle ondulée.

Malgré des recherches pour créer un urbanisme qui, sous une forme plus moderne, transpose l'ancienne cour dans laquelle se déroule l'essentiel de l'existence quotidienne de la « famille élargie », c'est-à-dire groupant avec le noyau père-mère-enfants, divers collatéraux et ascendants, on ne peut pas dire que le résultat soit concluant ! Par ailleurs, l'uniformité affligeante de dizaines de pavillons identiques se suivant le long de rues rectilignes, assorties trop souvent de l'interdiction de décorer les murs de fresques comme les Ivoiriens peuvent pourtant le faire avec un génie de la satire merveilleux, n'arrange pas les choses.

Le géo-béton à base d'argile, et les tuiles vernissées en fibro-ciment, fabriqués en Côte d'Ivoire pourraient donner lieu à la métamorphose de ce qui est habituellement fait en béton et en tôle ondulée, avec comme parfait exemple le monastère des Bénédictins des environs de Bouaké.

Le Respect des morts, *pièce de théâtre de A. Koné et* Les Frasques d'Ebinto *(Ceda, Hatier) ;*

Le Paysan Sénoufo, *de Sinali Coulibaly (NEA) ;*
Sorcellerie et prière de délivrance, *de Meinrad P. Hebga (Présence Africaine) ;*

La Civilisation quotidienne en Côte d'Ivoire, *d'Abdou Touré (Karthala) ;*

Les Petits métiers d'Abidjan *du même auteur ;*

Sacrifices dans la ville, *d'Abdou Touré et Yacouba Konaté (Éditions Douga, Abidjan) 1990 ;*

Vérité première du second visage africain **et** Le Nom africain, *d'Alphonse Tiérou (G.P. Maisonneuve et Larose) ;*

Histoire de la Côte d'Ivoire, *de J.N. Loucou (Ceda), 1984 ;*

L'Architecture coloniale *(Ceda) 1988 ;*

Les Poids Akan à peser l'or, *de Niangoran Bouah (Nouvelles Éditions Africaines) ;*

Le Grand Dictionnaire encyclopédique de Côte d'Ivoire *de Raymond Borremans (NEA), 6 volumes dont 5 parus ;*

Atlas de la Côte d'Ivoire, *collectif, publié aux éditions J.A./Editions du Jaguar.*

Grandiose réalisation de l'architecte Pierre Fakhoury, la basilique de la Paix à Yamoussoukro a été voulue par le Président Houphouët-Boigny comme le symbole de toute sa vie et de son idéologie politique (photo J.L. Domaire/J.A.).

Un péristyle, composé de deux rangées de 128 colonnes doriques, et vingt-quatre grands vitraux, exploit de l'équipe de France-Vitrail International, figurent parmi les principales merveilles de la basilique. Les vitraux content, sur 7 400 m², la Bible en images, … comme au Moyen Age (photos J.L. Dolmaire/J.A.).

histoire de la côte d'ivoire

■ Depuis quand la Côte d'Ivoire est-elle peuplée ? Il est impossible de le dire. Des outils du Paléolithique et du Néolithique ont été trouvés... C'est une indication de niveau de civilisation, mais pas d'époque.

L'Afrique noire est habitée depuis plusieurs millénaires, des témoignages hébreux, grecs, latins le prouvent. Mais il semble que ses différents groupes ethniques soient à l'origine venus du nord et plus particulièrement du Sahara. C'est la désertification progressive de celui-ci qui aurait entraîné un lent glissement de population vers le sud. Cette hypothèse ne paraît pas invraisemblable, si l'on pense aux migrations toutes récentes des nomades Peuhl du Sahel, venus s'installer dans le nord de la Côte d'Ivoire avec leurs troupeaux, à la suite de la terrible sécheresse que l'on connaît.

Dans les régions de forêt, c'est-à-dire tout le sud, les traditions décrivent les habitants primitifs du sol comme étant de très petits hommes, bruns selon les uns, roux selon les autres. Ils n'auraient pas complètement disparu et seraient toujours les maîtres de la terre, si ce n'est sous une forme humaine, du moins en tant que génies, capables d'égarer ceux qui leur manquent de respect ou enfreignent leurs lois.

Les anciens habitants de Côte d'Ivoire

Personne n'a trouvé trace de ces négrilles. Pourtant une légende aussi répandue doit reposer sur une part de vérité. De plus, les Gagou, installés précisément dans une des zones où ils auraient vécu et qui se réclament d'une filiation avec eux, sont eux-mêmes des hommes de très petite taille et comptent parmi les plus anciens habitants de Côte d'Ivoire, au point d'être considérés comme des autochtones par beaucoup.

C'est également le cas des Lorho, à qui est attribuée la fondation de Bondoukou, vers le début du XIe siècle ou tout au moins d'un campement sur son emplacement. Ils y furent rapidement rejoints et soumis par les Koulango, probablement d'origine voltaïque, et qui durent arriver dans le nord-est de la Côte d'Ivoire au XIIe siècle. Les Koulango y fondèrent le très puissant royaume de Bouna, au nord de Bondoukou. Ils y sont toujours, malgré l'affaiblissement progressif de leur royaume et des invasions diverses.

Dans l'ouest, les Dan ou Yacouba et les Koueni, rebaptisés en Gouro par les Baoulé qui devinrent leurs voisins bien longtemps après, sont considérés sinon comme autochtones – qui peut l'affirmer ? – du moins comme de très anciens habitants. Les Dida et les Adioukrou le sont aussi. Or tous habitent la zone de forêts et tous ont gardé le souvenir des vrais propriétaires du sol, c'est-à-dire des petits hommes préhistoriques.

La date de l'apparition des Sénoufo en Côte d'Ivoire est très controversée. Il semble en tout cas certain qu'elle remonte au moins au début du dernier millénaire. Apparemment, d'après leur tradition, les pacifiques Sénoufo n'eurent à chasser personne. Nulle trace de négrilles dans leurs récits qui, au contraire, s'accordent pour affirmer qu'ils trouvèrent le pays entièrement vide. Le fait d'avoir eu toute la place nécessaire explique peut-être leur organisation politique : fondée sur des communautés restreintes et disséminées, obéissant à un ordre social très structuré, sous la bonne garde de conseils d'anciens, elle s'est toujours fort bien passée d'un pouvoir centralisateur. Ces communautés occupèrent longtemps presque tout le nord, de l'emplacement d'Odienné, à l'ouest, jusqu'à Bouna à l'est et à Bouaké au sud.

Au XIIe siècle, ils fondent la ville de Kong et au XIVe siècle Boundiali, puis Korhogo, qui deviendront, surtout la deuxième, le foyer de la résistance Sénoufo contre les futurs envahisseurs du Nord.

Car pendant qu'ils vivent sans inquiétude, de pénibles événements se préparent pour eux, dès le début du XVe siècle. A cette époque, les Dioula, commerçants Malinké, sont déjà venus s'installer, par petits groupes, dans la région de Bondoukou, où ils coexistent pacifiquement avec les Koulango, puis les chasseurs Lobi, venus peu à peu de Haute Volta.

Mais les invasions marocaines, qui atteignent la boucle du Niger, vont provoquer vers 1600 des migrations massives. Des bords du Niger, les Malinké vont descendre vers le sud et pénétreront en Côte d'Ivoire en plusieurs temps et par deux voies distinctes. Un premier tronçon, que l'on appelle toujours Dioula, part dans la même première direction que les premiers commerçants. Seulement, cette fois, ils bifurquent vers Kong où ils prennent le pas sur les Sénoufo, au point de faire de la ville une métropole islamique dont les écoles coraniques jouiront jusqu'au XIXe siècle d'une très grande renommée. Au moment de leur arrivée, ces Dioula, comme leurs frères Malinké, ne sont pas encore musulmans. Ils ne le deviendront que vers 1660, après la venue de quelques Mandé qui en peu d'années vont convertir leurs frères de race.

Tous les Dioula ne se sont pas arrêtés à Kong : certains continuent vers l'emplacement de l'actuel Mankono, au sud de Korhogo.

Les Malinké qui entrent en Côte d'Ivoire par le nord-ouest sont beaucoup moins calmes que ces Dioula. Ils descendent jusqu'à Séguéla, chassent tous ceux qu'ils trouvent sur leur passage et se déchirent entre eux. Finalement, ce sont leurs esclaves Diomandé qui imposent leur autorité sur toute la région, de Touba à Séguéla, tandis que d'autres familles Malinké font leur apparition du côté de la future ville d'Odienné, alors occupée par une population Sénoufo peu importante.

A l'est de la Côte d'Ivoire, au Ghana, vivait le puissant groupe Akan. Au cours du XVIe siècle, un de ses rameaux, les Abron, quitte la région de Koumassi et arrive à Bondoukou. Ils soumettent sans tarder les Koulango, qui perdent la suzeraineté dans la région, ainsi que les Dioula. Ceux-ci d'ailleurs s'en moquent, puisqu'ils n'ont jamais cherché à prendre le pouvoir. Echange de bons procédés : quand les Dioula, au XVIIe siècle, se convertiront à l'islam, les Abron laisseront faire et se contenteront de garder leur autorité politique et leurs croyances.

La même pénétration va se renouveler, plus au sud, avec d'autres rameaux de la famille Akan, comme celui des Ashanti. Ce sont d'abord des Agni, qui se fixeront entre Aboisso et Abengourou, puis le très puissant et dynamique groupe Baoulé, dans le courant du XVIIIe siècle. Trouvant les régions de l'est déjà occupées par leurs cousins, ils vont, sous la conduite de leur reine, Pokou, continuer vers l'ouest et arriver devant la Comoë qui les arrête. Pas pour longtemps. Le fétiche révèle à la reine que pour se concilier les faveurs des dieux, il lui faut sacrifier son enfant. Ce qu'elle fait en s'écriant « Baouli », c'est-à-dire « l'enfant est mort ». D'où le nom que prendra désormais ce peuple. Il ira s'installer, de l'autre côté de la Comoë, dans toutes les savanes du centre, repoussera les Sénoufo jusqu'à hauteur de Katiola, et formera un royaume très structuré, comprenant huit clans.

Sur la côte, les Adioukrou, fixés le long de la lagune Ebrié aux alentours de

LES SOCIÉTÉS SECRÈTES DES DAN

Chez les Dan, parallèlement à l'éducation et à l'initiation religieuse que chacun reçoit, existent des sociétés secrètes dont les membres doivent rester inconnus et qui subissent une initiation beaucoup plus rigoureuse, susceptible de les rendre capables d'assumer leur tâche. La plus puissante de ces confréries, le Gor, *confère le don de se changer en léopard pour passer inaperçu, mais implique le devoir de faire régner la justice dans la société. Le pouvoir est symbolisé par un bâton et un grand couteau. Le premier a la possibilité d'arrêter une guerre : il suffit que le Gor s'élève entre les combattants. Le Gor fait respecter les masques et les institutions. Quand il y a faute grave, les membres de la confrérie peuvent se mettre d'accord pour empoisonner le coupable avec de la bile de crocodile.*
Le Gor, au cours de son initiation, ne se contente pas d'apprendre des secrets : il doit surtout devenir parfaitement maître de lui, car il doit jurer de ne jamais avoir de querelle pendant toute sa vie. Ce n'est qu'après avoir prouvé qu'il avait dominé ses passions et ne ferait pas un usage égoïste de ses pouvoirs qu'il peut disposer de ceux-ci.

Le groupe Akan qui occupe la zone est de la Côte d'ivoire – et en particulier les Agni du Sud – est célèbre pour les ornements en or portés par les deux sexes. Si le roi a évidemment droit à une couronne de ce métal précieux, les notables portent également des couvre-chefs incrustés de plaques d'or.

l'actuel Dabou, vivaient au large et en paix, pour la bonne raison qu'autour d'eux le pays était vide. Tout au moins jusqu'au début du XVIIe siècle. A cette époque, des migrations viennent petit à petit peupler les régions lagunaires, d'Aboisso à Grand Bassam. Lorsque les premiers Européens commencent à pousser, en bateau, des reconnaissances le long du golfe de Guinée, ils trouvent installées toutes les ethnies groupées maintenant sous l'appellation de Lagunaires. Cette installation ne s'est pas faite en un jour, ni sans batailles : les nouveaux arrivants se sont succédé en trois vagues qui se superposaient ou se chassaient mutuellement. En tout cas, ils finissent par se stabiliser sur la côte est jusqu'à l'embouchure du Bandama.

Venant de l'est, sans doute ne connaissent-ils rien du groupe des Krou, qui, presque en même temps, faisaient la même chose qu'eux, mais en sens inverse, puisqu'ils étaient originaires du Liberia. Ces Krou trouvèrent eux aussi les mêmes petits hommes dont les Gagou, les Adioukrou et les Dan gardent le souvenir, et probablement les chassèrent ou les exterminèrent.

Quand ils parvinrent au Bandama, ils aperçurent, de l'autre côté du fleuve, les ethnies Lagunaires qui y campaient. On s'observa... et on en resta là, car l'issue d'un affrontement semblait incertaine aux deux groupes.

Les nouvelles migrations Krou, ne trouvant pas de place sur la côte, remontèrent dans les forêts, chassèrent encore un peu plus les pauvres petits hommes, rencontrèrent les Dida, les Gagou, les Gourou, les Dan qu'ils repoussèrent vers le nord et le centre. Après quoi, peu à peu ils se divisèrent en grandes familles, telles que les Bakoué, les Beté, les Godié, les Wobé et les Gueré.

Les premiers comptoirs européens

Toutes ces installations n'étaient pas encore terminées que de nouveaux « loups » montraient le bout des crocs le long de la côte. Oh ! ils n'étaient guère inquiétants les premiers navigateurs européens. Ils se contentaient de s'abriter pour fuir la tempête chaque fois qu'une anfractuosité de la côte le leur permet-

STRATAGÈME AUX LOURDES CONSÉQUENCES

L'une des plus puissantes ethnies du groupe Akan était celle des Ashanti dont le roi régnait au Ghana dans la région de Koumassi. Les uns et les autres ne devaient pas avoir bon caractère, car l'histoire des divers émigrants ayant quitté le royaume Ashanti commence toujours par une dispute entre le souverain et le chef d'une famille et le départ de ces derniers vers l'ouest, c'est-à-dire la Côte d'Ivoire.

Un jour le roi donne l'ordre à ceux qui deviendront les Akyé de combattre une tribu ennemie. Mais ces derniers, probablement peu en forme ou ayant de la sympathie pour les ennemis en question, fraternisent avec eux. Pour faire croire qu'ils se sont acquitté de leur mission, ils trempent la lame de leur épée dans du sang de mouton. Malheureusement, un mouchard prévient le roi du stratagème et celui-ci manifeste hautement sa réprobation. Il ne reste plus qu'à partir, en s'emparant, pour fonder une dynastie dans les bonnes règles, du sabre à pommeau d'or qui constitue l'insigne royal. Dans la lutte, les rebelles réussissent à prendre la lame, mais pas le pommeau d'or... d'où le surnom de « Akié-Fo » qui signifie « détenteurs de la lame seulement » et qui les rebaptisera définitivement.

tait. Ils faisaient le plein d'eau et, bien sûr, commerçaient dès qu'ils voyaient des habitants.

Mais quel commerce !

Pour travailler les terres vierges conquises dans les Amériques et les Antilles au détriment de leurs populations massacrées, il fallait des gens solides et habitués à un climat chaud et humide. L'idée d'utiliser des « esclaves » africains ne fut pas longue à s'imposer.

En 1679, la Compagnie d'Afrique obtient le monopole de la traite et, pour exorciser ces « sauvages » qui n'ont pas le bon goût d'être chrétiens, on expédie le R.P. Gonsalvez qui fonde une chapelle à Assinie en 1687. Il est remplacé par une deuxième, puis une troisième mission. Mais en 1704, les Français, décimés par le climat et les maladies, quittent la région. Ils reviendront d'ailleurs...

Un Ivoirien filleul de Louis XIV

Entre l'arrivée du père Gonsalvez et 1704 se situe une anecdote fameuse... sinon authentique. Un Français, le chevalier d'Amon, envoyé par Louis XIV comme émissaire auprès d'un chef de la région d'Assinie, ramène en France le fils de celui-ci, le prince Anabia. Le prince, baptisé par Bossuet, devient le filleul du roi, est nommé officier et finit par commander une compagnie de Chevau-légers. Belle histoire pacifique ! Et pourtant, à la même époque, plusieurs centaines d'esclaves quittaient chaque année ce que l'on appelait alors la Côte des Males Gens. Il est vrai que l'esclavage était partout pratiqué et que les « Barbaresques », dans le même temps, vendaient sur les marchés d'Afrique du Nord les captifs européens dont ils avaient en mer arraisonné les bateaux. Les affaires sont les affaires ! Il n'empêche que la traite des esclaves noirs, pratiquée pendant cent cinquante ans au moins, aura coûté 15 millions de déportés aux pays d'Afrique de l'Ouest, ce qui est énorme si l'on considère que le nombre total d'habitants n'était que très peu élevé. On ignore combien parmi ces déportés furent des Ivoiriens, mais on sait que des comptoirs furent créés spécialement pour cela, en particulier à Jacqueville, Grand Lahou et Sassandra.

Jusqu'au milieu du XVIIIe siècle, la région d'Odienné était restée un des pôles de résistance des Sénoufo contre la pénétration des Malinké. Au XIXe siècle, une deuxième vague expansionniste Malinké va se produire, et cette fois un chef prestigieux, dont la famille est originaire de Tombouctou, va créer un véritable royaume, le royaume de Kabadougou, dont le noyau est représenté par les trois villages de Samatiguila, Tiémé et Odienné. Ce chef, c'est Vakaba Touré. Aussi n'y a-t-il plus de place pour les Sénoufo dans le nord-ouest. Ils se retranchent autour de Korhogo, groupent les villages isolés de la périphérie de leur territoire et se donnent un chef : Gbon Coulibaly. Celui-ci, pendant la deuxième moitié du XIXe siècle et après une période assez longue de flottement de la part des Sénoufo, va organiser leur résistance, non seulement sur le plan militaire, mais aussi sur celui de l'influence religieuse qui risque de s'infiltrer sur ses flancs est et ouest et détruire plus sûrement qu'une guerre la cohésion de son peuple. Il y réussira d'ailleurs, malgré des circonstances aussi perturbatrices que le phénomène Samory et la colonisation française.

Pendant tout le XVIIIe et la première moitié du XIXe siècle, la côte africaine est jalonnée d'escales où les Portugais, les Anglais, les Hollandais et les Français se sont installés pour pratiquer la traite. Il y a assez d'argent à gagner pour tout le monde et l'entente règne à peu près.

Cependant, dès 1830, c'est-à-dire avant l'abolition de l'esclavage, en 1848, qui va représenter un désastre financier pour tous ces commerçants, un officier de marine française, Bouët, flaire le vent nouveau. Il commence à rendre visite systématiquement aux chefs établis entre Tabou et Assinie. Cette fois, il ne s'agit pas d'échanger des marchandises, mais de signer des traités d'alliance. Il y réussit assez bien, puisque d'Assinie à Sassandra, des pactes successifs font tomber officiellement la côte sous l'influence française.

Jusqu'à la guerre de 1870, qui rappelle en France les militaires, tout se passe en traités et en discussions amicales.

Mais voilà que quelques années après la défaite française, en 1880, paraît un livre de Paul Leroy-Beaulieu, totalement adopté par Jules Ferry, intitulé *De la colonisation des peuples modernes*, qui va mettre en branle une expédition coloniale et non plus commerciale. Un petit fait, deux ans avant, avait déjà rendu un ton nouveau : le commerçant Vercier, qui possédait des comptoirs à demi ruinés, à Assinie et Grand Bassam, se fait nommer résident français aux Etablissements de Côte d'Ivoire (qui porte ainsi ce nom pour la première fois) et fait restaurer les forts abandonnés. Il renoue des contacts, plante du café, crée la Compagnie de Kong.

En France, on voudrait bien savoir ce qui se passe à l'intérieur d'un pays dont personne n'a encore pratiquement quitté la côte. De plus, les bons amis anglais, implantés au Ghana, la Gold Coast, semblent avoir la même idée. Il s'agit de les devancer. Un commis de Verdier, Treich-Laplène, part en 1887 en direction du nord, avec une escorte d'Ivoiriens. Le voilà à Abengourou, où il conclut un pacte, puis à Bondoukou. Cette fois, il s'agit d'un ... protectorat. Il signe le traité avec le chef des Abron, repart, et atteint Kong. Joli voyage pour l'époque.

Mais à Kong, il a été devancé par un voyageur bien plus téméraire, puisque lui arrive à pied de Dakar. Tout simplement.

Samory occupe le devant de la scène

Le capitaine Binger est en effet parti le 28 février 1887 de Dakar. En juin, il est à Bamako, d'où il repart en septembre, passe par Sikasso, Tingrela et arrive à Kong le 20 février 1888. Il y signe, le premier, un traité avec les chefs Dioula de la ville et de Dabakala. Il repart faire une petite promenade jusqu'à Ouadadougou, toujours à pied, et finalement revient à Kong où il retrouve Treich-Laplène, le 5 janvier 1889. Les malheureux habitants de Kong ne savent pas encore que ce sont eux qui feront les frais de l'accolade qu'échangent les deux Français.

Samory est né en 1837 à Sanonkoro, dans le Haut Niger. D'abord marchand, il devient chef de village, rassemble des partisans, conquiert les environs et se donne le titre d'Almamy, c'est-à-dire Chef des Croyants. En 1882, il se heurte aux Français sur la rive droite du Niger et il bifurque en Haute-Guinée où, au début de 1887, il signe un traité d'amitié avec le capitaine Peroz. Tout va bien jusqu'au moment où il rencontre Binger, pendant le voyage que celui-ci fait de Bamako à Kong. Car Binger repousse la demande de Samory de l'aider contre son rival Babemba. Mauvaise affaire pour tout le monde.

Le successeur de Vakabé Touré épouse les deux filles de Samory. Voilà qui sent de loin l'alliance militaire. Effectivement, Mango Mamadou s'allie avec son beau-père et les deux hommes décident d'attaquer les Français. Odienné est fortifiée, comme toute la région. Un neveu de Samory, Sarankéné, part dans la direction de l'est, atteint Bouna dont la population vivait tranquillement, détruit la ville, emmène les habitants pour les vendre comme esclaves. En 1892, les Français lancent contre Samory deux colonnes militaires qui partent de Kong. L'une, commandée par le capitaine Ménard, est massacrée, et l'autre est obligée de se replier. Cependant, l'année d'après, l'armée française prend Sikasso et s'avance vers Odienné que Samory fait alors brûler pour éviter que ses ennemis ne s'en emparent. Avec son armée, ses esclaves, ses trésors, il se dirige lentement vers l'est, détruit sur son passage des villages qui lui résistent ou qui ont conclu un accord avec ses ennemis. Dabakala est ainsi pillée et brûlée, puis, en 1895, Kong.

Il menace Bondoukou, mais derrière Bondoukou, il y a la Gold Coast et les Anglais. Samory estime avoir assez de mal avec les Français et renonce à Bondoukou. Le 20 août 1897, Sarankéné tue un émissaire français. Cette fois c'est trop. L'armée française se mobilise contre Samory qui repart vers l'ouest où il sera pris à Guélémou, au nord de Man, le 29 septembre 1898. La région du nord, désorganisée, exsangue, ruinée, peut difficilement désormais s'opposer à la colonisation. Dans le nord-est principalement, les villes pillées ne pensent qu'à se remettre de leurs ruines.

Kong ne retrouvera jamais sa prospérité et Dabakala attendra plusieurs années avant de se relever. A Bondoukou, la situation se rétablit assez vite. Mais Bouna, dans une des régions les plus cruellement atteintes, reste vide. De 10 000 habitants, la ville n'en compte plus que 1 000.

En revanche, Odienné est rebâtie et, après quelques tâtonnements malheureux pour remplacer son chef exilé, un homme de sa famille, Ibrahima Touré, est placé à la tête de la ville, et y restera jusqu'à sa mort, en 1934.

Les débuts de la colonisation

Pendant la guerre de 1870, les Anglais et les Allemands avaient pris en main le commerce à Assinie, alors l'escale la plus importante de la région. C'est pourquoi le premier résident, Verdier, s'installe à Grand Bassam. Des écoles sont créées, on essaie sans grand succès d'acclimater des produits inconnus : avocatiers, agrumes, cocotiers. D'une manière générale, les civils ne s'éloignent pas de la côte ni des lagunes. Ce sont des Sénégalais et des Appoloniens de la côte qui vont à l'intérieur collecter l'or, l'ivoire, l'huile de palme, etc.

Pourtant les Français veulent recon-

A la mort du Président Houphouët-Boigny, sa succession s'est effectuée sans aucune des violences que prédisaient les Cassandre habituelles. Henri Konan Bédié est le nouveau Président de la République (photo Lougue/J.A.).

naître le Bandama. Ils envoient le capitaine Marchand vers Tiassalé où il est mal accueilli, mais il réussit à traverser tout le pays jusqu'à Tingrela dans le nord. Il y arrive fin 1893.

En 1892, une convention franco-libérienne (le Liberia étant sous protectorat américain) avait fixé le cours du Cavally comme frontière entre les deux pays. Le 10 mars 1893, par décret du gouvernement français, la Côte d'Ivoire est constituée en colonie française avec Binger comme premier gouverneur. Cependant, en 1902, un nouveau décret institue l'Afrique occidentale française (AOF) ; en fera partie la Côte d'Ivoire dont le gouverneur est placé sous l'autorité du gouverneur général de l'AOF.

Le premier chef-lieu de la colonie est Grand Bassam. Mais il est décimé par la fièvre jaune en 1899 et abandonné au profit de Bingerville.

Bingerville n'est qu'à quelques kilomètres d'une certaine presqu'île rocheuse qui avance dans la lagune Ebrié, en face de l'île de Petit Bassam. En 1898, l'une et l'autre sont pratiquement inhabitées. Mais elles se trouvent exactement dans l'axe du tracé qui a été déterminé par les ingénieurs comme étant le meilleur parcours possible pour le futur chemin de fer Océan-Niger. Et, entre l'île de Petit Bassam et la presqu'île, la lagune offre un magnifique plan d'eau qui conviendrait à merveille pour un port. Il ne lui manque que de communiquer avec la mer. Ce sera chose faite en 1934, avec la création du canal de Vridi. Entre-temps, la presqu'île inhabitée est devenue Abidjan, terminus de la voie ferrée qui, en 1934, mène jusqu'en Haute Volta à Bobo-Dioulasso. L'importance de cette ville, desservie à la fois par le rail et par les compagnies de transport maritimes qui y ont d'emblée trouvé l'un des meilleurs sites portuaires d'Afrique, croît en flèche, et le 1er juillet 1934, le chef-lieu de la colonie, de Bingerville est transféré à Abidjan.

Les grandes cultures industrielles du café et du cacao ne sont pas originaires de Côte d'Ivoire. Elles ont été importées par les Français, malgré le peu d'enthousiasme d'une population qui n'en voyait pas l'intérêt. Mais les colons, eux, le voyaient fort bien. En conséquence, des manœuvres furent souvent envoyés pour travailler sur les plantations non seulement de café et de cacao, mais d'agrumes. De plus, ils avaient été requis de force sur les chantiers forestiers et les chantiers administratifs. Au total, une masse considérable d'hommes vivait d'une manière permanente loin de chez eux et dans des conditions souvent déplorables.

A cette cause de révolte, s'en ajoutaient d'autres dont l'une devait mettre le feu aux poudres.

En février 1944 eut lieu la célèbre Conférence de Brazzaville, organisée par le général de Gaulle pour discuter du sort des possessions françaises d'outre-mer. Si la tendance à l'autonomie, largement défendue au cours de cette conférence, ne prévalut pas, elle ne pouvait plus désormais être enterrée. Pourtant, malgré les recommandations faites en faveur « d'une large assimilation », la différence entre les conditions dont bénéficiaient les colons et celles qui étaient imposées aux planteurs ivoiriens ne cessait de grandir.

Provocation de la part des planteurs français, qui ne veulent pas céder un pouce de leurs privilèges, prise de conscience par les Ivoiriens que la liberté est au bout de la lutte ; les conditions d'un conflit grave sont en place.

Il éclate, toujours en 1944, lorsque la prime d'entretien accordée aux planteurs de café défavorise nettement les Ivoiriens. Malgré leurs démarches auprès de la Chambre d'agriculture, les représentants de ces planteurs ne reçoivent aucun apaisement.

Parmi eux, sont réunis quelques intellectuels, qui le sont devenus d'ailleurs parfois malgré eux : en effet, l'instruction française est souvent mal vue par des parents qui craignent que leurs enfants ne deviennent trop différents d'eux. Le jeune Félix Houphouët-Boigny, par exemple, né en 1905, à Yamoussoukro, dans un village très peu francisé, est d'abord tenu soigneusement à l'écart de l'école par sa famille. Mais le chef du poste dont dépend Yamoussoukro s'en aperçoit et exige que l'enfant soit scolarisé. Cette exigence conduira Félix Houphouët-Boigny jusqu'à l'École William Ponty du Sénégal, puis à l'École de médecine de Dakar, d'où il sortira major de sa promotion en 1925. Il commence alors une carrière de médecin auxiliaire et devient donc fonctionnaire français. Mais en 1932, il prend la défense des planteurs d'Abengourou à qui le cacao est acheté à un prix dérisoire. Puis en 1939, sur l'insistance de toute la population du canton Akoué, devient chef de ce canton. Dès lors, il ne cessera de poursuivre son action d'émancipation du peuple ivoirien.

Aussi fait-il tout naturellement partie de ceux qui vont discuter avec les représentants de la Chambre d'agriculture, puis vont fonder, d'ailleurs avec l'assentiment du gouverneur Latrille, le Syndicat agricole africain. Félix Houphouët-Boigny en devient président. Il a toutes les qualités requises ; il appartient à une famille de chefs traditionnels, il possède lui-même une plantation de café, il a reçu une éducation qui lui permet de discuter d'égal à égal avec les Européens et fait partie d'un des groupes ethniques les plus influents de Côte d'Ivoire.

D'emblée, le Syndicat obtient d'importants succès. Mais il provoque aussi une levée de boucliers de la part de la Chambre d'agriculture. Latrille est écarté au profit d'un nouveau venu : Mauduit.

Cependant, la Côte d'Ivoire doit désigner un député élu par les Ivoiriens de statut local pour les représenter à la première Assemblée Constituante française. Malgré tout ce qui est tenté pour favoriser le candidat suscité par les colons, c'est celui qu'a présenté le Syndicat agricole africain qui est élu. Et ce candidat, c'est Félix Houphouët-Boigny.

Cette élection devait être déterminante. Dans un premier temps, elle provoque l'abolition du travail forcé, obtenue par le nouveau député qui fait voter une loi dans ce sens par l'Assemblée Constituante, le 11 avril 1946.

A Bamako, le 19 octobre 1946, est fondé le Rassemblement démocratique africain (RDA) par les leaders les plus importants des pays d'Afrique occidentale française et d'Afrique équatoriale française (AEF), dont Houphouët-Boigny. Dans chacun des douze pays représentés, est créé un parti se réclamant du RDA, mouvement africain d'émancipation à caractère international.

En 1946, Félix Houphouët-Boigny est de nouveau élu député. Mais il est devenu, ainsi que ses compagnons du RDA, l'ennemi public de certains colons puissants, notamment de ceux qui sont toujours représentés dans la Chambre d'agriculture. Le 6 février 1949, les provocateurs tuent deux adversaires d'Houphouët-Boigny. Une vaste opération d'arrestations est lancée contre les représentants les plus dynamiques du RDA. Ils sont emprisonnés à Grand Bassam. Mais une commission d'enquête dégage la responsabilité du PDCI-RDA dans les événements du 6 février, une révision du procès des prisonniers de Grand Bassam est entreprise et, surtout, Houphouët-Boigny est élu à l'Assemblée Territoriale, le 20 mars 1952.

En janvier 1956, il entre au Parlement français avec un autre Ivoirien, Ouezzin Coulibaly. Devenu ministre délégué à la Présidence du Conseil le 1er février 1956, il aide le ministre de la France d'outre-mer à mettre au point la loi-cadre pour les territoires d'outre-mer. Celle-ci est votée le 23 juin 1956.

Dès lors, l'homme politique ne cesse d'être soutenu par tout le peuple ivoirien, à chaque élection au suffrage universel, comme au Congrès du RDA. En mai 1957, il est élu président du Grand Conseil de l'AOF et, le 30 avril 1959, il est investi Premier ministre du premier gouvernement de la Côte d'Ivoire par l'Assemblée législative. Enfin, l'indépendance de la Côte d'Ivoire est proclamée le 7 août 1960, avec comme président de la République Félix Houphouët-Boigny.

Trente ans de paix

Jusqu'à sa mort survenue le 7 décembre 1993, le président Houphouët-Boigny a su préserver son pays de la guerre civile et s'entourer d'amis et d'alliés issus de tous les continents. Cela n'a pas été toujours facile et au début de la décennie il n'a pu empêcher que des remous se produisent à Abidjan, dans la mesure même où depuis 1980, il avait orienté sa politique intérieure vers davantage de liberté démocratique et vers un multipartisme qui est aujourd'hui un fait acquis.

En vertu de l'article 11 de la constitution, le président de l'Assemblée nationale, Henri Konan Bédié, a pris la suite du président de la République, en dépit des vives contestations de l'opposition. Cela s'est produit dans le calme, et la Côte d'Ivoire, malgré le choc émotif qu'a constitué le décès du « père de la Nation », n'a pas connu l'éclatement que certains lui prédisaient.

Mais les Ivoiriens ont pris goût à la paix, et même si les leaders politiques s'affrontent durement, la population n'est pas disposée à les suivre à n'importe quel prix. Dans le privé, elle aime d'ailleurs bien rire aux dépens d'une classe qui ne vit pas tout à fait comme elle ! Souhaitons que cette sagesse perdure.

Henri Konan Bédié a été élu président de la République le 22 octobre 1995.

l'économie de la côte d'ivoire

■ La politique économique de la Côte d'Ivoire s'appuie sur deux options fondamentales : le libéralisme et l'ouverture sur l'extérieur. Le président Houphouët-Boigny, de par sa formation de médecin et ses attaches terriennes, était profondément réaliste. Au moment de l'indépendance, il savait que le jeune État qu'il fondait n'avait encore ni les capitaux ni les techniciens nécessaires pour mettre en marche le processus de développement. Par un code des investissements approprié, par l'établissement des rapports d'amitié avec la plupart des grands pays industrialisés, il sut attirer en Côte d'Ivoire les uns et les autres. Le nombre d'entreprises décupla d'ailleurs en vingt ans, renforçant la notion de « miracle » attachée au développement économique du pays. Et en toute justice cette flatteuse réputation ne fut pas usurpée tant que la désastreuse conjoncture mondiale ne la mit pas en péril, comme nous le verrons plus loin. En tout cas, pendant les deux premières décennies suivant l'Indépendance, la confiance dont jouissait l'État ivoirien lui permit d'obtenir des prêts de grandes banques internationales pour financer ses importants projets.

Une croissance économique continue

La croissance économique fut immédiate et provoqua la naissance d'une épargne privée, qu'un emprunt national avait mobilisée, depuis quelques années, au profit d'équipements d'intérêt public, allégeant d'autant le recours à l'aide étrangère. A partir de 1976, une Bourse des Valeurs a permis aux épargnants d'entrer en contact avec les sociétés voulant augmenter leur capital ou les étrangers désireux de céder des actions. Grâce à cet organisme, une « ivoirisation » des sociétés existantes put se faire dans les meilleures conditions, tandis que des entreprises à capitaux ivoiriens voyaient le jour, soutenues par le Fonds national de l'investissement, la Société nationale de financement, le Fonds de garantie des crédits aux entreprises ivoiriennes. Quant à « l'ivoirisation » des cadres et des techniciens, elle se poursuivait sans hâte imprudente, mais sans hésitation.

Il est certain que, dans un premier temps, Abidjan et ses environs prirent une importance sans commune mesure avec ce que connaissaient les autres régions : 67 % de l'industrie s'y trouvent concentrés. Il s'agit d'un phénomène inévitable de gravitation autour d'une capitale groupant les organismes vitaux sur le plan administratif et économique. Le transfert officiel de la capitale à Yamoussoukro en 1983 n'y a rien changé : la décentralisation souhaitée par le président Houphouët-Boigny s'est opérée en faveur de quelques grandes écoles, mais pas du secteur économique.

Une politique de décentralisation équilibrée

Cette décentralisation qui devait entraîner le développement équilibré de tout le pays, le chef de l'Etat l'avait voulue dès le début des années 1960.

Il l'avait d'abord favorisée par la création du ministère du Plan en 1966, pour orchestrer toutes les actions de développement sur l'ensemble du territoire.

En 1969, ce fut le tour de deux « Autorités », chapeautant d'une part l'aménagement de la vallée du Bandama (AVB) ; d'autre part l'aménagement de la région du sud-ouest (ARSO).

Il s'agissait de deux énormes projets qui devaient modifier profondément l'économie et même l'aspect de la Côte d'Ivoire.

Le premier concernait la création d'un barrage sur le Bandama, à Kossou, destiné à entraîner un immense lac de retenue d'une superficie de 1 700 kilomètres carrés, en plein pays Baoulé, à l'ouest de Bouaké, une des zones les plus peuplées et, par-dessus le marché peuplées d'agriculteurs farouchement attachés à leur terre. Le but de l'opération était de permettre la construction d'une centrale hydro-électrique capable d'améliorer considérablement l'équipement du pays, mais aussi de provoquer l'émigration d'une grande partie de ces paysans vers la région du Sud-Ouest, très sous-peuplée, de favoriser une restructuration de l'agriculture du centre et enfin, par l'empoissonnement du lac, de fournir une source considérable de protéines animales à la population.

La centrale fut achevée en 1972 et complétée par celle de Taabo, en aval de Kossou, qui fonctionna à partir de 1979. Elles étaient censées fournir le quart de la consommation en électricité estimée à 1 700 gWh en 1980. Nul ne pouvait alors prévoir que la terrible sécheresse de la décennie ferait chuter dramatiquement cette production, entraînant une reconversion accélérée en énergie thermique, notamment fournie par la centrale à turbines à gaz de Vridi, ni qu'il faudrait alors faire appel au Ghana, gros fournisseur d'électricité, pour un total de 450 gWh.

Tout se présentait au contraire, dans les années 1970, sous les meilleures auspices. Cependant, la formation du lac de Kossou provoquait l'évacuation d'environ 100 000 personnes, à qui il fallait fournir un nouveau logement et l'équivalent de leur capital agricole inondé. C'est pourquoi il était vital de créer un organisme doté des pouvoirs et de l'autonomie nécessaire pour traiter des problèmes de cette ampleur.

L'AVB, dès sa naissance, eut à trouver dans l'immédiat 80 000 hectares de terres disponibles et à construire 12 000 maisons, des écoles, des terrains de sport, des hangars, des puits, etc. Le gouvernement voulait profiter de cette occasion unique pour, comme il a été dit plus haut, réorganiser complètement la région. D'une part, il fallait regrouper les populations des anciens hameaux en unités villageoises plus importantes et plus faciles à équiper. D'autre part, l'ensemble des méthodes culturales devaient être révisées, des espèces nouvelles suggérées aux agriculteurs et de nouvelles ressources mises à leur portée.

Le périmètre touché se trouvait à cheval sur deux zones géographiques : au sud, la forêt, au nord, la savane. Dans la première, la base de l'économie paysanne, c'est-à-dire ce qui est destiné à être monétarisé, repose sur les grandes cultures pérennes, le café et le cacao. Chaque famille sinistrée reçut un hectare qui lui fut confié par la suite si elle le désirait et avait fait ses preuves. Les terres non aptes au café et au cacao furent remises à la disposition du chef de village qui les distribua aux paysans pour leurs cultures vivrières (manioc, igname, maïs, arachide, légumes divers, riz dans les bas-fonds). Dans chaque village, un représentant de l'AVB fut chargé de conseiller les paysans et les aider à améliorer leurs méthodes agraires par un assolement judicieux, l'emploi d'engrais, l'utilisation d'espèces sélectionnées. A Bouaflé, une pépinière de nouvelles variétés de café et de cacao fournit les plants nécessaires. Certains villages neufs ont maintenant leur propre pépinière.

Là encore les années de sécheresse devaient affecter un développement qui

LA DÉVALUATION DU FRANC CFA ET SES RÉPERCUSSIONS

Le 11 janvier 1994, intervenait à Dakar la décision de dévaluer le franc CFA qui avait cours dans certains pays anciennement colonisés par la France en Afrique, dont la Côte d'Ivoire. De 50 francs français, le franc CFA est donc passé à 100 FF, ce qui a eu pour résultat immédiat de faire baisser le prix de ses exportations et de rendre à certaines la place qu'elles avaient perdue dans l'économie mondiale.

Parallèlement, l'inflation inévitable du coût de la vie, grâce à une sage politique de surveillance des prix, peu à peu libérés, a fait qu'elle a été contenue dans un pourcentage généralement inférieur à 25 %. Non seulement les filières agricoles ont presque toutes profité de ce phénomène, d'autant plus qu'il se produisait en même temps une hausse de leur cours mondial, mais une partie des richesses du pays, inexploitées par manque de rentabilité, provoque du fait de cette dévaluation un nouvel intérêt.

C'est le cas de nombreux minéraux comme l'or, le nickel latéritique et le cipro-nickel de la région de Biankouma-Touba ou des gisements de manganèse de Grand Lahou et Odienné. Or leur exploitation, particulièrement celle de manganèse qui entraînerait l'ouverture d'une usine à San Pedro, pourrait redonner à toute la région de l'Ouest et surtout au port de San Pedro une nouvelle vie : ce sera peut-être enfin pour cette ville l'occasion de devenir la grande métropole de l'Ouest, comme le président Houphouët-Boigny l'avait souhaité.

se présentait bien, malgré le fait que la population avait diversement accepté les modalités du relogement.

La pêche ressource nouvelle

Grâce au lac, dans cette région sud, l'économie paysanne s'appuya désormais sur une nouvelle ressource : la pêche, activité qui était à peu près inconnue ici, tout au moins sur une grande échelle. Sous encadrement AVB, une véritable profession est née.

Le lac qui a été empoissonné dès sa formation, est désormais très riche en diverses espèces. Sur ses bords, les paysans bâtirent eux-mêmes des campements d'abord provisoires en attendant que les eaux aient fini de monter, puis définitifs, où ils vivent pendant les périodes qui ne requièrent pas leur présence dans les champs. Là encore ils furent d'abord conseillés par un moniteur AVB spécialisé dans la pêche, qui s'associe bien avec la culture du café et du cacao, car elle ne s'exerce pas pendant la même période. Les paysans peuvent donc faire alterner pendant l'année culture et pêche.

Autre avantage, la pêche apporte sur le plan nutritionnel un supplément de protéines, capital pour l'équilibre alimentaire ; d'autre part, elle constitue un revenu financier important. Les femmes des pêcheurs ont spontanément organisé le commerce du poisson, soit sur place, soit sur les marchés des environs.

Dans le secteur de savane, l'économie est centrée sur les cultures annuelles et sur l'introduction systématique de l'élevage. De grandes unités de cultures sont partagées en plusieurs parcelles d'un minimum d'un demi-hectare. Chacune est consacrée soit au riz (pluvial ou irrigué), soit au coton ou au maïs, à l'igname, au stylosanthès, plante fourragère qui régénère le sol et fournit l'alimentation nécessaire à l'élevage des bovins. Autrefois, lorsqu'un sol s'épuisait, après quelques années de monoculture, les paysans défrichaient plus loin un autre terrain. La méthode de rotation des cultures supprime cette pratique, catastrophique sur le plan économique. En se succédant chaque année sur une même parcelle, dans un ordre calculé, les cul-

VENUS DE L'OCÉAN INDIEN LES CAURIS

Au cours du XVIIIe siècle, des marchands Dioula introduisirent en Côte d'Ivoire un petit coquillage blanc, le cauri, qui venait de l'océan Indien. La fortune de ce coquillage fut considérable... ou plutôt la fortune de ceux qui en possédaient beaucoup, puisque jusqu'à la veille de la Seconde Guerre mondiale, le cauri, dans certaines régions de Côte d'Ivoire, comme Bouna, était la seule monnaie employée. Certains Lobi l'utilisent d'ailleurs encore.
Mais il n'a pas arrêté là sa carrière : de l'est à l'ouest, jusqu'à Man, de nombreux costumes, des masques, des ornements divers en sont constellés. Chez les Sénoufo, il recouvre la coiffure des jeunes filles quand elles dansent le N'Goron, à Boundiali, pendant la fête qui suit l'initiation. Les garçons en portent également autour du torse et sur la tête, lorsque débute un des cycles du Poro. En général, il symbolise le sexe féminin.

tures assurent l'équilibre du sol. Cela permet aux paysans de se sédentariser complètement, donc de pouvoir profiter d'équipements modernes dans des villages stables, tout en supprimant l'appauvrissement progressif des terres.

Telle est du moins la situation idéale qui avait été prévue : il semble toutefois que la réalité soit différente. D'abord, il n'est pas si facile de changer les habitudes. En outre, comme un grand nombre de sociétés d'État, l'AVB a été supprimée dès que l'on a estimé sa mission terminée. Mais une mission de cette envergure peut-elle être tout à fait terminée ?

Une politique de conciliation

En outre, la réorganisation de la vallée ne s'effectua pas sans mal, notamment la réinstallation des sinistrés (on disait « des déguerpis ») qui posa bien des problèmes. Il avait, par exemple, été prévu que beaucoup d'entre eux émigreraient dans les zones peu peuplées du Sud-Ouest. Mais le président Houphouët-Boigny avait donné à ce sujet la consigne de respecter la volonté des paysans. Ceux-ci eurent donc la liberté de s'installer dans la région de leur choix, même si cela provoquait des difficultés supplémentaires. Tel fut le cas de la zone de Béoumi, déjà très dense, et où pourtant de nombreuses familles voulurent s'installer parce qu'elles dépendaient de cette sous-préfecture avant la création du lac.

La même liberté fut laissée aux paysans quant au système de culture qu'ils entendaient appliquer sur leur parcelle : certains préférèrent renoncer aux avantages accordés par l'AVB en matériel, en semences et en conseils, pour cultiver leur champ selon leurs coutumes même si, devant les résultats obtenus par leurs voisins, une partie d'entre eux participa alors à l'action commune.

Aménagement du Sud-Ouest

Au moment de la création du port d'Abidjan, les activités de Sassandra étaient encore florissantes et l'on pouvait espérer qu'elles se poursuivraient avec assez de vigueur pour maintenir l'équilibre entre les deux cités. Malheureusement, ce ne fut pas le cas d'où la nécessité de construire un nouveau port capable de jouer efficacement un rôle de contrepoids.

L'embouchure du San Pedro fut choisie pour la protection que lui assurait un promontoire rocheux, la pointe de Quidirez, et pour sa situation géographique, au cœur de la région du Sud-Ouest dont le futur port et la ville qui l'accompagnerait deviendraient le pôle de développement. Après la création de l'ARSO, en 1971, ce fut celle du « Port autonome de San Pedro », établissement public à caractère industriel et commercial devant assumer la charge de gestionnaire et de promoteur des activités portuaires.

La même année, le port était mis en service, sur un plan d'eau de 40 hectares avec deux postes à quai, deux darses totalisant 22 hectares pour le flottage du bois, deux magasins-cales et des quais de servitude. Dès 1973, il enregistrait un trafic de 1 018 204 tonnes, consacré surtout à l'exportation des grumes.

En effet, malgré l'arrivée dans cette région de villages entiers de sinistrés du centre et celle de volontaires venus du pays entier pour profiter des possibilités offertes, l'afflux escompté en provenance du pays baoulé ne s'est pas produit, ni le développement agricole maximal espéré.

Mais cela n'empêcha pas l'ARSO d'envisager le développement de la région qui s'étend de Fresco à la frontière libérienne, sur 250 kilomètres de côte, et remonte en pointe vers le nord jusqu'à la ville d'Issia. Sur 37 000 kilomètres carrés, 20 000 étaient occupés par la forêt dense et 12 000 par des terres cultivables. Aussi le développement économique est-il d'abord passé par l'exploitation du bois et la création d'unités de transformation (sciage, déroulage, placage du bois) tout en s'orientant vers la création de plantations industrielles de palmiers à huile, cocotiers, hévéas, café et cacao. S'y ajoutent les cultures traditionnelles de la zone de Sassandra : agrumes, arbres à essence, tels que bergamote, lime, etc., dont les huiles sont destinées à la parfumerie.

Parallèlement aux blocs industriels, ont été encouragées les plantations villageoises de palmiers, cocotiers et hévéas, ainsi que de café et cacao. Ont été également encouragées les cultures vivrières pour assurer l'alimentation de la population citadine et paysanne, comme celle du riz ou des produits maraîchers.

Si ces productions sont loin d'avoir été négligeables puisqu'elles ont permis à la région de vivre, elles n'ont pourtant jamais réussi à représenter un tonnage exporté comparable à celui du bois qui,

Parmi les principales ressources agricoles, le cacao (en haut à droite) et le café (en haut à gauche), dont les prix, sur le marché, sont malheureusement sujets à des variations pas toujours bénéfiques pour l'économie ivoirienne. Pour pallier ce handicap, une diversification de l'agriculture

a été engagée : coton, hévéa (photo L. Giraudineau/J.A.) banane y figurent en bonne place. Pour les besoins en combustible on fait appel au charbon de bois. La forêt est elle aussi une richesse incontournable du pays (photo M. et A. Kirtley/Éditions du Jaguar).

dans la décennie 1980 a représenté en moyenne plus de 90 %.

Le port de San Pedro et l'exportation du bois

Pourtant, le port de San Pedro a été très durement touché par la crise mondiale du bois en 1974 et le volume de ses exportations, alors en baisse, a joué sur son développement. Malgré le réajustement des prix et des commandes, le trafic du port était tombé de 1,3 million de tonnes en 1984 à moins d'un million en 1986.

La politique du gouvernement, en augmentant les droits de sortie des grumes, vise d'ailleurs à réduire l'exportation de ceux-ci au profit de produits transformés, plus rentables, ainsi qu'à inciter des entreprises européennes à venir s'installer sur place. Et cette politique est toujours d'actualité en 1994, bien que l'évolution favorable des cours au cours de 1993-1994, ajoutée à la nouvelle compétitivité des bois ivoiriens entraînée par la dévaluation du franc ivoirien en 1994, risque de provoquer une intensification de l'exploitation et de l'exportation : pendant le premier tiers de 1994, les exportations de grumes ont connu une augmentation en volume de 158 %, officiellement. Certains pensent que les quantités réellement exportées ont été encore supérieures et s'alarment de la situation. Pourquoi s'alarmer de ce qui semble être un facteur favorable à l'économie du pays ?

C'est que se pose un autre problème que celui des débouchés extérieurs et des cours mondiaux. La forêt ivoirienne qui comportait 12 millions d'hectares en 1969 (et elle était déjà alors réduite par rapport à ce qu'elle avait été) ne couvre plus que 2 millions d'hectares en 1994. Au rythme actuel d'abattage, il pourrait se faire que dans dix ans, il ne reste plus rien du magnifique manteau qui couvrait environ toute la moitié sud du pays.

En 1988, à l'occasion de l'année de la forêt, avait pourtant été lancée une campagne de sensibilisation auprès du public afin de mettre un terme aux catastrophiques feux de brousse pour défricher ou faire repousser une herbe tendre appréciée par les troupeaux. Mais cette pratique, ainsi que l'utilisation du bois comme unique combustible ménager dans les villages, ne sont pas seuls en cause. L'exploitation du bois sans aucune restriction et le défrichement pour permettre l'extension des cultures sont tout aussi responsables.

A la même époque, un important programme de reboisement avait été lancé. Il a été insuffisant et l'on retrouve aujourd'hui les mêmes préoccupations qu'alors. C'est que les mentalités changent lentement... quand elles changent. En dépit des interdictions et des lois, parfois contradictoires, des forêts classées sont encore exploitées par des agriculteurs comme par des exploitants forestiers. Même si, au cours de ces dernières années, le gouvernement répugnait à employer la force contre les bûcherons clandestins, en avril 1994, dans la région de Man, certains ont bel et bien été arrêtés.

La politique de reboisement se continue donc plus que jamais en zone forestière comme en zone de savane, avec l'aide internationale comme celle de la Banque mondiale, ainsi que la poursuite d'un plan directeur qui, outre ce reboisement, veut rationaliser l'industrie du bois et permettre sa vie à long terme. Il faut par exemple empêcher l'exportation incontrôlée des grumes vers les pays du Sud-Est asiatique. Non seulement ces grumes font parfois défaut aux industriels de déroulés et contre-plaqués ivoiriens, mais ils sont ensuite transformés et réexportés par les pays acheteurs sous forme de produits concurrençant ceux de Côte d'Ivoire ! La situation du bois est donc extrêmement délicate, puisqu'elle met en jeu l'existence de gens aux intérêts souvent contradictoires.

En attendant, le port de San Pedro a considérablement pâti de cette situation, bien que de nouveaux espoirs se dessinent à l'horizon.

Sécheresse et autres problèmes

La sécheresse qui a atteint son paroxysme en 1983-1984, mais qui s'est poursuivie avec des hauts et des bas pendant toute la décennie, a eu des conséquences sur l'agriculture et la production d'énergie hydroélectrique. Au début de 1994, encore, des délestages de réseaux étaient redoutés par les industriels par suite du niveau très bas de l'eau dans la retenue du barrage de Kossou. De très abondantes pluies pendant l'hivernage de 1994 ont sans doute amélioré la situation sans toutefois pouvoir combler un déficit qui avait atteint un tel degré. Encore, comme nous le verrons plus loin, les découvertes en hydrocarbures au large de Grand Lahou et Jacqueville améliorent-elles la situation énergétique du pays.

En revanche la sécheresse persistante, la déforestation abusive, la surexploitation du sol ont, elles, entraîné la chute de l'ancienne « boucle du cacao » (autour de Dimbokro). Cette région autrefois prospère est désormais pratiquement abandonnée.

De toutes façons le cacao, pour la Côte d'Ivoire, a représenté un grave problème pendant toutes ces dernières années, par suite d'une instabilité des cours mondiaux imposés. Le président Houphouët-Boigny avait décidé, devant une chute de prix inacceptable pour les producteurs de cacao ou pour le gouvernement ivoirien (une caisse de stabilisation garantissait aux paysans un prix stable et par conséquent la baisse devait être absorbée par l'État), de ne plus vendre dans ces conditions que le tonnage pour lequel des engagements avaient déjà été pris. Mais il n'était guère possible de tenir indéfiniment.

Un arrangement avait été conclu avec une grosse société française qui avait acheté le stock de cacao ivoirien. Si cette solution avait « sauvé les meubles », elle ne représentait tout de même pas pour la Côte d'Ivoire une véritable victoire.

Pour que la décision du président fut couronnée de succès, il aurait fallu que tous les producteurs du monde fissent preuve de solidarité avec lui. Mais des concurrents comme le Brésil furent trop contents de profiter de la situation.

Seulement il s'est produit depuis un renversement de situation : les cours mondiaux se sont mis à remonter par suite de trois années de déficit de la production sur la consommation. Par ailleurs, là comme pour tous les produits d'exportation de la Côte d'Ivoire, les effets de la dévaluation du franc CFA se font sentir en rendant tous ces produits plus compétitifs par rapport à la concurrence mondiale. La Côte d'Ivoire reste donc le premier producteur de cacao, avec plus d'un tiers du marché. Il n'empêche que des inquiétudes demeurent, dues à la raréfaction des terres disponibles pour cette culture. Après avoir commencé dans le sud-est, la culture du cacao s'est déplacée vers le centre, puis vers ce sud-ouest si peu peuplé et qui semblait inépuisable en forêts à défricher. Mais rien n'est inépuisable. Et il n'est plus de région vierge. De plus la crise de ces dernières années a provoqué une diminution des manœuvres, l'abandon des travaux d'entretien et par conséquent une baisse du rendement. C'est un grave souci alors que les pays asiatiques, qui n'étaient pas producteurs de cacao autrefois, commencent leur ascension dans ce domaine.

La situation du café est similaire. Même crise, suivie d'une remontée spectaculaire des cours mondiaux... mais d'une chute de la production à la suite d'un certain abandon des planteurs de ce produit qui ne leur rapportait plus assez et du vieillissement des plantations encore en activité. Un programme de relance portant sur cinq ans, avec une première phase pour nettoyer, traiter les plants ou les renouveler, a débuté pour profiter au mieux de la conjoncture internationale.

Autres grands produits d'exportation

Le coton a lui aussi bénéficié de la même conjoncture économique, bien que sa production ait été en 1993 inférieure à ce qui aurait été possible si les planteurs découragés n'avaient préféré se tourner vers des cultures vivrières. Pour pousser la production, la Compagnie ivoirienne pour le développement du textile (CIDT) devra de plus en plus ménager les intérêts financiers des syndicats agricoles qui se développent et des groupements villageois de coopératives, très présents dans le nord, zone traditionnelle du coton. Un fonds de garantie du coton, nouvellement créé, sera géré dorénavant par un comité réunissant la CIDT, les producteurs et l'État.

Mais la position de la CIDT n'est pas facile : si elle doit acheter la fibre aux producteurs à un prix avantageux pour les inciter à planter du coton, elle est talonnée par les filateurs ivoiriens qui viennent d'ailleurs d'obtenir une forte réduction du prix auquel elle leur vend ces fibres. Là encore on se trouve en présence d'intérêts contradictoires pas faciles à concilier. Mais pour les entreprises textiles, il y allait de leur existence. Grâce à cette diminution et à la dévaluation rendant leur production de nouveau compétitive, les usines de tissage qui se trouvaient en grande difficulté connaissent une véritable renaissance.

Même situation avec l'hévéa qui couvre une partie des plaines côtières du sud-ouest, en particulier celles de Grand Béréby à Tabou. En baisse régulière depuis des années, son cours s'est redressé depuis janvier 1994. On vise désormais une augmentation de production de 28 000 à 34 900 tonnes en 1995, avec une nette croissance du bénéfice permettant de compenser les pertes des

Le bois reste encore une des richesses ivoiriennes. Arrivé au fil de l'eau jusqu'au port de San Pedro, il y sera embarqué pour être exporté (photo M. et A. Kirtley/Éditions du Jaguar).

précédentes années et même celles, considérables, dues à des tornades qui ont détruit 400 hectares en une nuit ! L'heure est donc à la volonté de développer la filière dans la région sud-ouest. Ce secteur pourrait même bénéficier de la crise qui règne dans le secteur du palmier à huile puisque certaines plantations seraient reconverties de palmiers en hévéas. Pourtant cette crise s'améliore depuis le début de 1994 tandis qu'est envisagée la privatisation de la société d'État Palmindustrie et qu'est mis sur pied un programme de développement à moyen terme.

En ce qui concerne l'ananas, qui représentait en 1987 une production de 174 000 tonnes, la situation est peu brillante à la suite d'une très mauvaise organisation et d'un conflit qui est loin d'être réglé entre L'Office central des producteurs et exportateurs d'ananas et de bananes et les transporteurs maritimes. L'exportation était tombée à 130 000 tonnes en 1993.

La banane, du fait d'une concentration de la production, qui a permis de passer de 77 800 tonnes à 172 000 tonnes en quelques années, est au contraire en expansion. Pourtant un point inquiétant est constitué par le fait que l'Union européenne a consenti une augmentation du quota d'importation des bananes en provenance du continent américain, tout en abaissant pour elles les droits de douane. La Côte d'Ivoire était jusque-là son premier fournisseur de bananes, mais l'impérialisme américain est passé par là.

La nécessité de la diversification

On le voit, il y a déjà longtemps que la Côte d'Ivoire s'est dirigée vers une diversification indispensable de sa production agricole.

C'est ainsi que les agrumes, particulièrement dans la région de Sassandra, représentent un important verger. Une partie de la production est consacrée à l'extraction d'essences dans des unités situées à Abidjan, Agboville, Divo, Sassandra, Bouaké.

La Côte d'Ivoire produit également des noix de cola (60 000 tonnes dont la moitié exportée), des avocats, des noix de cajou, fruit de l'anacardier. Celui-ci a l'avantage de s'associer facilement avec les cultures vivrières et de procurer aux paysans du nord une bonne culture d'appoint. On pousse donc depuis longtemps le développement de ce verger. Mais le but poursuivi depuis longtemps et qui est encore bien plus vital à atteindre depuis la dévaluation est évidemment une totale autosuffisance alimentaire. Ce n'est pas si facile dans un pays qui ne doit ses devises qu'à l'exportation de matières premières agricoles !

Les principaux légumes consommés par la population ivoirienne, avec le manioc, le mil, l'igname, la banane plantain, le maïs et le riz, sont le gombo, le piment, les aubergines, les tomates, les oignons, le chou. Tous peuvent pousser sans problème dans le pays, particulièrement dans le nord, grenier de la Côte d'Ivoire.

Mais tout est une question de quantité : le riz, dont la consommation ne cesse de s'accroître, est en grande partie importé malgré l'extension des rizières (actuellement 350 000 tonnes et ce chiffre pourrait atteindre 600 000 tonnes dans les prochaines années). Il faut donc pousser la production nationale à un million de tonnes de riz blanc d'ici l'an 2000. Un Comité national du riz a été créé et une société d'économie mixte, la Soproriz, chargée de superviser le programme de relance avec un relèvement du prix du riz pour intéresser les producteurs.

La culture de l'oignon a considérablement progressé ces dernières années, ainsi que celle du soja, dans le nord-ouest.

Egalement pour diminuer les importations de blé dans un pays où s'est développée la consommation du pain, un projet concerne l'utilisation de farines à base de manioc ou de maïs. Dans les restaurants, il est de plus en plus proposé des frites d'ignames à la place de pommes de terre importées.

La production de sucre

La région de Ferkessédougou a vu à la fin des années 1960 une forte implantation de canne à sucre, étendue ensuite à tout le nord avec création de raffineries. Seules les deux de Ferkessédougou et celle de Borotou, au sud d'Odienné sont encore en fonctionnement, suffisant à fournir le marché intérieur et des exportations plafonnant jusqu'ici à 25 000 tonnes. La Sodesucre, société d'État, actuellement privatisable, loin de profiter de la dévaluation doit faire face à une lourde augmentation de ses coûts de production, alors que le sucre a fait partie des denrées dont le prix a été bloqué après la dévaluation pour éviter la hausse du coût de la vie Cependant la situation n'est pas mauvaise : si les exportations en direction de l'Europe et de l'Amérique sont soumises à un quota qui ne peut être dépassé, en revanche il existe une demande accrue de la part des pays africains voisins. On espère donc voir doubler le volume des exportations, tandis que le marché intérieur, lui, continuera à être entièrement satisfait avec 130 000 tonnes.

Les différents aspects de l'élevage

Le jumelage de l'agriculture et de l'élevage est particulièrement souhaitable dans le Nord.

L'élevage bovin est destiné à assurer plusieurs fonctions, telles que l'alimentation, la fourniture d'attelages et la fumure du sol.

Un peu partout, on favorise le développement du système de l'embouche, c'est-à-dire le fait d'engraisser des jeunes veaux d'un an, achetés dans des « noyaux naisseurs » où ils sont élevés près de leur mère jusqu'au sevrage. Pendant leur engraissement, les veaux reçoivent une nourriture parfaitement équilibrée, notamment des tourteaux de coton ainsi que d'autres sous-produits et des plantes fourragères qui servent, en rotation avec d'autres cultures, à la régénération des sols. Les jeunes veaux assurent déjà la fumure indispensable aux sols. Devenus adultes, les bœufs fournissent des attelages pour le labour chaque fois que le sol ne se prête pas à la mécanisation et continuent de fumer les terres.

Les ovins et caprins, estimés à 3 millions de têtes, font également l'objet d'un projet de développement avec encadrement des élevages paysans. Les porcins (400 000 têtes) se trouvent surtout dans le Sud non musulman. Mais il existe un centre de production de reproducteurs dans le Nord, géré par la Sodepra.

Depuis la dévaluation, il est primordial de développer l'élevage non plus seulement pour réduire le déficit en viande dont souffre la population, mais pour diminuer les importations de viande en provenance de l'Union Européenne : les produits animaux importés représentent une facture de 37 milliards de francs CFA (1994).

Quant au poisson, il n'est pas raisonnable d'espérer pouvoir l'exporter : la surexploitation des ressources halieutiques est inquiétante ici comme partout dans le monde. Pour éviter les importations qui ont lieu actuellement, il faudra surtout développer la pisciculture.

C'est ce que rendra possible la mise à la disposition de la Côte d'Ivoire de plus d'un milliard de francs CFA pour ce développement dans le cadre d'un accord avec l'Union Européenne.

Les droits de pêche versés à la Côte d'Ivoire par les étrangers représentent une entrée de devises intéressante puisque depuis le début de la décennie l'Union Européenne a déboursé plusieurs millions d'écus.

Il n'empêche qu'il n'est pas raisonnable...

Un sol riche en minerais

Le problème commun à bien des pays africains est d'avoir des sols riches en minerais mais dont l'exploitation coûte trop cher. En Côte d'Ivoire, c'est le cas notamment de la « montagne de fer » qui attend toujours d'être exploitée dans la région de Man, puisque le problème de son acheminement vers la côte n'est toujours pas résolu.

A Tortiya (voir rubrique à ce nom), l'exploitation du diamant sur une grande échelle a été abandonnée depuis longtemps.

Il existe pourtant des possibilités prometteuses avec un gisement de nickel entre Touba et Biankouma qui intéresserait actuellement une société canadienne, surtout depuis que la découverte d'hydrocarbures (voir plus bas) promet de réduire le prix prohibitif jusqu'ici de l'énergie. On signale aussi la possible exploitation du diamant près de Séguela, de la bauxite dans la région de Toumodi et de bien d'autres minerais dans d'autres régions... Mais le problème de la rentabilité de ces extractions est loin d'être résolu, d'autant que la dévaluation joue négativement dans ce secteur sur le prix de machines et d'équipement divers généralement importés.

Le nouvel atout des gisements d'hydrocarbures

Bien des facteurs défavorables ont accablé la Côte d'Ivoire, depuis l'époque où elle a cru que pourrait durer ce qu'on qualifiait de « miracle économique », à commencer par la sécheresse. Le barrage de Kossou, faute de pluies, n'a jamais provoqué le niveau d'eau escompté et l'usine hydroélectrique a souvent connu des déficits de production. Heureusement la découverte d'hydrocarbures au large de Grand Lahou et de Jacqueville, à l'ouest d'Abidjan, apporte une bouffée d'optimisme en ce domaine.

Un premier projet avait pu être mis sur pied, prévoyant l'exploitation d'un premier champ pétrolifère, nommé « Fox-Trot », contenant 21 milliards de m³ de réserves utilisables pour alimenter la centrale thermique de Vridi et une deuxième à construire sur le même site. Le projet avait été signé en 1992. Mais depuis de nouveaux champs pétrolifères « Lion » et « Panthère » ont été découverts. Si c'est une bonne nouvelle, c'est aussi une raison pour réétudier le projet existant pour trouver une solution plus économique tenant compte de l'exploitation aussi rationnelle que possible de ces trois champs. En tout cas cette solution comprendra certainement la construction d'une nouvelle centrale à Vridi et probablement d'une autre usine entre Grand Lahou et Jacqueville pour séparer le pétrole du gaz qui se trouve en grandes quantités dans les gisements et qu'il ne faut surtout pas gaspiller.

La Côte d'Ivoire et ses voisins

Les relations avec le Ghana, longtemps tendues, étant devenues bonnes, on a procédé à la connection des réseaux électriques entre les deux pays (le Ghana est un fort producteur d'électricité avec son barrage d'Akosombo). Ces relations se concrétisent également par la réalisation de la route bitumée qui atteint désormais la frontière. De son côté, le Ghana a entrepris de bitumer les 130 km de piste se déroulant sur son territoire entre cette frontière et la route goudronnée du bord de mer. Les deux pays peuvent s'épauler avec profit. De plus, la frontière orientale du Ghana le sépare du Togo. Or les Ciments d'Afrique de l'Ouest sont implantés dans ce pays et produisent du klinker, indispensable aux cimenteries de la Côte d'Ivoire comme du Ghana.

Avec la Guinée, dont le régime a brusquement changé au début d'avril 1984, la Côte d'Ivoire fait également des projets communs. L'expérience ivoirienne fait cruellement défaut à la Guinée, qui a envoyé sur place une commission d'étude..., mais les richesses guinéennes en minerais sont colossales et le seront aussi en potentiel hydroélectrique.

Avec le Sénégal, même attitude : dans la plus riche industrie sénégalaise, celle des phosphates, la Côte d'Ivoire a pris une participation de 10 % du capital.

Cette politique de bonne entente avec les autres États d'Afrique de l'Ouest, d'ailleurs conforme à ce que le président Houphouët-Boigny a toujours préconisé, ne peut qu'être favorable à tous.

Les handicaps à surmonter

Les heureux effets de la dévaluation sur les exportations, la hausse des cours mondiaux conjugués avec la stabilité du coût de la vie, représentent donc de bonnes raisons de croire en une nouvelle croissance. Par ailleurs, les créanciers internationaux, réunis en mars 1994, ont étudié un nouveau rééchelonnement des échéances de la dette extérieure du pays qui se traduit par une annulation de 50 % des échéances consolidées.

Mais cette dette reste considérable. Les privatisations envisagées, les économies à réaliser sur les salaires des fonctionnaires et sur les dépenses de fonctionnement, devront se conjuguer avec un taux de croissance élevé, espère-t-on, pour y faire face.

Mais l'État ivoirien est confronté à un taux de croissance démographique de 3,8 % par an, ce qui est énorme et signifie de lourds investissements dans les secteurs de la santé, de l'éducation nationale et des services sociaux. Devant ces difficultés, on ne peut que souhaiter à ce pays de ne pas se laisser, comme tant d'autres, gagner par des querelles politiques, stériles, quand elles ne sont pas synonymes de mort.

ville par ville

abengourou

■ A la fois chef-lieu et résidence de l'actuel roi de l'Indénié, chef des Agni, Abengourou présente l'avantage pour le voyageur qui s'intéresse au passé d'un des principaux groupes ethniques de Côte d'Ivoire de pouvoir demander une entrevue avec ce roi dont l'autorité morale reste prépondérante. Malheureusement, les touristes ont souvent peu de temps, donc guère la possibilité d'attendre cette audience.

Mais la ville est également une halte pratique à un carrefour d'itinéraires. Et s'il s'agit de celui montant en ligne droite d'Aboisso, sur la côte est, cette halte sera la bienvenue. Car après une journée passée à effectuer du trot enlevé sur une des pistes les plus difficiles – mais des plus belles – de Côte d'Ivoire, l'automobiliste se précipitera sans demander son reste vers l'hôtel de l'Indénié, qui fut construit par l'ex-Sietho et dont le standing varie en fonction des gérants successifs.

Le touriste, arrivé d'Abidjan par l'excellente route goudronnée qui relie les deux villes en passant par Adzopé, sans vitesse excessive, aura facilement parcouru cette distance en une matinée. Aussi sera-t-il plus avide de curiosité et de visite. Le tour de la ville proprement dite le laissera peut-être sur sa faim. Il pourra donc faire une incursion sur la piste sud jusqu'à Zaranou, à 40 kilomètres seulement d'Abengourou. Il aura ainsi un bon aperçu d'un joli paysage, de forêts et d'une piste parfois traversée par des éléphants.

A Zaranou, règne également un roi, homme fort affable toujours heureux d'accueillir les étrangers et d'organiser pour eux des danses, s'ils lui en laissent le temps. C'est évidemment un peu difficile pour celui qui, dans la même journée, remonte vers Bondoukou, le parc de la Comoë ou le pays Lobi, dans le nord-est.

Abengourou peut également servir d'étape sur un autre trajet, celui de la « boucle du cacao » : il faut alors reprendre la direction d'Abidjan jusqu'à Akoupé et se diriger vers Bongouanou, Daoukro, M'Bahiakro et Bouaké. Pendant longtemps cette route traversa une des zones les plus riches du pays, celle où le cacao s'était particulièrement bien acclimaté. Malheureusement, les sols ont été, semble-t-il, surexploités, et l'impression d'aisance que donnaient les villes traversées a disparu. Signalons que *Daoukro* est le village de l'actuel président de la République, son Excellence Henri Konan Bédié. *(Voir renseignements pratiques p. 172.)*

abidjan

■ L'avion qui descend en tournant autour du site d'Abidjan fait apparaître celui-ci comme souligné d'un trait net, au sud, tandis que derrière ce trait, la lagune et la forêt pressent la ville de tous côtés, la creusent, la festonnent capricieusement. En comparaison de cette immensité de verdure et d'eau, la capitale prend une allure modeste.

Mais cette première impression disparaît, sitôt quitté l'aéroport de Port-Bouët implanté en bordure de l'Océan. Après avoir franchi la mince lagune de terre qui sépare les quartiers maritimes de l'île de Petit Bassam, le voyageur perd complètement de vue la lagune et la nature, pour traverser des quartiers populaires qui lui sembleront d'autant plus étendus qu'aucun accident de terrain n'en rompt l'horizontalité. Aussi éprouvera-t-il un choc violent lorsqu'il contemplera…

… Manhattan : ou plutôt le quartier du Plateau.

Où est donc la statue de la Liberté ?

Sans doute ici les gratte-ciel sont-ils moins hauts qu'à New York. Mais la faible largeur de cette presqu'île, son escarpement au-dessus de la lagune font paraître proportionnellement plus élancées les tours qui se multiplient sur ses pentes très raides. Autour de ce promontoire, la lagune Ebrié qui l'enserre profondément, à gauche par la baie du Banco, à droite par celle de Cocody, joue à la fois le rôle de la rivière Hudson et de l'Océan, et il ne manque que la statue de la Liberté pour que l'illusion persiste.

Les mêmes causes produisent les mêmes effets. Comme Manhattan, le « Plateau », centre administratif et commercial d'Abidjan, ne pouvant s'étaler horizontalement, devait logiquement compenser sa faible superficie par une architecture en hauteur. Le spectacle de ce jaillissement de tours est impressionnant.

L'amoureux de la nature peut regretter l'époque où les maisons basses du Plateau disparaissaient pratiquement sous les arbres à fleurs, d'une variété d'espèces et de couleurs incroyable. Mais la sentimentalité trouve-t-elle encore sa place dans cette métropole internationale, symbole de la transformation économique accélérée de la Côte d'Ivoire ?

D'ailleurs la bonne foi oblige à reconnaître que l'architecture nouvelle du Plateau a vraiment grande allure. Le décrochement des immeubles construits à différents niveaux, la diversité de leurs sil-

Pages précédentes :
Manhattan… Telle est l'impression que peut avoir le voyageur survolant Abidjan avant l'atterrissage à l'aéroport de Port-Bouët (photo Laurent Giraudineau/Jeune Afrique).

houettes, la belle perspective qu'offrent le pont Houphouët-Boigny et la place arrondie d'où s'élance le boulevard de la République excluent la monotonie tout en préservant une unité indispensable à l'harmonie.

Cependant, en suivant le boulevard de la République qui traverse le Plateau dans toute sa longueur, le nouvel arrivant s'apercevra vite que ce qui caractérise Abdijan, comme d'ailleurs toute la Côte d'Ivoire, c'est la notion de contrastes. Tout le long de cette large artère, bordée sur la gauche d'une esplanade-jardin, entre les mastodontes de béton aperçus de loin, règne au rez-de-chaussée une vie grouillante typiquement africaine.

En effet, si le Plateau frappe d'abord l'étranger par ses constructions insolemment modernes, il ne faut pas se laisser abuser par cette apparence.

Certes y sont rassemblés le Palais de la Présidence, les ministères et organes économiques gouvernementaux, les grandes banques, les agences de voyages, les compagnies aériennes, les principales boutiques et la plupart des grands hôtels.

Pourtant depuis l'Indépendance, le Plateau a subi une double transformation : alors qu'en hauteur s'élevait une ville de style européen, l'Africain des couches populaires s'appropriait ce quartier d'abord édifié par et pour les colons et d'où il s'était senti longtemps exclu.

Abidjan : un nom né d'un quiproquo

A la fin du siècle dernier, la région entière était couverte par une épaisse forêt et la presqu'île ne comptait qu'un hameau de pêcheurs Ebrié. En 1898, les capitaines Houdaille, Crosson-Duplessis et Thomasset découvrent en même temps ce hameau, les villages de Cocody et de Locodjo, sur la terre ferme, ainsi que l'île de Petit Bassam et le cordon lagunaire, alors continu, qui sépare la lagune du golfe de Guinée. Ils sont enthousiasmés par ce site. Quel splendide mouillage ferait pour l'escadre française l'immense plan d'eau calme de la lagune, à l'abri de la terrible barre redoutée de tous les navigateurs depuis plusieurs siècles ! Encore faudrait-il que les bateaux puissent y pénétrer. Des études

LA FÊTE DES IGNAMES

Chaque année, au mois de février, se réunissent à Abengourou les onze tribus ayant formé le royaume Akan de l'Indénié, pour la fête des Ignames. Ce légume, inconnu en Côte d'Ivoire avant l'immigration des Akan, fut apporté du Ghana par ces derniers et les préserva de la famine pendant la traversée de la grande forêt.
La veille de la cérémonie, les tam-tams et les oliphants (défenses d'éléphant) signalent la fin d'une année et le commencement d'une autre. Le jour même, les tisons du feu sont remplacés, ainsi que l'eau des « canaris ». Puis a lieu une procession, conduite par le roi, la tête et les bras cernés d'or. Il est suivi par tous les notables. On lui présente les chaises royales (symbole du pouvoir royal), recouvertes d'un linceul, et les femmes vêtues de blanc entonnent le chant de fidélité au trône. Après l'entrée dans la cour de sa demeure, le roi, la reine et un certain nombre d'initiés exécutent la danse du « Kinian-pli ».
Après une aspersion purificatrice, a lieu la présentation des chaises (chacune représente un souverain dont le règne et la vie ont été particulièrement exemplaires), sur lesquelles sont offerts des sacrifices. Une partie des offrandes est ensuite brûlée, tandis que le reste est consommé par les participants pour symboliser l'union des vivants et des morts. Les cérémonies proprement dites sont achevées, mais la fête continue pour célébrer le début de la nouvelle année.

sont immédiatement entreprises en vue de creuser un chenal dans le cordon lagunaire.

De leur côté, les topographes sont arrivés à la conclusion que le tracé idéal d'une voie ferrée reliant le Niger à l'océan Atlantique aboutit précisément à la presqu'île rocheuse et au village qu'il abrite, le futur « Plateau ». Au fait, comment s'appelle-t-il ce village ? A un vieil homme rencontré dans la forêt, un militaire demande, en français (comment peut-on ne pas parler français ?) le nom de l'endroit où ils se trouvent. Croyant qu'il doit expliquer sa présence, le villageois répond, en ébrié « T'chan m'bi djan », ce qui signifie « je reviens de couper des feuilles ». Sans hésitation, puisque les militaires ont toujours raison, celui-ci déclare donc dans son rapport que le nom du village est Abidjan. L'histoire en a vu d'autres ! Les gens éclairés – comme l'auteur de ce livre – se sont donc gaussés de la façon simpliste dont avait été baptisé ce lieu. Or des gens encore plus éclairés font maintenant apparaître que les Ebrié ou plutôt les Tchaman qui peuplent la région jusqu'à Bingerville comprennent des Kwé et des Bidjan... Sans doute Abidjan signifie-t-il donc finalement l'endroit où habitent les Bidjan !

Du village à la ville

En tout cas, en 1903, au Plateau est édifié le camp du corps expéditionnaire français et les travaux du chemin de fer commencent. Et pour travailler, il faut des travailleurs. Mais ceux-là ne sont pas français et ne vivent pas comme les militaires. Aussi ne s'installent-ils pas auprès de ces derniers, ni même dans les quartiers civils qui n'ont pas tardé à se construire dans la bande plate bordant la lagune, c'est-à-dire « le Commerce » et la Cité du chemin de fer. Les travailleurs africains se regroupent dans le village d'Adjamé au nord, situé à l'entrée de la presqu'île et au sud dans l'île de Petit Bassam. Sur le continent, la forêt couvre collines et vallons, à l'exception des villages de Cocody, à l'est du Plateau, et de Blokosso, occupés par des pêcheurs Ebrié. Si les travaux du chemin de fer avancent régulièrement, dépassant Agboville, puis Dimbokro et Bouaké, en revanche l'essai de percement du chenal devant faire d'Abidjan un grand port maritime se solde par un échec : le chenal creusé s'est aussitôt ensablé. Le trafic maritime continue donc de s'effec-

PLAN SCHEMATIQUE DU CENTRE D'ABIDJAN

1 Poste
2 Bloc ministériel
3 Hôtel de Ville
4 Présidence de la République
5 SICF
6 Marché
7 Cathédrale St-Paul
8 Immeuble du Trésor
9 Assemblée nationale
10 Palais de Justice
11 Tours administratives
12 Stade Houphouët-Boigny
13 Caisse de stabilisation
14 Hôtel Sofitel
15 Agence Air Ivoire
16 Transcap
17 Globe Travel
18 Agence de voyages
19 Hôtel IBIS Plateau
20 Nour Al Hayat
21 Centre culturel français
22 La Pyramide
23 Cathédrale
24 Ministère de l'Information
25 Air Afrique (siège et agence)
26 BIAO
27 BICICI
28 Novotel C.I
29 Air Ivoire
30 C.I.A.M
31 O.I.T.H
32 Grand Hôtel
33 Tiama

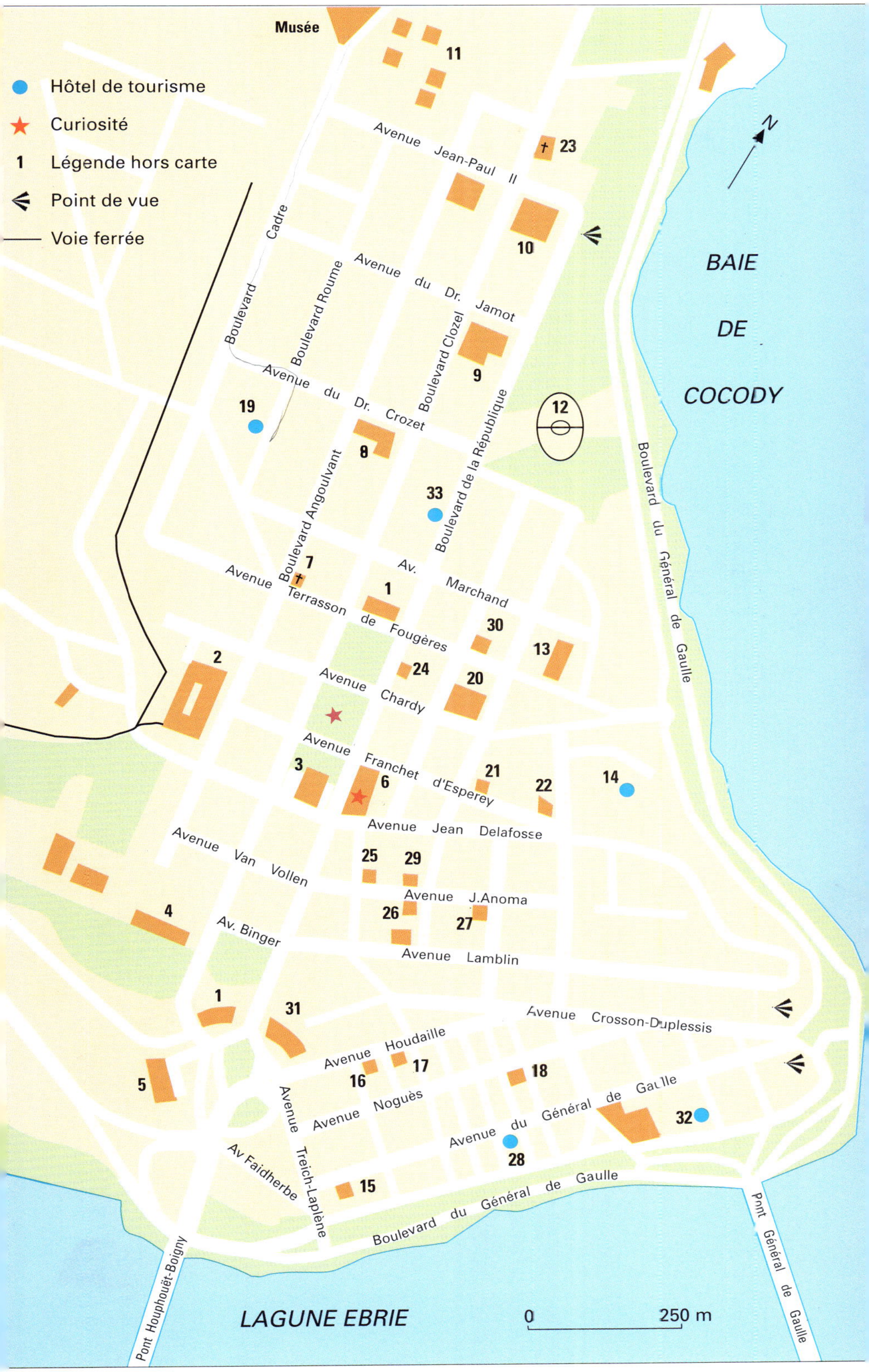
Musée
Hôtel de tourisme
Curiosité
1 Légende hors carte
Point de vue
Voie ferrée
N
BAIE DE COCODY
LAGUNE EBRIE
0 250 m
Avenue Jean-Paul II
Avenue du Dr. Jamot
Avenue du Dr. Crozet
Boulevard Cadre
Boulevard Roume
Boulevard Clozel
Boulevard de la République
Boulevard Angoulvant
Av. Marchand
Avenue Terrasson de Fougères
Avenue Chardy
Avenue Franchet d'Esperey
Avenue Jean Delafosse
Avenue Van Vollen
Avenue J.Anoma
Av. Binger
Avenue Lamblin
Avenue Crosson-Duplessis
Avenue Houdaille
Avenue Noguès
Avenue Treich-Laplène
Av Faidherbe
Avenue du Général de Gaulle
Boulevard du Général de Gaulle
Pont Houphouët-Boigny
Pont Général de Gaulle
1 2 3 4 5 6 7 8 9 10 11 12 13 14 15 16 17 18 19 20 21 22 23 24 25 26 27 28 29 30 31 32 33

tuer par le wharf de Grand Bassam, sur la côte est, ancienne capitale toujours concurrencée par Jacqueville, Grand Lahou et Sassandra. Cependant, le transport des marchandises, de Grand Bassam au terminus du chemin de fer, coûte cher. Un pont flottant est construit entre le Plateau et l'île de Petit Bassam. Il supporte la voie ferrée qui, désormais, aboutit à Port-Bouët sur le littoral. En 1931, un wharf est construit à Port-Bouët. Dès lors tout s'accélère. Dans l'île de Petit Bassam, le village d'Anomabo à l'est a cessé rapidement d'être l'habitat principal des travailleurs ivoiriens : à l'ouest naît Treichville – Treichville qui sera désormais pour les Africains ce que le Plateau est pour les Français.

En 1934, Abidjan devient la capitale de la colonie de Côte d'Ivoire, à la place de Bingerville, qui avait supplanté Grand Bassam. Mais il faudra attendre le creusement définitif du canal de Vridi en 1950 pour voir la nouvelle capitale ivoirienne bénéficier des structures qui détermineront son exceptionnelle expansion. Au moment de l'indépendance, en 1960, existent déjà, bien qu'encore séparés par de vastes étendues non construites, les noyaux urbains qui deviendront plus tard, en se rejoignant, les différents quartiers d'une seule et même ville étendue du nord au sud, jusqu'à l'Océan, sur plus de dix kilomètres.

Le Plateau au jour de l'indépendance

Tout naturellement, les organismes officiels du jeune État ivoirien s'installent en 1960 dans le quartier administratif d'Abidjan, c'est-à-dire le Plateau (voir plan schématique p. 75). Mais très rapidement, les bâtiments existants ne peuvent plus répondre à des besoins grandissants. La Côte d'Ivoire indépendante, dirigée par un gouvernement énergique, n'a pas tardé à attirer de nombreuses sociétés étrangères. Ses richesses naturelles, encore mal exploitées, sont immenses, et sa position géographique, au cœur de l'Afrique, de premier ordre. Loin de diminuer, le nombre d'Occidentaux augmente sensiblement, tandis que les rouages de l'État se multiplient, afin de faire face à un développement explosif. Il faut prévoir des bureaux pour accueillir les nouvelles sociétés et les nouveaux fonctionnaires. Où, si ce n'est au Plateau, centre des affaires et de l'administration ?

Le *boulevard de la République*, principale artère sud-nord du Plateau, divise longitudinalement celui-ci en deux blocs aux destinations différentes. Dans celui de l'ouest, en 1960, sont groupés les bâtiments administratifs, ainsi que de nombreuses habitations de fonctionnaires. Ces maisons ont l'apparence caractéristique des constructions de style « colonial » dont l'aménagement tendait à pallier les rigueurs d'un climat tropical. Rez-de-chaussée et parfois étage unique s'entourent de larges vérandas à arcades, tandis que les murs sont fréquemment composés de claustra favorisant les courants d'air à l'intérieur des pièces. Partout des arbres à fleurs ont été plantés dans le but d'atténuer la chaleur que laissent passer les toitures, faites trop souvent, hélas, de tôle ondulée. Jusqu'au « Parc à Bois », installé à l'ouest sur la baie du Banco, toute cette zone croule sous la végétation. C'est à peine si en émergent, sur le sommet de la colline, au nord, le *Palais de justice*, aux murs sur pilotis, constitué de claustra, ainsi que le bâtiment moderne et élégant de la nouvelle *Assemblée nationale*, à l'extrémité nord du boulevard de la République.

En descendant vers le sud, les maisons particulières cèdent le pas aux édifices administratifs. A partir de la *cathédrale Saint-Paul*, qui se dresse à mi-hauteur de ce long rectangle orienté nord-sud, les services de l'Etat sont tous réunis. Ils se succèdent jusqu'à la *Présidence de la République* qui domine la lagune et le pont Houphouët-Boigny. C'est dans cette zone que va s'édifier très rapidement le « bloc ministériel », vaste quadrilatère à deux niveaux enserrant un patio intérieur bordé d'une galerie à colonnades. Quant à l'*Hôtel de Ville*, situé au milieu de l'esplanade longeant, du côté ouest, le boulevard de la République, il marquera un tournant décisif vers une architecture en hauteur. Trente ans après, il commençait à faire pâle figure à côté des bâtiments beaucoup plus jeunes, beaucoup plus hauts qui l'environnaient. Il devait être restauré. En novembre 1987, une première tranche de travaux a porté sur l'aménagement d'un parvis (3 000 m^2).

Cependant, lorsque ces nouveaux bâtiments ont été achevés à la fin des années 1980, ils n'ont pas modifié l'aspect général du quartier. Sous la marée verte d'arbres de grande taille, éclatent toujours avec prodigalité les fleurs rouges, roses, violettes, jaunes, orangées, des hibiscus, des bougainvilliers, des cannas, des cacias et, en fin de saison sèche, des flamboyants dont la beauté est impériale.

Tout différent est le caractère du quadrilatère plus irrégulier qui s'étend à l'est du boulevard de la République et va en s'élargissant jusqu'à la baie de Cocody et l'extrémité sud du Plateau.

A vrai dire, cette zone est elle-même divisée en deux quartiers distincts, du sud au nord.

Face au pont, en bordure de lagune, sur un terrain plat, se situe le premier noyau construit par les Européens : le « *Commerce* ». Son artère principale, qui a donné son nom au quartier, est bordée par les plus anciennes sociétés commerciales, auxquelles se sont ajoutés des magasins plus récents et le premier « libre-service » de la ville. Ce sont tous des bâtiment bas, souvent bordés d'arcades pour protéger les Français d'un soleil qui les éprouve. Leur caractère utilitaire et sans grâce n'est d'ailleurs pas destiné à séduire.

Après cette zone plate, s'élance une pente très abrupte, à peine construite, bordée en son sommet par l'*avenue Barthe* qui deviendra la rue des banques. A cette époque, celles-ci ne s'y trouvent pas encore et seules quelques maisons de faible hauteur se succèdent irrégulièrement parmi les arbres qui ombragent cette large voie.

Le Plateau à l'heure de l'apéritif

En fait, l'essentiel de la vie quotidienne des habitants du Plateau se déroule au nord de l'avenue Barthe, à l'intérieur d'un quartier très restreint entouré à l'ouest par le boulevard de la République, à l'est par la rue Botreau-Roussel, sur laquelle ouvre l'*hôpital central* et au nord par l'avenue Chardy qui descend jusqu'à la lagune. C'est là que se concentrent, sur une faible superficie, magasins européens, marché, cinémas, boîtes de nuit, immeubles de bureaux, banques. L'hôtel du Parc y occupe une position centrale et constitue le quartier général des jeunes et des moins jeunes à l'heure de l'apéritif. Dans les rues se presse une foule bigarrée où se côtoient Ivoiriens, Européens, Libanais dont la colonie est particulièrement active.

Si l'on dépasse l'avenue Chardy, en direction du *stade Houphouët-Boigny*, édifié entre l'Assemblée nationale et la lagune, cette animation décroît brusquement. Le tumulte où se fondent les bruits de klaxon, les rires, les cris de marchands de plein air, fait place à l'atmosphère paisible de jardins, se terminant en terrasse vers l'est, ou en pente douce vers le nord, face à la pente similaire de la colline de l'Indénié. Ce quartier résidentiel, à l'écart de toute agitation, restera d'ailleurs longtemps un îlot de calme et de verdure.

Le Plateau à l'heure des tours

Si le visiteur ne craint ni la chaleur ni les pentes parfois raides des diverses collines qui modulent le Plateau, la meilleure façon d'avoir une idée d'ensemble sur la physionomie actuelle de ce quartier est de le visiter à pied. Les distances ne sont jamais très longues, et en une journée il est possible de parcourir les deux quadrilatères, situés de part et d'autre du boulevard de la République, afin de bien voir ce qu'ils sont devenus.

A vrai dire, si les maisons à vérandas et claustra qui formaient l'essentiel du quartier ouest ne manquaient pas de charme, il n'en a jamais été de même pour tous les immeubles des quartiers commerçants. Badigeonnés d'ocre ou de teintes pastel plus ou moins délavées par les violentes pluies de l'hivernage, sans aucun caractère, ils étaient d'autant plus apparents que la végétation avait été ici très nettement reléguée à l'arrière-plan, principalement entre l'avenue Chardy et l'avenue Joseph-Anoma.

Cependant, les urbanistes d'Abidjan n'ont pas jugé nécessaire de transformer l'implantation des rues, ni de détruire systématiquement ce qui existait. Leur attitude est d'ailleurs dans la ligne d'un gouvernement qui ne considère pas l'innovation comme un but en soi, mais comme un simple moyen. Ils ont donc en premier lieu utilisé des terrains vagues, parfois sans aucune végétation, ou remplacé des immeubles vétustes par de nouvelles constructions de plus en plus hautes. Ces tours ne sont pas sans mérite. La rue des banques en particulier n'a rien perdu, bien au contraire, avec l'édification, entre autres, de la tour Air-Afrique. Le rez-de-chaussée de celle-ci, occupé par la Société générale de banques, présente un porche monumental dont l'ornementation est fort intelligemment inspirée d'art africain. Tout le long de la rue, des gratte-ciel ou des bâtiments plus bas, mais tout aussi modernes, lui donnent unité et caractère. De plus, la concentration de banques, de compagnies aériennes, d'agences de voyages, des deux côtés de l'avenue Anoma, a fait de celle-ci une artère extrêmement animée. Sous la galerie couverte qui borde l'immeuble Air-

Afrique, bavardent, se croisent, entrent et sortent beaucoup de ceux qui représentent la bourgeoisie abidjanaise. On y rencontre une forte proportion de femmes élégantes… et Dieu sait si Abidjan en comporte !

Le touriste, qui a peut-être quelques formalités à accomplir avenue Joseph-Anoma dès son arrivée, peut prendre celle-ci comme point de départ pour sa visite. A son extrémité est, il va trouver la rue Botreau-Roussel qu'il empruntera vers la gauche. Au coin de cette rue et de l'avenue Franchet-d'Esperey qui forme un angle aigu avec l'avenue Jean-Delafosse, le carrefour est marqué par l'immeuble de la *« Pyramide »*, qui rompt délibérément avec la silhouette rectiligne de la plupart des tours. De l'ensemble des bâtiments remarqués depuis Treichville ou la colline de Cocody, elle se distingue nettement et représente une recherche originale qui contribue à la personnalité d'Abidjan. L'avenue Franchet-d'Esperey, si elle a gardé son tracé, comme d'ailleurs toutes les artères du Plateau, s'est métamorphosée. Elle doit cette transformation non seulement à la Pyramide, mais aussi à un ensemble de bâtiments modernes abritant commerces, agences de voyages ou de tourisme, ainsi qu'à la BICICI (Banque internationale pour le commerce et l'industrie de Côte d'Ivoire), dont le socle massif et bas tranche sur la hauteur des tours environnantes. Elle a reçu au rez-de-chaussée un collier végétal multicolore qui tend malheureusement avec les années à disparaître. Sur le trottoir opposé, le Centre culturel français est un des pôles de la vie culturelle de la capitale, avec de très nombreuses expositions d'artistes du monde entier y compris des Ivoiriens et des spectacles de théâtre ou de danse, là encore internationaux, où se précipite le tout-Abidjan.

Le marché du Plateau

Après l'avenue Franchet-d'Esperey, le promeneur change d'ambiance quand il débouche devant le marché, encadré par cette avenue, le boulevard de la République et l'avenue Jean-Delafosse.

Le *marché du Plateau* n'est pas grand, et le gratte-ciel qui le domine de très haut le fait paraître encore plus exigu. Pendant longtemps il a été l'un des points d'attraction des visiteurs étrangers. Son plus grand charme provenait des grands arbres sous lesquels les marchandes de fruits et de légumes, avec

Au pied des cinq tours ministérielles qui dominent le quartier séparant Plateau d'Abidjan et Indénié, le secteur "informel" des vendeuses de tout et de rien, s'étale à l'horizontale à ras du sol et empêche ce monstre citadin de perdre sa couleur africaine. En sortant de l'empire glacé des bureaux, chacun s'y replonge avec soulagement (photo J.A.).

leurs pagnes aussi abondamment colorés que les marchandises présentées dans de grandes bassines à même le sol, composaient un tableau ravissant.

Les arbres sont toujours là, mais l'espace en forme de U, enclos par des boutiques en dur, est maintenant comblé par des échoppes de piquets branlants en bois recouverts de toits de tôle. Nul doute que les vendeuses y trouvent un abri plus confortable quand il pleut que sous les arbres où rien ne les protégeait. Mais elles y auront peut-être perdu aussi des clients qui leur préfèrent souvent maintenant les supermarchés comme le Score, bâti à l'entrée de l'avenue Delafosse, en face des vendeurs de fleurs qui garnissent toujours les marches descendant au marché.

En remontant le boulevard de la République vers le nord, le promeneur s'avance sous des arcades bordant des boutiques, dont l'aspect général n'a pas changé depuis leur construction jusqu'à la hauteur du plus vieux cinéma de la ville, autrefois de plein air, aujourd'hui rénové et comportant 5 salles climatisées. Lui succède l'ancien Hôtel du Parc, fermé depuis 1981, naguère cœur du Plateau. Autre transformation assez malheureuse : le départ du marché artisanal placé en face de l'Hôtel du Parc.

Il est vrai que la fermeture de celui-ci supprimait de nombreux clients aux vendeurs qui guettaient leurs proies attablées à la terrasse de l'hôtel à n'importe quelle heure du jour. Pourtant il leur restait les passants qui arpentaient le boulevard de la République. On a d'abord estimé que le jardin qui prolongeait vers le nord ce marché représentait un danger pour ces passants, car de nombreux désœuvrés y avaient installé leur désœuvrement. En conséquence, le jardin a été entouré d'une clôture et ne sert plus à personne. Puis c'est au marché lui-même qu'on s'est attaqué : après avoir expédié les vendeurs en zone 4 à côté du parc d'attractions, d'ailleurs fermé, situé le long de l'avenue qui relie l'avenue Giscard-d'Estaing au boulevard de Marseille à la hauteur du grand carrefour de Marcory, on a également entouré leur ancien fief de la même clôture que le jardin et, pour plus de sûreté, défoncé le sol avec des excavatrices. Le résultat est radical : cet ancien pôle de vie a perdu tout attrait.

Certes, il est possible de prendre un taxi pour se rendre au nouveau centre artisanal, tout propre, composé de jolis pavillons en dur à toit de briques : on y verra comme précédemment le même mélange d'objets de qualité et de pacotille, mais le charme est rompu. D'ailleurs on n'y voit pas grand monde, sauf lorsqu'une agence y déverse un car de touristes qui n'auront pas le temps de dénicher l'oiseau rare et encore moins le temps de marchander avec art. Signalons pourtant ici le fabricant de chaussures qui fait sur mesures en quinze jours des modèles en crocodile ou en serpent pour un prix dérisoire.

D'autres tours, d'autres formes

Retournons au Plateau et prenons l'avenue Chardy, au coin de l'ancien hôtel du Parc. Sur sa rive gauche, Alpha 2000 avec la Librairie de France où l'on trouvera toute la littérature ivoirienne et ce qui a pu paraître sur la Côte d'Ivoire, précède Nour Al Hayat, premier gratte-ciel d'Abidjan, édifié en 1965. Plus bas encore, un dédale de rues permet de zigzaguer vers le sommet de l'avenue de la République entre quelques-unes des tours les plus prestigieuses, telle l'énorme bâtiment de la Caisse de Stabilisation et, en face, la jolie « Postel », toute de glaces vêtue dans lesquelles se mire le ciel changeant.

Nous voici arrivés boulevard de la République, sous le stade Houphouët-Boigny.

Si l'on suit ce boulevard vers le nord jusqu'à la nouvelle avenue Jean-Paul II, on ne devine pas tout de suite que c'est dans cette direction que s'est déplacé le centre de la vie politique. En effet, on n'y voit toujours que l'Assemblée nationale puis le Palais de justice et, en face, un jardin plus ou moins en friche dominant la lagune, avec vue sur Cocody. Mais si, parvenus sur l'avenue Jean-Paul II, on la suit sur la gauche, le changement est complet : les vastes jardins qui bordaient la colline du côté de l'Indénié ont été rasés pour faire place d'abord à la nouvelle cathédrale, ses bâtiments de fonction et son parc à pelouse impeccable, à l'est du boulevard Angoulvant prolongé.

De l'autre côté de ce boulevard, cinq immenses tours se dressent dans des jardins comprenant çà et là quelques petits restaurants et bars pour la foule des fonctionnaires venant y travailler : il s'agit en effet des tours administratives dans lesquelles ont émigré la plupart des ministères, auparavant disséminés au sud du quartier ou groupés dans le Bloc ministériel bâti dans les années 1960 dans la zone sud du boulevard Angoulvant, près de la Présidence. En même temps que les tours administratives, d'autres mastodontes se sont élevés à proximité comme le Centre commercial international, en face de la tour D, au coin de l'avenue Jean-Paul II et du boulevard Roume, parallèle au boulevard d'Angoulvant et au boulevard Carde qui ferme, vers l'ouest, ce quartier. En bordure de ces boulevards ont également surgi rapidement d'autres géants. Sur le boulevard Carde, qui aurait été transformé en « Voie Triomphale » ils devaient faire face à des constructions similaires. La conjoncture économique a stoppé destructions et reconstructions : le quartier y a gagné de garder quelques anciens pavillons entourés de verdure qui subsistent au milieu des géants d'acier et de béton, ainsi que les rangées d'arbres dont de magnifiques caïlcédrats qui ombragent toujours ces avenues. Tant mieux.

A l'autre bout du Plateau, côté sud, le quartier du Commerce paraît désormais appartenir à un passé révolu, bien que, tout le long de l'avenue du Général-de-Gaulle, les anciens comptoirs commerciaux et factoreries aient eux aussi en grande partie cédé la place à des constructions plus modernes, comme le Novotel, le Complexe Ebren, la tour El Nasr.

Sans doute est-ce dû à la présence, réduite, mais vivante des magasins de pagnes qui se succèdent en se touchant au voisinage du bar des Sports, à l'entrée de la rue, côté pont Houphouët-Boigny. Lui non plus n'a pas changé depuis des décennies : on y rencontre à l'heure de l'apéritif, c'est-à-dire toute la journée, les mêmes vieux de la vieille qui commentent les événements politiques ou sportifs en faisant assaut d'avis autorisés ! C'est parfois instructif !

Au bout de l'avenue du Général-de-Gaulle, le boulevard lagunaire, nommé… boulevard du Général-de-Gaulle, conduit vers la corniche de Cocody en passant devant le super-Palace d'Abidjan, l'hôtel Sofitel que défie, de l'autre côté de la baie, son vieux rival, l'hôtel Ivoire de Cocody.

Un voyage dans le passé

Situé à l'extrémité nord du boulevard Carde, le musée, quand il est ouvert, ce qu'il est difficile de prévoir, représente une visite indispensable. Il contient un véritable trésor de masques, statues, mobilier, sans égal dans le pays. Malheureusement, en 1994, il semblait difficile d'y pénétrer autrement que grâce à une visite organisée pour quelques privilégiés. Cela n'a pas été toujours le cas. Souhaitons à tous que le grand public y soit de nouveau admis normalement.

A défaut, on peut consulter, à la Bibliothèque nationale qui s'étend derrière le musée au milieu de beaux jardins, des livres qui permettront l'approche d'un art dont l'objectif principal n'a jamais été la beauté formelle. Masques et statues, notamment, n'ont été exécutés qu'à des fins liturgiques et, pour comprendre leur symbolisme, il est nécessaire d'avoir une notion du culte et des croyances qu'ils servaient.

Cela ne veut pas dire que la beauté formelle soit exclue de ces œuvres, loin de là. Certaines statues Sénoufo, en particulier, frappent par un dépouillement, une élégance de lignes qui évoquent Giacometti. Les figurines en cuivre ou en bronze servant aux Baoulé à peser l'or sont des merveilles de ciselure délicate. Les portes de case sculptées Sénoufo, avec leurs animaux hiéroglyphes, qui racontent une véritable histoire, font l'envie des Européens, un peu fatigués des portes d'armoires anciennes, utilisées depuis des lustres par les décorateurs de leurs maisons de campagne. Quant aux masques, d'une variété, d'une richesse incroyables, ils sont recherchés dans le monde entier par des collectionneurs passionnés.

Derrière le musée, des artisans réparent les objets anciens, détériorés par une humidité redoutable. A côté de leur atelier, les bâtiments des bureaux et des réserves forment un fer à cheval autour d'un patio dont la galerie extérieure est soutenue par de magnifiques piliers, sculptés selon le plus pur style Baoulé. On ne peut que s'étonner qu'aucun architecte ivoirien, à part de très rares exceptions, n'ait compris le parti extraordinaire que l'on pourrait tirer de ces sculptures en art monumental.

Si le nouveau venu est tout naturellement d'abord attiré par le Plateau, il doit se convaincre que, tant qu'il n'est pas allé à Treichville, il ne connaît pas Abidjan.

A Treichville, le jour

Il y a deux façons d'aborder Treichville. Elles ne sont d'ailleurs pas incompatibles.

La première consiste à se rendre un

matin au marché dont le vaste bâtiment couvert est environné par une multitude de marchands et marchandes installés en plein air sous les arbres. A côté de cette marée de bruits, d'odeurs, de costumes et de couleurs, le petit marché du Plateau fait figure de parterre à la française comparé à une forêt vierge. Dire que l'on y trouve de tout donne une faible idée de la réalité : tout y est proposé sous toutes les formes, dans la bousculade, les rires et les marchandages passionnés. Les femmes ne manqueront pas de se perdre parmi les éventaires proposant à profusion pagnes, tissus, couvertures de toutes provenances.

A proximité, *la Maison du Parti* (ex-unique) de Côte d'Ivoire, le PDCI-RDA, semble veiller sur cette multitude. C'est là que se discutent les destinées de la Nation et il est difficile de ne pas être frappé par le symbolisme du rapprochement. Pour parcourir le reste de l'immense Treichville, pendant la journée, il faut louer une voiture. C'est vraiment le seul moyen de se faire une idée de la topographie de cet univers qui semble en mouvement perpétuel.

Après le pont Houphouët-Boigny, l'autoroute, en passant sur l'échangeur, domine d'abord sur la gauche l'avenue Cristiani et l'avenue Victor-Biaka sur laquelle donnent la Maison du Parti et le Marché. En redescendant au niveau du sol, l'autoroute croise ensuite l'avenue Gabriel-Dadié, puis, à la hauteur de l'avenue 14, traverse en biais le quadrillage serré de rues et d'avenues qui constitue le cœur de Treichville.

Très bizarrement, toutes ces artères sont numérotées de 1 jusqu'à 25, dans les deux sens : les avenues s'étendent parallèlement à la lagune et, après les avenues Cristiani et Victor-Biaka, implicitement reconnues comme les avenues 1 et 2, sont numérotées dans l'ordre. Cependant, la 8e correspond à l'avenue Gabriel-Dadié. La 16e est dénommée officiellement avenue de la Reine Pokou, héroïne de la migration Baoulé depuis le Ghana, et la 25e s'appelle avenue Ouezzin-Coulibaly. Celle-ci rencontre l'autoroute à un carrefour d'où part perpendiculairement la très fameuse rue 12… qui sur les plans et officiellement porte le nom de boulevard du 6-Février. Mais allez donc demander le boulevard du 6-Février, personne ne le connaît !

La rue 12 rejoint le marché après avoir été interrompue par une vaste place-jardin. Cette artère, la plus animée de Treichville pendant la vie diurne, est

B. Holas, l'un des meilleurs spécialistes mondiaux de l'art nègre, a réuni peu à peu au musée d'Abidjan une admirable collection couvrant tous les styles ivoiriens et tous les arts plastiques. (photos Tourisme Ivoirien).

traversée perpendiculairement par toutes les rues, qui sont, elles aussi, numérotées jusqu'à 25, mais avec un curieux hiatus, puisqu'elles commencent au 7. De l'extrémité de la rue 12 part vers l'est l'avenue Ouezzin-Coulibaly. De l'autre côté d'un pont jeté sur un bras lagunaire, elle se transforme en avenue de Marcory.

A Treichville, la nuit

Treichville n'est pas vraiment Treichville sous le soleil. D'ailleurs, dans les petites rues au sol de sable, c'est plutôt dans la journée qu'on voit par terre des corps allongés. Le quartier commence à bouger, à vivre, à danser, à parler et à cancaner dès la tombée du jour, et il ne s'arrêtera pas jusqu'au matin.

Boîtes élégantes ou à matelots, restaurants africains, européens, malgaches, libanais, chinois, vietnamiens, d'autres encore, se succèdent porte contre porte, et l'on passe facilement de l'un à l'autre dans une cacaphonie faite de toutes les musiques, de klaxons, d'éclats de rire et de voix : les animatrices de ces quartiers hauts en couleur appellent un chat un chat et règlent leurs comptes sans timidité. A toute heure de la nuit s'y rencontrent les gens du cru, les habitués, les gens de passage (marins ou touristes). Les retrouvailles ou les trouvailles se font indistinctement dans le tumulte d'un bar-dancing ou sur les trottoirs en mangeant des brochettes, hautes non pas en couleur, mais en piment !

Chacun respecte les occupations des autres, quelles qu'elles soient, mais tout le monde bavarde sans vergogne et, par « Radio Treichville », on a la primeur de tout ce qui se passe et se dit, qu'il s'agisse des affaires publiques ou privées d'Abidjan. On peut aussi, si l'on a le gosier très blindé, goûter du Koutoukou, alcool que les personnes sensibles feront bien d'éviter.

Cependant, il faut maintenant faire face à une réalité de plus en plus désagréable : si Treichville est pittoresque, c'est aussi à cause d'une population interlope qui ne recule pas devant un vol discret ou une agression qui ne l'est pas. Se promener seul la nuit dans ses rues est devenu dangereux. Il faut y venir avec des amis ivoiriens... ou se faire conduire en taxi dans l'une des boîtes et y rester. De toutes façons, la prudence exige de ne porter aucun bijou et le minimum d'argent pour tous.

Un autre monde : l'hôtel Ivoire

Comme le touriste moyen évite généralement les endroits où il risque de perdre en quelques minutes la somme qu'il avait sur lui et, éventuellement d'y gagner quelques coups. Il préférera sans doute un endroit plus calme. Il choisira l'*hôtel Ivoire*, monde ultra-européanisé. C'est l'anti-Trechville, et pourtant il possède avec lui un point commun : tout s'y trouve, même si ce tout est d'une essence différente. On peut vivre 24 heures sur 24 sans sortir de cet empire sélect où sont groupés magasins chics et libres services, plusieurs restaurants de niveaux différents (en altitude et en prix), deux piscines dont l'une prolongée d'un lac romantique parcouru de barques électriques et silencieuses, un casino, un night-club, un Palais des Congrès et un bâtiment réunissant snack-bar, bowling et – (fermée en 1995) – une patinoire ! Qui dit mieux ? Des jardins descendent en pente douce jusqu'à *Blokosso* qui semble ne plus exister que pour apporter une petite note exotique. La lagune même fait partie de l'empire avec un débarcadère d'où il est possible de partir se promener en pirogue ou de faire du ski nautique.

Là encore les rencontres sont multiples et variées. Ce sont parfois les mêmes qui, sans cravate, s'encanaillent dans les bouges de Treichville (c'est là que l'on danse le mieux). Mais à l'hôtel Ivoire, ces rencontres se font sous l'œil vigilant d'un personnel parfaitement stylé, et même les maillots de bains sont tenus à l'élégance. Ici aussi fonctionne une radio locale, mais en sourdine, et l'on y échange plus volontiers des nouvelles économiques ou des potins mondains, glacés au sucre fin. L'hôtel Ivoire, en bref, c'est une ville de province qui serait habitée par la « café-society » internationale.

Il faut tout de même quitter ce royaume des confiseries pour aller visiter le reste du quartier, c'est-à-dire Cocody, immense et varié, avec de superbes villas résidentielles et des habitats économiques, un petit marché et un grand, des écoles primaires et secondaires, l'université et le CHU.

Situons ses limites. Au sud la lagune jusqu'au fond de la baie de Cocody, au carrefour de l'Indénié, nœud routier avec échangeur qui permet de continuer le long de la lagune et du Plateau, de remonter la colline d'Adjamé vers l'ouest ou de cerner ce même Adjamé vers le nord par l'avenue des 220 logements, longeant le quotidien *Fraternité-Matin* et la gare routière.

Du carrefour de l'Indenié, la rocade, prolongée par le boulevard François-Mitterrand, limite au nord Cocody, puis l'immense Riviera qui flanque Cocody vers l'est. Quant à la rue du Lycée qui part du même carrefour, elle permet d'atteindre la zone résidentielle de Danga, à l'extrémité nord-ouest de Cocody.

Cocody sous tous ses aspects

Depuis l'hôtel Ivoire d'où est partie cette visite, en quelques minutes, on peut à pied suivre le boulevard qui passe devant lui et gagner la rue Booker-Washington, sur sa gauche. Après le siège de la Banque mondiale, sur la droite, se trouve le petit musée d'Art moderne où sont exposées, avec goût, peintures et sculptures d'artistes africains contemporains, ivoiriens ou non.

Cette même rue, comme le boulevard Latrille qui lui est parallèle et part devant l'hôtel Ivoire, traverse Cocody, jusqu'au boulevard du CHU où elle se termine, tandis que le boulevard Latrille, lui, continue jusqu'à la route de Bingerville, la traverse, ainsi que Cocody les Deux-Plateaux et atteint maintenant le quartier populaire d'Abobo.

Revenons jusqu'au boulevard de France que traversent les deux précédents boulevards. C'est entre eux qu'est situé un des pôles d'attraction du quartier avec l'église Saint-Jean, au coin du boulevard Latrille, puis la Mairie et un complexe commercial où se sont installés de nombreux transfuges du marché artisanal du Plateau ou leurs frères : on y trouve le même tohu-bohu et la même diversité qu'au marché de Treichville, du pagne aux vêtements tissés de la région de Korhogo, des objets de pacotille aux masques et statues, le point fort de ce marché étant plutôt tout ce qui est tissu.

En reprenant la rue Washington vers le nord, on passe entre un petit marché et l'allocodrome, nom humoristique donné à un maquis où l'on déguste à toute heure de l'alloco, depuis peu enfermé dans un bâtiment en dur vert et blanc : la propreté y a gagné mais pas l'ambiance. Peu après, la rue Washington aboutit au boulevard du CHU devant un petit centre commercial. En tournant à droite on passe devant l'Institut National des Arts et l'on continue jusqu'au CHU, puis l'Université d'Abidjan et son campus, dans un joli parc.

Tout cela ne peut se visiter qu'en voiture à cause des distances.

La Riviera, ville dans la ville

Il y a trente ans, Cocody représentait l'extrémité est d'Abidjan et la brousse l'interpénétrait de toutes parts. Tandis que se densifiaient ses constructions, l'immense zone qui la prolongeait vers l'est de la lagune faisait l'objet d'un colossal projet urbanistique qui s'est depuis à peu près réalisé.

Si, à Cocody, on suit l'avenue de France jusqu'à la hauteur de l'Université, on pénètre dans cette « ville dans la ville » du côté qui a été en premier construit. Il faut prendre à droite une avenue qui longe sur sa gauche le premier programme d'habitation, avec des immeubles de douze étages groupés sur une colline dominant la lagune.

Au bas de cette colline, la route tourne sur sa gauche et longe le Golf Hôtel, élégante réalisation qui date elle aussi des débuts de la Riviera, ainsi que son magnifique terrain de golf.

C'est à partir de ce noyau initial que se sont édifiés Riviera I, puis II et III, depuis la lagune au sud jusqu'au boulevard François-Mitterrand.

Qu'en dire ? Le visiteur de ce quartier gigantesque, à la fin de 1995, ne pouvait qu'être frappé par la multitude de chantiers de toutes dimensions s'élevant au milieu de friches, sans que l'on puisse savoir si ces chantiers sont en cours... ou s'ils ont été abandonnés faute de moyens, comme la rumeur publique, volontiers maligne, le dit. En tout cas, même si ces pavillons souvent modestes restent inachevés, la quantité de leurs congénères finis, habités est grande, tout comme l'est, toutes proportions gardées, celle des villas particulières gigantesques. L'une d'elles est toujours montrée en exemple avec ses dimensions qui feraient paraître médiocre le grand Trianon... mais souffre en revanche de la comparaison sur le plan architectural. Ce gigantisme va d'ailleurs souvent de pair avec un goût discutable et l'on n'est pas sûr d'apprécier ces copies de temple grec, ou de châteaux moyenâgeux, revus et corrigés par quelque extravagant duc de Bavière ! Et surtout l'on se demande qui, dans un pays où la conjoncture économique est si difficile a les moyens de faire construire ces palaces ?

Aussi futuriste que les buildings qui l'entourent et que la tour de l'hôtel Ivoire qui se dresse de l'autre côté de la lagune, la cathédrale d'Abidjan s'simpose au regard, au milieu du nouveau quartier des affaires et de la vie politique, à la lisière nord du Plateau et du quartier résidentiel de l'Indenié (photo L. Giraudineau/J.A.).

Mais où Abidjan s'arrête-t-il ?

De l'autre côté de la Rocade et du boulevard Mitterrand, s'étend également un nouveau quartier qui a poussé comme un champignon en quelques années : Cocody les Deux-Plateaux. L'avenue qui le traverse de part en part, l'avenue Latrille permet de constater sa diversité, avec un mélange de grandes écoles comme l'ENA, de petits centres commerciaux ou des super-marchés comme le Score et des logements allant du plus humble à la grande villa particulière. Signalons en particulier, à l'est du boulevard Latrille, derrière le Score, une zone résidentielle aux maisons parfois superbes : c'est notamment le cas de celle de Christiane Laurent, en face des tennis, dont les bijoux originaux font courir le tout Abidjan, mais dont la maison vaut presque autant le déplacement !

A l'ouest de ce quartier, Williamsville, zone populaire relativement récente, relie Abobo, autrefois village séparé d'Abidjan et les quartiers d'Agban et Ebrié, de l'autre côté de l'autoroute du nord. Vers l'ouest, cette autoroute va vers Dabou et Yamoussoukro, en longeant le fond de la baie du Banco et la presqu'île qui abrite du sud au nord, Abobobo-Doumé, Locodjoro et Yopougon, dernier quartier immense à s'être intégré dans le grand Abidjan, avec sa prison, son hôpital, ses hôtels et son marché. Vers l'est, l'autoroute se raccorde au boulevard Mitterrand.

Elle passe également à proximité de la cité Fairmont au sud-ouest d'Agban, où a été construit le Sanctuaire marial, curieuse église en forme de coquillage, bordée d'un centre de prières en plein air avec gradins et statue de la Vierge, dominant la baie du Banco. La rumeur populaire faisant état d'une apparition de la Vierge, ce sanctuaire est fréquenté par de nombreux pèlerins qui ont à cœur d'y entretenir une prière permanente. Au sud de la cité Fairmont, Attécoubé est bordé à l'est par Adjamé, ancien village, premier habité des quartiers africains d'Abidjan.

Adjamé toujours populaire

Comme Treichville, *Adjamé* est resté un quartier populaire. Comme Treichville, son intérêt réside dans son marché et sa vie nocturne. Pour bien en saisir la personnalité, il faudrait avoir le temps de lier amitié avec ses habitants et d'être reçu chez eux.

Beaucoup, parmi les fonctionnaires et les employés qui travaillent au Plateau, y vivent : il suffit pour en être sûr de voir pris d'assaut, à l'heure de la fermeture des bureaux, les grands autobus verts qui s'y rendent.

Toujours comme Treichville, Adjamé est renommé pour ses tailleurs, pour femmes comme pour hommes. Ce sont de très habiles artisans, capables, d'après les plus élémentaires croquis, de réaliser les jolies toilettes portées au Plateau par les Ivoiriennes. Les femmes élégantes achètent parfois leurs robes dans les magasins de haute couture où le costume national, en s'associant avec quelques idées européennes, a fait naître un style original et très seyant. Mais le plus gros de leur garde-robe est réalisé par l'un de ces couturiers en chambre… ou en plein air, dont chacune garde l'adresse pour elle et qui, à des prix dérisoires, l'habille exactement comme elle souhaite.

Adjamé est aussi peuplé d'une multitude de coiffeurs, de réparateurs en tous genres, et l'on se trouve souvent mieux de confier à l'un d'eux un réfrigérateur en détresse, qu'à une entreprise spécialisée beaucoup moins prompte à accorder ses faveurs et toujours plus chère. Comme on dit, on « demmerde », avec beaucoup d'ingéniosité. Mais il faut connaître. Les mieux renseignés sont les « boys », qui y habitent souvent avec leur famille, ou les chauffeurs de maître, si l'étranger leur est présenté, ou encore l'une des nombreuses connaissances qu'il est si facile de se faire en bavardant dans les rues ou en empruntant les transports en commun.

Les quartiers du sud

Dans l'île de Petit Bassam à l'est de Treichville, la presqu'île de Marcory mène une existence discrète et souvent luxueuse en bordure de lagune. Comme ses villas basses sont dissimulées sous une végétation dense, on ne les voit pas depuis Cocody. Et si, en voiture, on parcourt l'avenue de Marcory, suite de l'avenue Ouezzin-Coulibaly et qu'on n'a aucune raison d'emprunter le boulevard Achalme, on ignorera toujours qu'il enclôt un quartier huppé et très agréable de la capitale.

En revanche au sud de l'avenue de Marcory et jusqu'au boulevard Giscard-d'Estaing, il s'agit d'un Marcory beaucoup plus populaire... qui ne retiendra pas davantage l'attention.

Prenons l'avenue qui aboutit au pont du Général-de-Gaulle et vient se raccorder à ce boulevard Giscard-d'Estaing au « grand carrefour de Marcory », comme tout le monde l'appelle. De l'autre côté du boulevard, l'avenue continue, devant le parc d'attractions et le nouveau centre artisanal jusqu'au très long et très agréable boulevard de Marseille, avec ses nombreux restaurants et ses non moins nombreux horticulteurs ou fabricants de meubles en vannerie. Il longe la lagune et le quartier de Bietri et se raccorde, à Koumassi, au boulevard Giscard-d'Estaing, à l'entrée du pont qui traverse la lagune pour arriver sur la bande sableuse bordant l'océan.

Enfin le sable et les cocotiers

De l'autre côté du pont, le boulevard arrive à une patte d'oie : à gauche, une large avenue bordée de palmiers conduit jusqu'à l'aéroport, en face, la route de Port-Bouët, agglomération qui grandit sans cesse, à tel point qu'elle fait déjà presque partie d'Abidjan. La route se dirige ensuite vers Grand Bassam. A droite de la patte d'oie, le boulevard de Petit-Bassam, parallèle à la mer, se termine au canal de Vridi.

C'est ce canal qui a permis à Abidjan de devenir un important port maritime tout en étant intégralement protégé de la barre, puisque ses installations se trouvent sur la lagune à l'ouest de Treichville, en face de l'île Boulay.

Entre Port-Bouët et Vridi, la route passe au ras du bras lagunaire et d'un charmant petit lac, blotti dans les dunes. Ouf ! Finie la zone urbaine. Tout le long de l'océan, l'étranger trouve enfin le trio qui le fait rêver : sable, mer, cocotiers dont les noix sont coupées pour lui à la machette pour que leur lait le désaltère et le protège des coups de soleil.

De nombreux établissements de standing varié s'installent le long de la plage, avec une durée de vie imprévisible. Le vétéran est le Palm Beach, hôtel-restaurant-piscine au luxe discret, très apprécié de tous depuis des décennies.

Il y a quelques années, est venu s'installer à proximité ce qui a d'abord été un

ABIDJAN, CAPITALE DE LA HAUTE COUTURE

En 1987 et pendant trois ans, le grand prix des « Ciseaux d'or » décerné par un jury présidé par Paco Rabanne à un créateur de haute couture à Abidjan, avait permis de mieux se faire connaître à une génération de grands couturiers, comme Pathé'O, lauréat les trois années de suite.
Le prix a été supprimé en 1990 : son instigateur, Uniwas, le fabricant de pagnes d'Abidjan, voulait inciter les meilleurs tailleurs de Treichville et d'Adjamé, exécutants de génie, à faire preuve d'invention au lieu de se borner à copier.
Certains ont concouru, sans faire preuve de réelle créativité. D'autres ont attendu de voir les modèles primés... pour les copier.
Quelques grands noms ont survécu : Loulou Gotry, Angibel qui a une boutique au Centre international du commerce, Saint Lô, couturier pour hommes qui est à Treichville, Diallo Abdoulaye, ciseaux d'argent en 1988, à Cocody. Quant à Pathé'O, son atelier avenue 149/rue 22 barrée à Treichville est connu de tous.
Il collabore parfois avec les spécialistes de la broderie que sont Top Seck ou Kassé à Treichville et aime parer ses mannequins de bijoux, réalisés par Oumou Sangho à Marcory ou Christiane Laurent à Cocody-les-deux-Plateaux. Bien qu'invité au Brésil, aux Etats-Unis, en France, au Danemark, il continue à présenter de grands défilés de mode chaque année, chez lui ou à l'hôtel Ivoire... et se plaint amèrement de ne plus avoir assez de temps à consacrer à la création ! Rançon de la gloire !

PLAN SCHÉMATIQUE D'ABIDJAN ET DES ENVIRONS IMMÉDIATS
Route principale
Route secondaire
Voie ferrée
Hôtel de tourisme
Autre bâtiment
Zone industrielle
Parc National du Banco
Abengourou
ABOBO
21
DEUX-PLATEAUX
WILLIAMSVILLE
Dabou
Man
Bouaké
20
AGBAN
8
ADJAMÉ
12
19
YOPOUGON
INDÉNIÉ
DANGA
Baie du Banco
3
13
COCODY
1
Baie de Cocody
Hôtel Ivoire
BLOKOSSO
PLATEAU
4
Grand Hôtel
ABOBO-DOUMÉ
5
2
17
6
18
MARCORY
10
16
6
TREICHVILLE
8
De France
Terminus
7
International
LAGUNE EBRIÉ
11
Île Boulay
VRIDI
PETIT-BASSAM
Canal de Vridi
Palm Beac
0
2
4 km
GOLFE
DE

1. Cathédrale
2. PTT (bureau central)
3. Police (commissariat central)
4. Hôtel de ville
5. Présidence de la République
6. Gare maritime
7. Gare ferroviaire (SICF)
8. Gare routière
9. Aéroport de Port-Bouet
10. Marché de Treichville
11. Port de pêche
12. Université
13. Polyclinique Ste Anne-Marie de Cocody
14. Club hippique
15. Yacht-Club
16. Piscine olympique
17. Pont Général de Gaulle
18. Pont Houphouët-Boigny
19. Jardin d'essais
20. Entrée du Parc National du Banco
21. Zoo
22. Golf de la Riviera

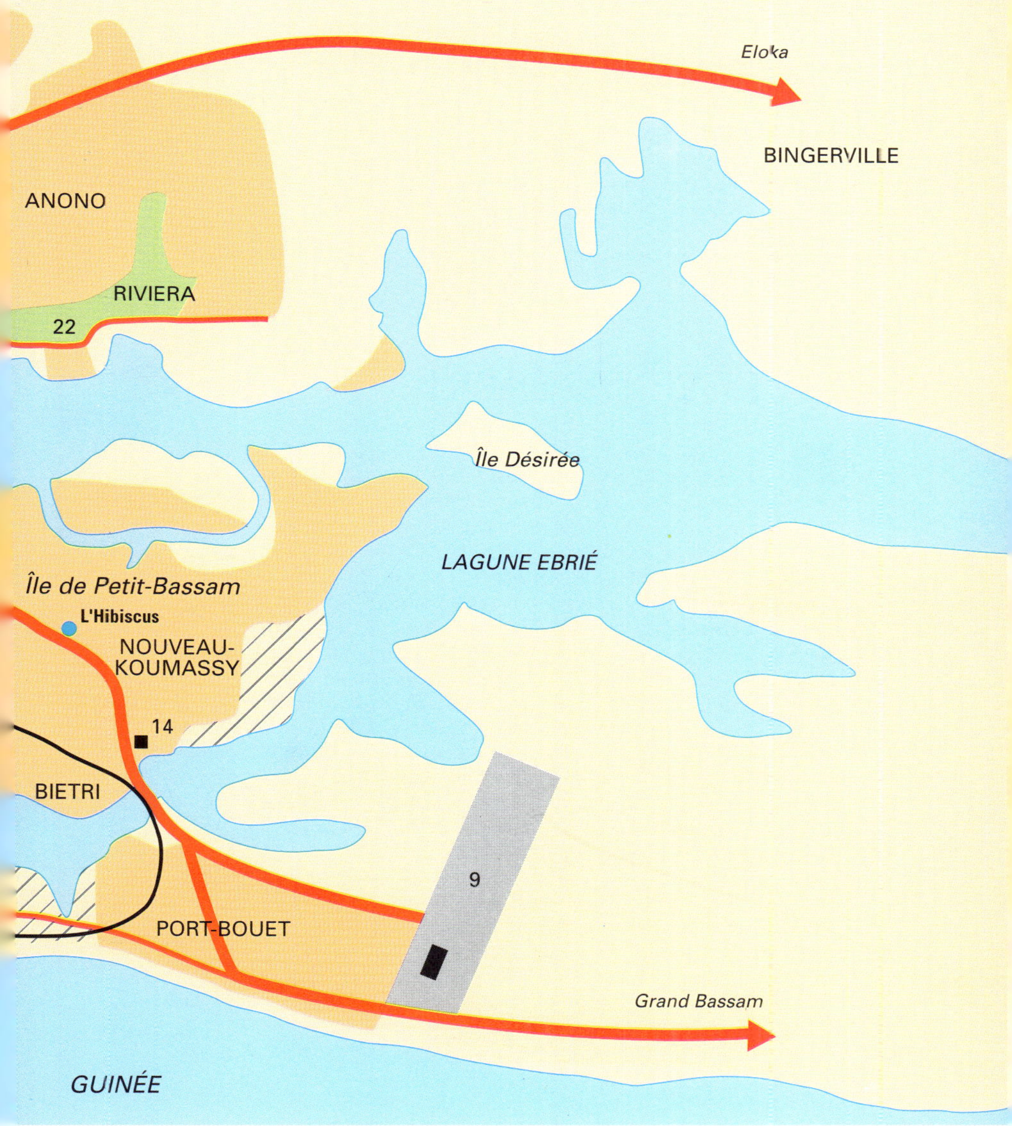

aboisso

maquis, « Kakpo, le roi de la langouste ». Mais Kakpo s'est pris au jeu et son établissement s'est transformé peu à peu en hôtel plus huppé. D'autres restaurants ou hôtels font de Vridi une mini-station balnéaire, comme « le Grillon », le « Cocobeach » ou le « Kontiki », qui est également un club de sports.

Ils ne représentent que l'avant-garde des nombreux établissements qui se succèdent jusqu'à Grand Bassam, mais ces derniers ne font plus partie d'Abidjan.

L'île Boulay, elle, au large du port, en fait-elle partie ? A vrai dire quand on prend le bateau qui, depuis la gare lagunaire du Plateau, près du pont Houphouët-Boigny, fait visiter la zone portuaire avant de déposer ceux qui veulent déjeuner dans l'île, dans son excellent restaurant, on se sent au moins aussi dépaysé que sur la plage de Vridi, même si, au loin, on aperçoit des installations industrielles. On oublie complètement la proximité de la capitale qui rend curieusement à l'île son indifférence : bien des gens ne remarquent même pas sa présence. C'est ce qui en fait d'ailleurs un véritable havre de paix.

(Voir renseignements pratiques p. 172.)

■ Au XVIIe siècle, des émissaires de Louis XIV vinrent trouver le roi du Sanwi, pour lui demander l'autorisation de créer un comptoir sur ses terres. Au fond de la lagune Abi, à l'extrême est de ce qui n'était pas encore appelé la Côte d'Ivoire, fut fondée Aboisso, déformation de « Eboué Nyansou », c'est-à-dire en agni « sur la pierre ».

Pendant longtemps, Aboisso, jouissant d'une situation privilégiée le long de la rivière Bia qui se jette dans la lagune à cet endroit, resta le point terminal des caravanes venant du nord pour échanger des marchandises avec les Européens ou les populations côtières. C'est également dans ses environs que furent acclimatés en Côte d'Ivoire les premiers plans de caféiers et de cacaoyers.

Une fort jolie promenade

Depuis, Aboisso a perdu sa prépondérance commerciale, et la construction des *barrages d'Ayamé* 1 et 2, qui retiennent les eaux de la Bia, ne la lui a pas rendue. Pourtant cette petite ville avait,

LA FÊTE DU DIPRI

A cent kilomètres au nord-ouest d'Abidjan vivent les mystérieux Abidji. A la fin du mois d'avril, chaque année, se déroule à Gomon la fête du Dipri. Son origine est la suivante : au début du siècle, un chasseur s'était aventuré dans la région avec sa famille pour chasser l'éléphant.
L'endroit lui paraissant favorable, il s'y installa. Mais survint une terrible famine. Un « génie » conseilla au chef de la terre pour y mettre fin de couper son fils Bidyo en morceaux et d'enterrer ceux-ci : des ignames poussèrent spontanément sur le charnier. Le Dipri est la commémoration du sacrifice de Bidyo. Dans la nuit du vendredi au samedi, juste après minuit, les habitants doivent rester chez eux et personne ne peut pénétrer dans le village par la piste ouest.
Les Angré Kponé, *ou mangeurs d'âme, sont alors réunis près du lac Kporon et accomplissent des rites magiques pour faire échouer la fête, dont le but est de chasser le mal loin du village.*
Pendant ce temps, les femmes se réunissent, nues, sur la place du village pour accomplir le rite du Sokroyibe, et neutraliser les maléfices des sorciers. Quand elles ont terminé leurs incantations, peu à peu le village, en commençant par le chef de la terre, sort dans les rues. Pendant toute la journée vont s'affonter les Angré Kponé *et les* Séko Kponé, *magiciens du bien et doués de puissances surnaturelles comme de pouvoir se transpercer le ventre avec un couteau et de guérir spontanément. Au coucher du soleil, le mal vaincu, les Abidji vont achever de se purifier dans le lac Kporon.*

sur le plan touristique, de grands atouts. Les pirogues louées sur place permettaient de remonter le cours du fleuve jusqu'au premier des barrages, c'est-à-dire sur une dizaine de kilomètres.

C'est une promenade fort jolie, qui contourne des îlots boisés et suit un rivage accidenté.

En sens contraire, on peut descendre la Bia jusqu'à la lagune et se rendre jusqu'au village d'*Assinie*, sur le cordon lagunaire bordant l'Océan.

Un hôtel, la « Cabane Bambou », permettait autrefois de prendre Aboisso comme base d'excursions. Apparemment objet de contestations embrouillées, il est fermé *sine die*. Dommage. C'était un lieu ravissant à la pointe d'une petite île de la Bia. La piste qui monte vers le nord longe, traverse ou domine à plusieurs reprises les lacs d'Ayamé d'où émergent encore à demi des troncs d'arbres dénudés. Ils semblent de leurs branches mortes et noires appeler au secours avant de se noyer et offrent un contraste saisissant avec la végétation qui cerne de vert l'eau grise des lacs.

Les touristes qui craignent les pistes fatigantes peuvent se contenter de se promener jusqu'à Ayamé et retourner le soir à Aboisso. S'ils se trouvent dans la région en novembre-décembre, qu'ils ne manquent surtout pas la fête des ignames qui se déroule chaque année dans un village différent du pays Sanwi ; elle commence le jeudi soir, comprend le vendredi à l'aube le mgbala ou purification, puis l'attoumgblan ou sacrifice aux divinités lacustres. Les amoureux des pistes seront tentés de continuer vers le nord. Car l'ancienne route des caravanes n'est pas morte. Elle a été remplacée par une piste qui passe par de nombreux villages dont *Bianouan*, *Ebilassekro* et *Zaranou* et aboutit à *Abengourou*. Elle n'est pas de tout repos et il lui faut consacrer toute la journée en emportant un repas froid.

Un trafic routier qui est une aventure

Les voyageurs empruntant les camions « mille kilos » s'embarquent pour l'aventure. D'Abidjan, tout semble facile : taxi 504 pour Aboisso et de là, le jour même ou le lendemain, camion pour Abengourou. C'est du moins ce qui leur a été affirmé avant le départ. Malheureusement les camions remontant le long de cette piste, pour faire le plein, doivent réunir 24 passagers, ce qui n'a pas lieu tous les jours. Et de toute façon, le « mille kilos » ne dépasse pas Bianouan. Les arrêts sont innombrables. Le camion n'arrive à destination qu'au milieu de l'après-midi. Il est régulièrement trop tard pour que le voyageur qui pensait prendre une correspondance pour Abengourou ait la moindre chance de réussite ! Mais, aussitôt descendu du camion qui le laisse en « carafe », celui qui a cru sur parole le transporteur est aussitôt entouré. Chacun lui propose une douche, une bière, des oranges, une chaise, soit en bordure de route pour l'obstiné qui préfère regarder si la route ne poudroie à l'approche d'un quelconque moyen de transport, soit au frais, dans les cours où les femmes se coiffent mutuellement, tout en plaisantant l'infortuné étranger. En anglais, bien souvent, car le Ghana anglophone est proche. Entre-temps, l'obstiné aura probablement reçu l'aimable proposition du chauffeur de taxi privé local de le conduire à Abengourou pour 20 000, 15 000, voire 8 000 F. Non ? Bah, on n'en reste pas moins bons amis.

S'il faut coucher sur place, tout le monde propose au rescapé de l'héberger. Mais parfois le miracle se produit en fin de journée sous la forme d'un transporteur qui rentre à Abengourou à vide. Cela supprime malheureusement la vue d'une partie d'un trajet vraiment magnifique car la nuit tombe vite. Mais l'arrêt à Bianouan vaut bien cet inconvénient.

La visite au roi

Certaines agences touristiques organisent, parfois, une visite au roi de Zaranou. Il est évident que le voyageur en « mille kilos » ne pourra pas s'offrir cette attraction. Faut-il qu'il se sente frustré ? Les arrêts multiples dans des villages pleins de sourires d'enfants, le trajet dans la forêt, ni tout à fait la même, ni tout à fait une autre, ne serait-ce qu'à cause des variations de la lumière, rendent ce voyage interminable, après tout, réjouissant.

L'automobiliste autonome court moins de risque – ou de chance – d'aventure imprévue. Mais qu'il se console s'il a moins de contacts avec les villageois, en revanche il a la possibilité de s'arrêter où il veut. Or certains sentiers s'enfonçant dans la forêt sont bien alléchants pour celui qui ne fait que les entrevoir entre deux sauts d'obstacles et n'a que le temps de l'arrêt rituel de la prière du crépuscule pour se repaître de silence.

(Voir renseignements pratiques p. 174.)

agboville

■ A mi-chemin entre les deux grands axes routiers goudronnés qui conduisent vers le nord et le nord-est, ce chef-lieu d'un très riche département agricole peut attirer le touriste résidant à Abidjan.

En effet, s'il n'a pas le temps de voyager à l'intérieur du pays, ce trajet, facilement effectué aller et retour dans la journée, lui donnera un bon aperçu de quelques-uns de ses aspects caractéristiques.

La route bitumée, empruntée à gauche après Anyama, traverse une succession de vallonnements, plus ou moins déboisés par une exploitation forestière intensive. Tantôt l'horizon est largement dégagé, tantôt au contraire, une végétation dense se presse des deux côtés de la route. Elle est dominée par la silhouette élancée des fromagers, des cocotiers, des sambas et même d'une pinède qui semble ici exotique.

Au fur et à mesure de l'approche sur Agboville, les bananeraies se multiplient, car le département est le premier producteur de bananes de Côte d'Ivoire. Elles alternent avec des plantations de caféiers, de cacaoyers, de cultures vivrières, comme le manioc, le maïs, le riz, et de produits maraîchers, appelés à un développement intensif, lorsque seront réalisés les deux barrages envisagés à proximité.

L'étranger, qui ne connaît pas encore les paysans africains, est particulièrement séduit par les bananiers, ces énormes plantes vertes de la taille d'un arbre, aux feuilles gigantesques d'un vert tendre, ondulant et bruissant sous la brise.

Il existait depuis 1974 un très important centre artisanal consacré à la vannerie dans la ville. Pendant longtemps il fonctionna à merveille, et les élèves qui y étaient formés contribuaient à la production de meubles en rotin, bambou, lianes de la forêt, vendus dans tout le pays. En 1989, il a été fermé. Espérons sa réouverture.

La population d'Agboville

Agboville fut d'abord un petit village parmi d'autres, peuplés d'Abbey Akan, venus du Ghana comme la plupart de leurs congénères, au cours du XVIIIe siècle. Certainement de tradition matrilinéaire, ils adoptèrent la filiation patrilinéaire à leur arrivée dans le pays, probablement sous l'influence d'un peuple plus ou moins autochtone, les Krobu. Ils occupèrent d'abord une zone beaucoup plus vaste qu'aujourd'hui. Puis, refoulés par les guerriers de la reine Pokou, ils se rassemblèrent autour d'Agboville, devenue la principale ville de leur zone, quand on y installa un poste français en 1906, et surtout à partir de l'arrivée du chemin de fer en 1907.

La révolte des Abbeys

Contrairement à beaucoup, ils avaient vu sans déplaisir l'installation des Européens et même ce train qui inquiétait tant de gens. Pourtant, les choses se gâtèrent en 1910. L'exploitation de la forêt, par les chefs Abbey et leurs sujets, représentait pour eux leur plus profitable revenu. Ils n'apprécièrent donc pas l'ouverture de chantiers forestiers par les Français avec une main-d'œuvre venant de la côte ou même du Sénégal. Non seulement cela représentait une concurrence grave, mais ces « étrangers », qu'il s'agisse d'Européens ou d'Africains d'autres ethnies, violaient de nombreux interdits religieux et pillaient l'habitant sans se gêner.

En janvier 1910, les Abbeys se révoltèrent, incendièrent des campements, menacèrent les occupants du train et il fallu une répression très dure pendant presqu'un an pour les contraindre à se résigner. Cette affaire reste exemplaire des « maladresses » pour employer un euphémisme, dont l'occupant aurait pu faire l'économie s'il avait sincèrement souhaité faire œuvre de « pacification » comme il le proclamait.

(Voir renseignements pratiques p. 174.)

Même la lessive peut être l'occasion d'un spectacle haut en couleurs : ici ce sont généralement des hommes qui se chargent d'énormes ballots de linge qu'ils battent et frottent dans la rivière bordant la forêt du Banco, puis font sécher sur l'herbe, en immenses patchworks, que l'on peut admirer en partant d'Abidjan vers Agboville (photo M. et A. Kirtley/Éditions du Jaguar).

assinie

■ A l'est de l'embouchure de la Comoë, le canal d'Assinie isole de la terre ferme une langue de sable qui va en s'amincissant jusqu'au village du même nom. Dès 1637, des capucins de Saint-Malo s'y étaient installés, et des relations diplomatiques se nouèrent entre la cour de Louis XIV et le roi des Agni, maître de toute la région. Assinie devint une importante escale où se succédèrent les éternels rivaux occidentaux, portugais, hollandais, anglais et français.

Sa position remarquable, au bord de la passe étroite qui fait communiquer la lagune Abi avec l'océan, lui a permis de conserver une place importante sur le plan commercial jusqu'à la création de Port-Bouët.

Autre temps, autres mœurs. Ce que la bande côtière d'Assinie a perdu en trafic, elle le regagne depuis quelques années avec le tourisme.

A peu de distance du village lui-même, un premier complexe de vacances fut créé et géré par le Club Méditerranée, et la renommée d'Assinie portée au-delà des mers. Une renommée justifiée : une belle plage s'étend du côté de l'Océan et les magnifiques plans d'eau calme du canal et de la lagune sont favorables aux promenades en pirogue et au ski nautique. Quant au village lui-même, il comporte tous les services et les équipements habituels au Club Méditerranée. Sur le plan esthétique, les façades extérieures des bungalows de style soudanien détonnent un peu à Assinie. Mais la succession de patios qui se dissimulent au milieu de ces bungalows est un véritable enchantement, grâce à l'alliance heureuse des plans d'eau et d'une somptueuse végétation.

Les Palétuviers, réussite architecturale

Peu après, à un kilomètre environ, à l'ouest du Club Méditerranée, fut inauguré l'hôtel des Palétuviers, à *Assouindé*. Il ne le cède en rien au précédent sur le plan des prestations et du confort, mais au point de vue architectural, il représente une réussite peut-être plus spectaculaire.

Par une habile transposition du style local, tous les bâtiments comportent une toiture à une seule pente très prononcée, recouverte de chaume et descendant presque jusqu'au sol pour abriter du soleil l'intérieur des chambres. Ces bâtiments s'articulent entre eux de telle sorte que leurs couloirs débouchent sur des patios minuscules, qui sont autant de haltes fleuries, ou se transforment en belles galeries extérieures à structure de bois.

Une remarquable adaptation des sculptures ivoiriennes a été faite pour réaliser les énormes piliers de bois soutenant le toit du bâtiment central, les écrans ajourés entourant la salle à manger, les immenses statues de calaos, oiseaux sacrés en pays Sénoufo. On ne peut que souhaiter qu'une adaptation similaire se généralise dans les hôtels ou les bâtiments publics.

En ce qui concerne l'hôtel des Palétuviers, devenu le Club de la Valtour, émanation du Club Méditerranée, il est maintenant exclusivement réservé à une clientèle italienne, et il n'est plus question de venir y faire un séjour impromptu à partir d'Abidjan. Un peu plus loin, un autre village-campement, plus modeste, permet cependant de loger à Assinie et de venir en promeneur jusqu'à la Valtour.

Assouindé-Village

A côté, le village d'*Assouindé* ne cesse de grandir, avec d'innombrables boutiques de souvenirs et des « maquis ».

Y vivent les familles de tous les employés des deux clubs, en paillotes construites dans le style du pays, abritées par la cocoteraie. Loin de constituer une invasion déplaisante, cette agglomération grossissante donne au contraire à Assinie une authenticité africaine que, sans elle, cette mini-station balnéaire aurait tout à fait perdue. D'ailleurs, à toute heure du jour et de la soirée, on y rencontre les habitants des clubs voisins, trop contents de changer un peu d'atmosphère… quand ils ne partent pas en excursion.

En pirogue, on peut par exemple, se rendre dans les villages bordant le canal ou la lagune, tandis qu'un bateau horsbord permet de traverser celle-ci jusqu'à la maison de Verdier, le Français qui implanta le cacao dans la région. De cette maison, perchée sur une hauteur, on a une vue magnifique sur la lagune et l'embouchure de la Bia, en face des *îles Ehotiles*. En bordure de lagune, se sont ouverts plusieurs restaurants dont l'un, Dipi, réputé pour sa table avec buffet le dimanche, s'est adjoint un petit zoo avec des crocodiles, des serpents, des grandes tortues. L'agence Haury d'Abidjan peut y organiser une excursion en 4 X 4, avec retour d'Assinie à Grand Bassam sous la cocoteraie.

(Voir renseignements pratiques p. 174.)

banco (parc national du)

■ Pour l'Européen, les plages du golfe de Guinée correspondent à une forme d'exotisme qu'il ne cesse de rechercher en Afrique, mais qui pourrait aussi bien être polynésienne. Le parc national du Banco, aux portes d'Abidjan, procure, lui, sans qu'il soit besoin d'accomplir un grand effort, la sensation excitante de pénétrer dans la forêt vierge qui recouvrait autrefois toute la région.

Classée en parc national depuis 1953, cette enclave de 3 000 hectares est en effet restée à peu près intacte.

Pour les Abidjanais qui n'ont que faire d'exotisme, une route goudronnée s'enfonçant jusqu'à la rivière du Banco, à l'endroit où elle s'évase en lac, leur permet de trouver le dimanche un ombrage toujours frais, même pendant les mois de sécheresse. Ce lac est entouré d'une allée piétonne, sur laquelle une guinguette est tantôt ouverte, tantôt fermée, selon les années ! La rivière, de part et d'autre d'un petit pont, forme de larges mares dans lesquelles les enfants du pays aiment à se baigner.

Après le pont, le domaine de la solitude

En revanche le petit zoo, installé à proximité, ne provoque qu'une bien pâle curiosité, car il ne contient que quelques singes mélancoliques. Sans doute pensent-ils à leurs congénères qui continuent à mener une vie de liberté aux alentours. Mais il est rare de pouvoir les apercevoir dans ce fouillis d'arbres et de lianes.

La route goudronnée s'arrête pratiquement au petit pont, et avec elle la zone « civilisée » du parc. Au-delà commencent la vraie solitude et un silence coupé d'un mélange de bruits d'élythres, d'appels d'oiseaux et de toutes sortes d'autres sons dont il est difficile de savoir s'ils proviennent du vent dans les arbres, les fougères et les lianes, ou du discret passage de quelque animal.

La suite de la route conduit, par une piste cahotique, jusqu'au sommet de la colline. De là un chemin, à droite et à gauche, longe par moments la lisière du parc, bordé de champs de manioc, de caféiers et de cacaoyers, pour s'enfoncer de nouveau au plus vert et au plus touffu de la forêt.

Cependant l'activité humaine n'en est jamais très éloignée : des groupes de femmes, portant d'un village à l'autre de lourdes charges, s'échelonnent assez fréquemment le long de ce large sentier. D'ailleurs, si l'on tourne à gauche, au sommet de la colline, des petits hameaux ne tardent pas à se succéder, de plus en plus rapprochés. La route sort de la zone boisée, devient très sablonneuse et rejoint la route de Dabou.

Pour la visite, peut-être le cyclomoteur...

Mais bien d'autres possibilités s'offrent ici au promeneur, qu'il soit en voiture ou à pied. Si son rayon d'action est plus limité, le piéton a du moins l'agrément de pouvoir jouer à l'explorateur dans les sentiers inaccessibles aux voitures.

Un moyen terme peut être trouvé avec un simple cyclomoteur, qui permet de passer à peu près partout, même lorsque les pentes parfois abruptes obligent à pédaler un brin. Le contact avec la nature se fait mieux qu'en voiture, et l'on se donne – sans grand risque – l'impression d'accomplir un exploit sportif en contournant trous et flaques d'eau ou en jouant les équilibristes dans un sol sablonneux.

Les cavaliers auront, eux, la possibilité d'explorer ce parc dans les meilleures conditions possibles puisque les randonnées équestres permises notamment par le club de l'Etrier suppriment tous les bruits parasites de moteurs, assurent un rayon d'action suffisant et que les chevaux se jouent de ces pentes minimes et de sols modérément glissants.

En une demi-journée, il est possible de visiter approximativement le parc. Mais il s'agit moins de visite systématique que d'oublier les bruits de la ville et de se donner l'illusion de s'immerger dans une forêt vierge : c'est une satisfaction de plus en plus rare à trouver, même en Côte d'Ivoire.

(Voir renseignements pratiques p. 174.)

TOUBA

Qu'il s'agisse de fêtes traditionnelles ou de celles qu'impose la foi chrétienne, comme le baptême, on ne célèbre rien en Afrique sans danse scandée par les tam-tams. Et l'âge ne fait rien à l'affaire : jeunes ou moins jeunes participent avec autant de fougue à la liesse collective (photo L. Giraudineau/J.A.).

biankouma

■ N'importe quel touriste se rendant dans la région Ouest de la Côte d'Ivoire a entendu à coup sûr parler avec enthousiasme de ce village situé sur la route Touba-Man.

Les cases rondes et coiffées de chaume qui s'accrochent par groupes de deux ou trois sur des terrasses naturelles, le long de la pente de la montagne, sont séparées par des amoncellements de rocaille formant escaliers.

Peintures naïves ou géométriques

Les murs, fréquemment recouverts d'une pellicule de ciment qui les consolide, n'ont pas perdu pour autant leur caractère. Car cette pellicule sert souvent de support à des peintures représentant des personnages plus ou moins modernes, plus ou moins naïvement dessinés, ou des motifs géométriques composés dans un camaïeu allant du brun au beige.

Autour de la case, un rebord sert de banc circulaire, et par endroits la réserve de bois monte jusqu'à la toiture qui surplombe largement les murs. Quant à cette toiture, ce qui frappe en elle, c'est la variation de couleur de son chaume : il passe par tous les tons de gris et s'harmonise à merveille avec les coulées ocre des ruelles et le fond presque noir des rochers. Le faîte du toit se termine en pointe élancée, reposant sur un disque plat sous lequel s'évase largement la couverture proprement dite.

A la tombée du jour, les hommes se réunissent pour commenter les nouvelles ou prendre ensemble leur repas. Ils s'installent de préférence sur la plus large des placettes, presque en haut du village, à proximité de la forêt qui s'insinue entre les dernières maisons et d'où l'on voit revenir les jeunes filles portant sur la tête fagots ou bassines émaillées.

Le lundi matin est jour de marché dans la zone moderne du village qui s'étend au nord de la partie ancienne et qui, malheureusement, est en train de l'envahir de tôle ondulée ! Déjà ce bijou a perdu de sa valeur et on peut craindre qu'il ne finisse par être totalement contaminé !
(Voir renseignements pratiques p. 174.)

bingerville

■ Plus que militaire, le capitaine Binger fut un explorateur pacifique qui parcourut l'Afrique en tous sens. Ce n'était donc que justice que l'on donnât son nom à la nouvelle capitale de Côte d'Ivoire, quand elle détrôna Grand Bassam, décimé en 1899 par la fièvre jaune.

Les Ebrié ou Tchaman habitant la région connaissaient déjà les commerçants européens qui fondaient depuis au moins deux siècles des comptoirs sur toute la côte, et ils avaient avec eux des contacts suivis. Mais ces Ebrié n'étaient pas les premiers occupants du sol, tant s'en faut. Des instruments des époques paléolithique et néolithique ont été découverts à Bingerville. Personne ne sait rien de ceux qui les fabriquèrent. Etaient-ils les ancêtres des Ehoutile que trouvèrent les Ebrié lorsque, venus des forêts du nord, eux-mêmes furent repoussés jusqu'à la lagune qui porte maintenant leur nom par les vagues successives de leurs cousins du groupe Akan ? Mystère.

En tout cas, il n'est pas surprenant que les Européens aient été séduits, après les miasmes de Grand Bassam, par ce plateau dominant la lagune. La savane et la forêt s'y interpénètrent et une brise fraîche le parcourt en toutes saisons. C'est un site délicieux, auquel l'automobiliste parvient par une route elle-même fort agréable. Elle traverse de sages palmeraies ou des plantations d'avocatiers et d'ananas, en alternance avec des étendues de brousse. Elle plonge et remonte le long de collines juste assez hautes pour procurer de beaux points de vue jusqu'au moment où apparaissent, juchées sur une crête plus élevée que les autres, les premières maisons de Bingerville.

Un jardin calme et ombragé

Il faut entrer dans l'agglomération pour découvrir le Jardin botanique, où s'allient toutes les essences d'arbres et de fleurs pouvant s'acclimater dans la région. Dieu sait combien elles sont variées et belles. Les amoureux de calme et d'ombrage s'y retrouvent souvent, un livre à la main, car Bingerville a toujours été fréquentée par des intellectuels. En redescendant vers l'artère principale de la ville, il ne faut pas manquer de jeter un coup d'œil sur l'ancienne gouvernance : c'est le plus beau bâtiment colonial du pays. Il est parfaitement entretenu et abrite un orphelinat.

Dans la grand-rue de Bingerville débouchent sur la droite plusieurs chemins descendant vers la lagune. A mi-chemin de l'un d'eux, un sculpteur, Maître Combes, fonda voici une trentaine d'années une *École d'arts appliqués* qu'il est possible de visiter. Mais depuis sa mort, celle école semble quelque peu tombée en léthargie.

De Bingerville, une piste conduit, au bout de la grand-rue et de la place du marché, vers le bac d'*Eloka*. Celui-ci traverse la lagune et dépose automobilistes et piétons à hauteur du pont de Mossou, sur la route conduisant à Aboisso ou à l'embranchement se dirigeant vers Grand Bassam. Il est donc possible de visiter les deux anciennes capitales dans la même journée. Mais autant la route goudronnée longeant la côte, entre Abidjan et Grand Bassam, est rectiligne et en bon état, autant la piste de Bingerville à Eloka représente un échantillonnage varié de « tôle ondulée » ou de sable, de trous ou de bosses dérapantes.

Avant d'arriver à Eloka, sur la droite, une piste mène vers *Bregbo*, résidence du célèbre prophète harriste Albert Atcho, aujourd'hui décédé. Ce prophète, d'ailleurs, était plutôt un « sage » qui alliait à l'utilisation des plantes, les prières et la plus vieille forme de psychanalyse, la confession. Il secourait particulièrement les malades mentaux en les aidant à découvrir la cause de leur dérèglement et à se réinsérer dans un milieu favorable.

Certains, retenus par sa bonté autant que par son savoir, restaient à Bregbo. Cela n'étonnait personne. Tout respire le calme et le bonheur dans ce petit village : l'unique rue aboutissant à l'église harriste et, en face d'elle, à la maison du saint homme ; la terrasse couverte, derrière la maison, où se reposaient les patients ; la plage en bordure de lagune où, sous les cocotiers, s'abritent, quille en l'air, les pirogues des pêcheurs.

Quant à Albert Atcho, tout le monde éprouvait pour lui respect et confiance, même les médecins de Bingerville, car il n'hésitait pas à leur envoyer ses fidèles en cas de doute sur ses propres compétences.

Au début de 1985 a été inauguré à Bingerville un temple de 2 000 places, qui est le siège de toutes les communautés harristes d'Afrique, avec une salle d'exposition et un centre de formation des prédicateurs, sous l'égide d'Albert Atcho. Mais nul ne sait si quelqu'un sera en mesure de prendre sa suite.

(Voir renseignements pratiques p. 175.)

■ On situe aux environs de 1466 la création de cette ville qui a vu passer bien des vagues de conquérants. Les Lorho sont supplantés par les Koulango. Mais ceux-ci subissent à leur tour la pression des Dioula, commerçants musulmans qui fondent au XVIIe siècle une célèbre université coranique. Un an plus tard, les Abron, appartenant au groupe Akan, font leur apparition dans la région et prennent Bondoukou comme capitale.

Enfin au XIXe siècle, les Anglais, qui se sont installés en douceur dans l'ancien royaume Ashanti devenu la Gold Coast, font de larges sourires au roi des Abron. Pourtant ils sont gagnés de vitesse, en 1888, par Treich-Laplène qui s'empresse de signer avec le roi un traité. Celui-ci sera confirmé l'année d'après par Binger qui, justement, passait par là.

Une ville à caractère soudanien

Mais un autre grand « voyageur » de l'époque, Samory, estime alors avoir son mot à dire. Un mot violent : il règle leur compte aux habitants qui ne l'ont pas soutenu. La prospérité de la vieille cité, due aux échanges commerciaux entre Dioula, du nord, et gens de Basse Côte, s'en trouve très affaiblie. Et ce que la guerre n'a pas tout à fait détruit, la construction du chemin de fer, qui arrive en 1912 à Bouaké, l'accomplit en ôtant à Bondoukou ses derniers clients. Ceux-ci emprunteront désormais le grand axe nord-sud Haute Volta-Abidjan.

Depuis, les cultures du cacao, du coton, du riz, ont donné à la ville une certaine activité agricole. Mais la vocation de Bondoukou, du fait de sa proximité avec le Ghana, reste d'abord, celle d'échanges commerciaux ou touristiques.

Les Koulango, les Dioula, les Abron y coexistent pacifiquement avec les Lobi, arrivés en force au siècle dernier, mais vivant en brousse, au nord de la ville.

De l'ancienne architecture soudanienne de Bondoukou, avec des maisons en terre et des toits-terrasses, il ne reste pratiquement plus que la maison de Binger et celle d'un lieutenant de Samory, réunis pacifiquement à l'occasion d'un même circuit touristique. Il faut bien dire que celle de Binger fait piètre figure, avec son unique rez-de-chaussée, aux murs intérieurs noirs de fumée. Sa rivale a meilleure apparence, grâce à un étage soutenu par un jeu de poutres en rôniers. Ces maisons et leurs congénères avaient certainement beaucoup de caractère et de noblesse. En revanche, avec leur unique

*Les grands fleuves de Côte d'Ivoire, comme la Comoë,
que l'on traverse notamment par l'un des rares bacs
existant encore entre Bouaké et Bondoukou,
provoquent une explosion de verdure
sur leurs rivages animés par une faune variée.*

porte-fenêtre et leur faible hauteur sous plafond, elles ne devaient pas être des plus confortables. Mais ne pouvait-on, en l'améliorant, s'inspirer de leur architecture pour les nouvelles demeures ?

L'ancien marché, construit dans le style soudanien de l'époque coloniale, a été désaffecté. Il était devenu trop petit pour les besoins de cette ville de 18 000 habitants. Après une longue période d'inactivité, il a fini par être remis à neuf pour devenir un musée. Ses piliers, sculptés par des artisans du pays, étayent la galerie entourant sa cour intérieure. Il abrite des exemples de tout ce que la région fabrique comme objets artisanaux, ainsi que les artisans eux-mêmes. Un bar y fonctionne, à côté des boutiques-salles d'exposition. Espérons qu'il contribuera à attirer davantage de touristes dans cette région délaissée qui mérite pourtant de figurer dans les itinéraires des voyageurs.

Nombreuses excursions aux environs

Les villages des environs se signalant par une légende intéressante ou par une fabrication artisanale pourraient faire l'objet d'excursions organisées.

A 8 kilomètres, sur la route du Ghana, le village de *Soko* est fraternellement partagé entre ses habitants et des singes. A cela une bonne raison : lorsque Samory menaçait la région, le grand féticheur de Soko, pour mettre ses concitoyens à l'abri du massacre, eut l'idée de changer tous les hommes en singes. Malheureusement, il mourut avant d'avoir eu le temps, une fois le danger passé, de leur rendre leur forme primitive. C'est pourquoi, ne pouvant reconnaître les descendants de leurs ancêtres parmi les singes qui les entourent, les villageois respectent tous ces animaux, les nourrissent et les enterrent selon le cérémonial humain.

Sapia, à 18 kilomètres à l'ouest de la ville, est également le siège d'une légende concernant cette fois des poissons, énormes silures auxquels personne ne doit toucher. Car chaque fois que l'un d'eux meurt, il est accompagné dans l'au-delà, par une personne du village. Le vendredi, les femmes ne viennent pas puiser d'eau pour laisser aux poissons l'entière jouissance des lieux. Chaque jour, elles leur jettent en offrande des ignames ou du pain.

Bondoukou est située au milieu d'un vaste cirque dont les collines sont rapidement accessibles depuis la ville. Pendant la saison sèche, les villages Koulango, perchés dans la montagne, sont toujours frais. Les habitants y vivent en autarcie presque complète, car ils ont tout ce qu'il leur faut sous la main : cultures vivrières telles qu'ignames, manioc, mil, sorgho ; fruits tels que goyaves, bananes, oranges ; tabac et coton, avec lequel sont tissés des pagnes aux dessins bleus et noirs. Les sources abondent et même les chutes d'eau, comme à *Omlekei* et *Kiendi.*

Sur la route de *Sorobango*, vers le nord, à 18 kilomètres, un village doit sa réputation à ses « canaris », récipients de terre cuite, tournés à la main et cuits directement sur le feu, après avoir été recouverts de lianes et d'herbes vertes. Ailleurs ce sont des forgerons qui utilisent encore des panses de chèvre en guise de soufflets et qui fabriquent surtout des outils aratoires.

Comme Abengourou, Bondoukou est un carrefour. Même si le voyageur n'a pas le temps d'y séjourner, il pourra agréablement passer la nuit à l'hôtel du Mont Zanzan, avant de continuer sa randonnée vers les quatre points cardinaux. En une étape, à partir de Bondoukou, il peut joindre le campement de *Kakpin*, à l'extrémité sud-est du parc national de la Comoë ; Bouna, d'où il accédera au pays Lobi, au nord-est ; le Ghana ; Bouaké ou Abidjan. Pour se rendre au Ghana, il a le choix entre la route passant par Soko et un itinéraire très peu fréquenté, car il est indiqué sur la carte comme piste secondaire. Il ne présente aucune difficulté, surtout en saison sèche. En partant de Bondoukou, à Gouméré, il faut prendre la route d'Asuefri jusqu'à Petit Abengourou, puis tourner à gauche vers Berekum, au Ghana. Cet itinéraire est absolument conseillé à tous ceux qui descendent vers Abidjan, via Agnibilekrou. Après Petit Abengourou, au lieu de tourner à gauche vers le Ghana, ils se dirigent à droite vers Agnibilekrou et la route goudronnée menant à Abengourou. Ils évitent ainsi la route principale joignant Bondoukou à Agnibilekrou, souvent encombrée de camions gênants. Enfin, de Bondoukou, il est possible d'atteindre Bouaké. A Gouméré, mieux vaut prendre la piste secondaire qui part à droite, en passant par Erebo. A *Serebou*, la route est coupée par la Comoë et c'est un bac qui fait la navette entre les rives. A *Groumania*, une mosquée bijou, toute petite, attire l'attention par les tons tendres ou vifs qui soulignent toutes ses arêtes et ressortent sur le blanc éclatant de ses murs.

(Voir renseignements pratiques p. 175.)

bouaké

■ Deuxième ville de Côte d'Ivoire, Bouaké occupe une position géographique et stratégique qui explique son importance croissante.

La longue histoire de Bouaké

Explique-t-elle l'existence successive de nombreux peuples dont les premiers nous restent inconnus ? Sans doute pas. Car, il y a plusieurs millénaires, au lieu de se trouver à la charnière de la forêt et de la savane, son emplacement était recouvert par une forêt dense qui remontait jusqu'à l'extrémité nord du pays. Ici aussi on retrouve les légendes parlant d'une population de petits hommes. S'agissait-il des hypothétiques Pygmées ? En tout cas, jusqu'au XVIIIe siècle y vécurent des Sénoufo, refoulés ensuite par les Baoulé, restés ensuite maîtres de toute la région. Cependant, au siècle dernier, ils accueillirent un peu partout des réfugiés venant de Kong ou de Bouna qui fuyaient les destructions de Samory.

Quant à l'agglomération de Bouaké, elle fut d'abord « Gbékékro », ou village de Gbéké, qui s'installa sur son site en 1865. Ce fut alors un important marché d'esclaves, échangés contre du sel ou de la poudre, jusqu'à ce qu'en 1898 le capitaine Benoît y crée un poste militaire, ce qui provoqua immédiatement une révolte des Baoulé : ils ne se résoudront à accepter la colonisation que lorsque le train, passant à Bouaké à partir de 1912, provoquera l'essor de la ville.

Aujourd'hui, située au centre même du pays, en bordure de l'axe routier sud-nord qui aboutit au Burkina Faso, cette capitale du pays Baoulé constitue le principal pôle d'attraction d'une région bouleversée à la fin des années 1960.

Le barrage de Kossou, sur le fleuve Bandama, a entraîné la formation d'un lac qui n'a pas atteint tout à fait les dimensions escomptées à cause de la sécheresse, mais a permis une amélioration importante de l'électrification, créé un fantastique réservoir de protéines, sous la forme de poissons qui d'ores et déjà pullulent dans ses eaux, ainsi qu'une source nouvelle de revenus pour des habitants qui, jusqu'ici, ne connaissaient pratiquement pas la pêche. Mais il a inondé de nombreuses terres arables et chassé de leurs terres cent mille personnes.

Or l'un des principaux soucis du gouvernement ivoirien est justement d'endiguer l'exode rural qui grossit démesurément Abidjan. Il fallait donc profiter de cette gigantesque opération pour réorganiser toute la région du Centre, reloger les anciens occupants chassés des terres inondées, au plus vite et au mieux de leurs aspirations, et leur assurer de meilleures conditions de vie qu'auparavant, sur le plan financier, alimentaire et sanitaire.

La société chargée de l'aménagement de la vallée du Bandama, l'AVB (Autorité pour l'aménagement de la vallée du Bandama), a dû être tout à la fois un organisme d'études, un planificateur, un agent d'exécution et un formateur : ce n'était pas suffisant de reconstituer pour chaque famille sinistrée son patrimoine foncier. Il fallait l'insérer dans un plan d'ensemble de réorganisation agricole comprenant l'introduction de nouvelles cultures, de nouvelles méthodes et une commercialisation plus rationnelle des produits.

Visite aux anciens villages AVB

Trente ans après, quand on visite un des villages AVB, en particulier dans la région de Béoumi, devenu un port important, la principale différence entre eux et les villages traditionnels s'est estompée : les murs de parpaings de ciment et les toitures en tôle ondulée ont partout gagné du terrain et les bacs en aluminium des maisons AVB paraissent plutôt moins laids que les toitures en tôle.

A l'époque, les nouvelles agglomérations se faisaient remarquer par la nudité de leurs rues : tous les arbres avaient été rasés au moment de la construction, pour travailler plus commodément mais aussi pour respecter des interdits variant avec chaque famille. Le plus simple avait été donc de tous les supprimer et de laisser aux habitants le soin de choisir leur ombrage. Avec le temps ces plantations ont transformé l'apparence des maisons et des rues. Quand on a la chance de rencontrer quelqu'un qui a vécu cette expérience, il est passionnant de l'entendre la raconter et expliquer comment sa vie en a été modifiée.

Un échantillonnage de produits inconnus

Après ce périple qui permet de mieux comprendre la mentalité pragmatique du paysan Baoulé, retournons dans cette ville très animée dont le ou les marchés représentent pour l'étranger l'attraction majeure. Il y retrouvera tous les produits agricoles qu'il a vus autour de chaque village. Mais il remarquera aussi un nombre incroyable d'ingrédients dont personne ne lui a parlé, parce qu'ils sont à base de fruits ou de plantes sauvages et ne font pas l'objet d'une culture organisée. Leur importance est grande cependant sur le plan nutritif, car souvent ce sont ces assaisonnements qui apportent le complément indispensable, en vitamines ou en protéines, à une alimentation fréquemment basée sur un plat unique. Les plantes ont une autre utilité : elles forment la base de la riche pharmacopée Baoulé.

Bouaké, ville-creuset

Naturellement, il n'y a pas qu'à Bouaké que se vendent de tels ingrédients. Mais dans cette ville centrale, ville de passage, métropole de quatre cent cinquante mille habitants, se mêlent aux Baoulé presque toutes les ethnies de Côte d'Ivoire, ainsi que les Mauritaniens, bouchers, vendeurs de brochettes, les Haoussa, les Mossi. D'où la variété des produits alimentaires nécessitée par des habitudes et des goûts différents.

La même diversité existe du côté des objets artisanaux... La place d'honneur revient aux très jolis pagnes Baoulé, tissés dans la région. Mais des vendeurs de toute origine réunissent en d'incroyables bric-à-brac et à des prix... mouvants, des masques, des statues de bronze, des bijoux, des sacs de peau, des tissus Sénoufo ou béninois, des « canaris » de terre, des instruments de musique et bien d'autres choses, parfois totalement inidentifiables par l'Européen. Bouaké est le siège d'un cosmopolitisme africain qu'il faut prendre le temps de distinguer en fréquentant ses marchés ou en se promenant au hasard dans ses nombreux quartiers.

Ceux-ci sont voués à une extension et une densification certaines. Car l'étendue des terres arables étant limitée, et les méthodes de culture devant diminuer la main-d'œuvre nécessaire, l'accroissement du nombre de citadins par rapport aux paysans, dans cette région du Centre, se traduira, selon les prévisions du gouvernement, par celui de Bouaké sa métropole, pour stopper le dangereux glissement de la population vers Abidjan.

La ville a donc fait l'objet d'un programme d'urbanisation tenant compte d'un afflux nouveau de populations très sensible d'ici à l'an 2000. Cependant, il faut maintenant prendre en compte le développement de Yamoussoukro qui très certainement attirera vers elle une partie de cet afflux.

Après les marchés, il faut visiter la *cathédrale* et la *grande Mosquée* accompagnée, dans tous les quartiers, d'édifices religieux d'obédience très variée, puisqu'il peut s'agir d'une secte se réclamant du christianisme, mais aussi du bouddhisme.

Dans le quartier de N'Gattakro, il est intéressant de rendre visite aux sculpteurs sur bois. Ce sera une bonne occasion de mieux connaître l'admirable style Baoulé.

Si l'on a la chance d'être présent à la bonne période, on profitera du carnaval, l'une des spécialités de Bouaké, qui dure une semaine aux alentours de Mardi-Gras et permet à l'extraordinaire imagination africaine de donner toute sa mesure. Même si la pratique du char décoré et du bonhomme carnaval, brûlé le dernier jour, vient d'Europe, cette imagination est assez forte pour conférer à ces réjouissances un caractère typiquement ivoirien.

Deux beaux exemples d'architecture

A quelques kilomètres, sur la route de M'Bahiakro, vers l'est, deux monastères de Bénédictins, pour les hommes et pour les femmes, ont, depuis longtemps, donné l'exemple de ce qu'on peut faire avec des matériaux locaux. Ici les murs sont en géobéton avec une structure très apparente de bois. Ces couleurs, ocre et brun foncé, ressortent merveilleusement sur la verdure des jardins, et le gris mat des bacs en aluminium revêtu d'isolant qui constituent les toitures très pentues, avec ventilation assurée par le vide régnant entre ces bacs et leur support de bois, loin de détonner, s'harmonise parfaitement avec elles.

A la sortie sud de Bouaké, de belles promenades sont à faire autour du barrage de Kan et de son joli lac.

Après une journée de voiture sur les pistes des environs, quelle détente que d'y flâner au coucher du soleil lorsqu'autour de soi la brousse s'éveille peu à peu aux bruits nocturnes, ou de se promener dans les sentiers qui serpentent dans toutes les directions.

(Voir renseignements pratiques p. 175.)

Dans tout le centre du pays, les potières sont particulièrement nombreuses et travaillent souvent sous le regard de leurs clients. C'est notamment le cas de Katiola, au nord de Bouaké, tandis que, dans le grand marché de celle-ci, s'étale une production similaire.

bouna

■ Pour beaucoup de fonctionnaires ivoiriens, une nomination dans cette petite agglomération perdue à l'extrémité nord-est du pays est considérée comme un exil : la trépidation urbaine ne risque pas effectivement d'y fatiguer les nerfs.

Mais ce calme même et la position stratégique de la ville au cœur d'une région riche en attraits variés font d'elle une halte que le touriste indépendant ne regrettera pas, même s'il a du mal à trouver un hébergement qui le satisfasse. Mais le pays Lobi vaut bien un peu d'inconfort.

En fait, ce pays fut d'abord habité par les Koulango, considérés comme figurant parmi les ethnies les plus anciennement installées en Côte d'Ivoire. Malgré les terribles razzias de Samory, ils ont réussi à se maintenir dans leurs villages et vivent d'ignames, de maïs, de sorgho, de riz et, dans les bas-fonds, de cultures maraîchères, spécialement de tomates. Mais pour le touriste, leurs villages n'ont pas le caractère et l'originalité des « soukhalas » Lobi.

Qu'est-ce donc qu'une soukhala ? C'est la résidence principale, mais pas unique, de ce peuple de semi-nomades qui viennent du Burkina Faso, où d'ailleurs ils se réfugient lorsqu'ils ont un peu trop braconné dans le parc de la Comoë, tout près.

Les Lobi, chasseurs et agriculteurs

Curieux peuple, ces Lobi. Essentiellement chasseurs – et prêts à la bataille pour peu qu'un œil féminin se pose sur eux et que leur bravoure puisse être jaugée – ils sont en même temps d'excellents cultivateurs dont les champs entourent leurs demeures aux bâtiments rectangulaires construits autour d'une cour centrale. Les murs, de terre et de bois, sont soutenus par des troncs d'arbres posés en contrefort et dominés par des toits-terrasses, souvent recouverts d'herbe. Car les pluies sont des fées qui feraient surgir des fleurs de poteaux télégraphiques. Ils sont commodes ces toits : on y fait sécher les récoltes, le linge fraîchement lavé et – les nuits de grande chaleur – tout le monde y dort. C'est dire qu'ils constituent une véritable salle de séjour de plein air, et cela explique au voyageur pourquoi il aperçoit tant de silhouettes se mouvoir au sommet des maisons !

Chaque soukhala abrite une famille entière : le père, ses femmes, les enfants mariés et non mariés, les petits-enfants. Cela peut faire beaucoup ! Certes, l'intérieur des pièces, éclairé par quelques ouvertures circulaires, reste dans une éternelle pénombre. Qu'importe, puisque devant la porte un auvent, soutenu par des troncs d'arbres, ou une véritable loggia, abritent la vie diurne et les activités ménagères. Entre les bâtiments, le mil et le sorgho sont entreposés dans des greniers ronds, en terre comme les habitations, mais coiffés de chaume. Pour sécher les épis de maïs, les Lobi construisent aussi une autre forme de grenier sur pilotis, sous lequel ils entretiennent un feu dont la fumée empêche le maïs de pourrir.

Du mil et du sorgho, ils tirent une boisson rafraîchissante dont le goût tient à la fois de la bière et du cidre. De grands récipients posés dans la cour familiale lui sont consacrés. Des calebasses allongées, fermées latéralement, sont suspendues sous les auvents. Elles servent à transporter aux champs les jeunes poussins pour leur permettre de picorer en paix sous la surveillance des cultivateurs. Rentrés à la maison, ils seront réunis sous de vastes paniers aux branchages espacés, qui laissent passer l'air, mais empêchent les expéditions éclair des vautours en attente d'une bonne occasion.

Pendant longtemps, les Lobi sont restés des semi-nomades. Ils résidaient en un point, défrichaient le sol et le cultivaient jusqu'à ce qu'il leur semble moins fertile ou que le génie décide que le temps de partir était venu. Ils abandonnaient alors leur soukhala ou la revendaient et s'installaient ailleurs. Ce nomadisme explique que pendant si longtemps ils aient tacitement admis la suzeraineté des Koulango. Même dans les villages où ils se sont maintenant fixés, et où ils cohabitent avec ces derniers, la suzeraineté des maîtres Koulango est encore perceptible au fait qu'ils occupent généralement le centre de l'agglomération, les Lobi étant rejetés à la périphérie. Mais avec leur sédentarisation, ceux-ci prennent peu à peu conscience de leur valeur, et leur volonté d'indépendance s'accroît. Ils ont hélas, en même temps, tendance à abandonner leur architecture traditionnelle. Cependant, ils restent très attachés à leurs coutumes, notamment au Djoro, fête d'initiation qui a lieu tous les sept ans sur le bord d'une rivière où, il y a plusieurs siècles, les Lobi, venus d'Afrique de l'Est par le nord du Togo, disent les traditions, se seraient séparés en trois tronçons, l'un partant vers le Burkina, un deuxième vers le Ghana et le troisième vers le nord de Bouna. Pendant trois mois, on y apprend ces traditions et on y est circoncis. Puis a lieu la fête qui réunit tout le monde.

Danses et gaieté des Koulango

Les soukhalas les plus renommées se trouvent à *Pouon* où un groupe de quatre d'entre elles ne rassemble pas moins de six cents personnes. Malheureusement, au moment des pluies, Pouon, située de l'autre côté de la rivière Koulda, est inaccessible depuis Bouna. Mais en suivant la route du Burkina Faso, « navigable » même en septembre, quand les routes risquent le plus d'être embourbées, on peut encore voir d'assez nombreux exemples de soukhalas de tailles variées. En quittant cette route, après Doropo, une petite piste à droite mène vers *Bienou*, comme Pouon à demi enterrée dans le sol, et comme elle très représentative de l'habitat Lobi.

Sur la route du nord, de nombreux bourgs, Lobi et Koulango, ombragés de manguiers, de karités, de nérés, se succèdent, entrecoupés par la savane et les rizières. S'y déroulent, successivement chaque jour de la semaine, des marchés intéressants. La population, amusée par l'apparition d'un Européen encore assez rare dans la région, adore que celui-ci se mêle aux groupes qui se pressent autour de quelque bonimenteur qu'il soit griot ou « dinamoir », c'est-à-dire prestidigitateur ou opérant des tours de passe-passe avec des pièces de monnaie. Chacun se pousse pour laisser passer l'étranger au premier rang.

Au cours des fêtes qui mettent parfois Bouna en effervescence pendant des nuits entières, l'étranger éprouvera le même sentiment d'adoption et d'intérêt amusé dans toutes les cours où se propagent spontanément les danses.

Elles sont nettement différentes ces danses, selon qu'il s'agit des Lobi ou des Koulango. Les Lobi restent presque exclusivement entre hommes et font preuve d'une excellente souplesse, d'une agilité remarquable et d'une musculature d'acier. Se mesurer à eux est bien imprudent. En revanche, se mêler aux danses des Koulango est une performance plus aisée pour un Européen. Elle soulève d'abord de l'étonnement, puis des acclamations enthousiastes. Ensuite, l'émulation entre danseurs, qu'ils soient africains ou européens, reprend de plus belle jusqu'à épuisement de ces derniers, plus vite hors de combat.

(Voir renseignements pratiques p. 175.)

■ A la limite ouest du pays Sénoufo, la région de Boundiali, très vallonnée et même dominée par quelques dômes granitiques, annonce déjà la zone montagneuse du nord-ouest et de l'ouest du pays. Comme tout le Nord, elle peut revêtir deux aspects totalement différents selon la période de l'année. Dès les premières pluies, elle explose de verdure, non seulement parce que le Sénoufo tire partie du moindre lopin de terre, mais aussi parce qu'entre les cultures se répand une herbe épaisse, grasse, haute, qui accroche le moindre rayon de soleil et s'inonde d'une lumière mouvante sous l'effet de la brise.

Vers décembre, tout change : les feux de brousse s'allument, l'herbe sèche flambe. Le visiteur, surpris précédemment par un aspect de pâturage normand auquel il ne s'attendait certes pas sous les tropiques, est encore plus désorienté lorsque ce pâturage verdoyant fait soudain place à un paysage austère, où vont dominer pendant plusieurs mois les teintes ocre et rouge du sol.

Bien comprendre le pays Sénoufo

Depuis Ferkessédougou, la route goudronnée, puis, après Korhogo, la piste en bon état allant vers l'ouest permettent au voyageur de bien comprendre ce pays Sénoufo, jamais monotone grâce à un relief ondulé et à différents cours d'eau. Parmi ceux-ci, le Bandama, qui n'a pas encore ici l'apparence d'un grand fleuve, mais plutôt d'une modeste rivière, ou la Bagoë, qui prend sa source à l'ouest de Boundiali et remonte ensuite vers le Mali. Des piroguiers malins mettent à la disposition des voyageurs qui remontent en voiture sur la route de Tingréla, à l'endroit où elle franchit la rivière, des pirogues qui les conduisent jusqu'à la boucle où aime se tenir un groupe d'hippopotames et vont ensuite jusqu'à Guingueréni. Le problème du retour est résolu si les touristes peuvent se partager en deux groupes dont l'un viendra en voiture jusqu'à Guingueréni et fera le trajet en pirogue dans l'autre sens. Sinon reste la solution de s'adresser à l'Agence Haury d'Abidjan dont l'un des accompagnateurs, Antonio, a découvert cette excursion, connaît le pays comme sa poche et trouve sans cesse de nouveaux villages pas encore détruits par le modernisme… ou le tourisme.

Car il peut être destructeur ce tourisme et engendrer des effets pervers quand il est demandé aux Sénoufo, excellents

Les danses Sénoufo ont une réputation internationale : au festival de Dakar, c'est une troupe de femmes ivoiriennes de la région de Boundiali qui a remporté un des prix.

agriculteurs, mais aussi danseurs, musiciens, artisans, d'abandonner leurs champs pour exhiber leurs talents à contretemps. Pour éviter cette situation, il faut savoir que forgerons, sculpteurs sur bois, tisserands, teinturiers, peintres sur tissu, se mettent à l'ouvrage surtout de décembre à avril. Quant aux danses, les voyageurs peuvent respecter le calendrier qui fixe la date des fêtes rituelles ou attendre les occasions, heureusement fréquentes, de réjouissances profanes, toujours accompagnées de musique et de danses. D'ailleurs, une séance forcée de la danse des Forgerons, en principe interdite aux non-initiés, laisse au touriste averti une grande impression de gêne.

Heureusement, l'ambiance est toute différente lorsque viennent se produire sur la « place du village » de l'hôtel Dala, à Boundiali, les troupes des hameaux environnants chargées de créer l'animation. Non seulement ces troupes prennent à cœur leur rôle et rivalisent entre elles pour occuper la scène, mais les habitants de la ville, toujours friands de spectacle et en particulier du N'Goron, danse propre à Boundiali, aiment à venir le soir, lorsque les travaux des champs sont finis, se mêler aux touristes sur les bancs rustiques faits de branches d'arbre. Peut-être bien d'ailleurs que ce qui les attire, c'est moins l'art chorégraphique de leurs concitoyens que le spectacle exotique offert par les touristes eux-mêmes. En fait, chaque groupe semble ravi de contempler l'autre.

Une expérience touristique originale

Le Dala n'a pas comme seul avantage d'héberger les voyageurs. En bavardant avec les habitants de la ville venus le soir se mêler aux touristes, on peut rencontrer des « initiés », en mesure d'expliquer ce que représente le « Poro », système global de vie, enseigné en cycles successifs durant chacun sept ans, fondement même de la culture Sénoufo. Nul ne peut espérer comprendre celle-ci et apprécier sa vigueur et son originalité, si personne ne lui a indiqué – dans les limites de ce qui est autorisé – la signification des danses, comment sont constituées les équipes de musiciens, quels sont les instruments et quel rôle est dévolu à chacun de ces derniers. A ses débuts, le Dala présentait un autre intérêt : cet hôtel a été créé sous forme de coopérative à laquelle ont participé tous les habitants, à la fois par une cotisation et par leur travail. Chaque village des environs a envoyé des maçons pendant plusieurs jours. Une société civile et immobilière a été créée, la Mutuelle de la Bagoé, dont les membres étaient les villageois et dont les revenus (les bénéfices réalisés par l'hôtel) étaient attribués, après vote de la collectivité, à l'amélioration des équipements communs. Il s'agissait là d'une forme de tourisme réellement « payante » pour les habitants eux-mêmes et très humaine, car le contact entre la population et ses visiteurs se faisait beaucoup plus naturellement que par les procédés touristiques habituels.

Malheureusement, avec les années, la bonne volonté des uns et des autres s'est lassée, et la gestion de l'hôtel est devenue plus classique, bien que les danses continuent à animer les soirées du Dala.

Une architecture intelligente

C'est un architecte ivoirien, Oumar Dao, qui avait conçu ce magnifique village. Hélas, si les briques faites sur place, avec de la terre stabilisée, ont prouvé qu'avec un peu d'imagination on pouvait fabriquer des matériaux locaux bien adaptés et moins onéreux que l'horrible ciment, la toiture de chaume, particulièrement belle, du restaurant n'a pas pu être ignifugée comme on le souhaitait, et la case, entièrement brûlée, a été depuis remplacée par un bâtiment en dur qui jure avec les cases-chambres. Dans celles-ci, nul besoin de climatisation : l'isothermie est assurée par la paille et la ventilation par le décollement au-dessus des murs du toit qui déborde largement de ceux-ci. De plus les arbres à fleurs, plantés à profusion autour des cases ont vite pris de la hauteur et en quelques années ont enfoui presque complètement le village sous la verdure. Un magnifique bosquet de manguiers a été laissé intact à l'entrée du village. Il donne aux clients, à l'époque où les fruits sont mûrs, le plaisir d'aller cueillir eux-mêmes leur dessert. Enfin, le vrai seigneur du Dala est un fromager immense qui domine la place où, la nuit, les danseurs évoluent autour d'un feu de camp. *(Voir renseignements pratiques p. 175.)*

comoë (parc de la)

■ L'ancienne réserve de Bouna, créée en 1953, puis transformée en parc national de la Comoë, le 9 février 1968, après avoir été le paradis des chasseurs est devenu celui des amateurs pacifiques d'animaux. Il était temps pour ceux-ci que ceux-là soient interdits. Grâce à cette sage décision, de très nombreuses espèces peuvent y vivre à peu près en paix et s'y reproduire normalement.

Pourquoi à peu près ?

Autrefois, le parc de la Comoë était habité par des Koulango dont les villages ont été détruits et reconstruits en dehors du périmètre de la zone classée. En paisibles cultivateurs qu'ils sont, les Koulango en ont pris leur parti. Mais il n'en a pas été de même, mais alors pas du tout, pour les chasseurs Lobi. Non seulement ils braconnent sans vergogne dans toutes les régions du parc, mais ils poussent l'impudence – et l'imprudence – jusqu'à venir y installer leurs campements avec femmes et enfants pendant la saison des pluies et y planter carrément leurs ignames et leur mil.

Ils savent bien que pendant ces mois où les pistes se transforment en bourbiers, et où les herbes dissimulent facilement leurs huttes de branchage, les malheureux gardes des Eaux et Forêts, chargés d'empêcher leurs méfaits, ont bien du mal à les repérer.

Gardes contre braconniers

Pendant la saison sèche, de décembre à mai, lorsque le parc est ouvert, les braconniers se replient sur leurs bases ou du moins se font plus discrets : les touristes sillonnent alors facilement toutes les pistes. Les gardes font des patrouilles aussi bien en voiture qu'à pied pour mieux surveiller les zones sans voies carrossables. Bien que les Lobi, enfants du pays, aient une parfaite connaissance de chaque repli de terrain, des cours d'eau, des zones préférentielles de telle ou telle espèce animale, ils sont donc souvent pris sur le fait. Pris, mais quant à les arrêter, c'est une autre histoire : mettre la main au collet d'une dizaine de gaillards armés de fusils et d'arcs quand on est seul et que l'on tombe par hasard sur un de leurs campements équivaudrait à un suicide. Mais chose étonnante, lorsqu'un braconnier isolé a été identifié, non seulement il ne nie pas les faits, mais revenu dans son village de base, il paye l'amende sans barguigner. Et elle est lourde pour un récidiviste, puisqu'elle peut atteindre cent cinquante mille francs

CFA et même plus. Les choses se passent généralement fort paisiblement, sous l'arbitrage d'une autorité politique locale qui fait payer les récalcitrants et verse aux gardes… une pluie de pièces de cent francs. Le coupable assiste, souriant, à l'opération : pour compenser l'amende, il braconnera de plus belle.

Malgré tout, la surveillance vigilante des gardes est efficace et endigue suffisamment les tueries pour que les animaux soient en progression constante. Ce n'est malheureusement pas le cas pour les éléphants, qui continuent à être décimés par des équipes remarquablement organisées venant souvent des pays limitrophes. Il ne s'agit plus là de simples Lobi chassant pour se ravitailler en viande, mais de trafiquants d'ivoire.

Les connaisseurs, dont en premier lieu les gardes, recommandent particulièrement deux circuits qui ont, pour les touristes pressés, des atouts considérables : ils se trouvent en périphérie du parc, l'un au sud, l'autre au nord, et sont pourvus d'un équipement hôtelier.

Dans le triangle de Kakpin

Celui du sud part de Kakpin, monte jusqu'à la Comoë et redescend en formant un triangle jusqu'au poste de Gansé. De l'avis général, pendant la saison sèche, il n'est pas rare de pouvoir observer dans cette zone toutes sortes d'espèces.

A *Kakpin* existe un campement relativement rudimentaire, mais très apprécié par tous ceux qui aiment vivre en contact réel avec la nature. Au lever du jour, on peut voir de nombreux animaux se déplacer dans les grandes plaines coupées de galeries forestières.

Au confluent de la Comoë et de son affluent l'Iringou, une terrasse naturelle domine les deux grands fleuves d'une vingtaine de mètres, au milieu des arbres. Chose assez exceptionnelle, surtout près de cours d'eau, les mouches tsé-tsé en sont absentes, alors que dans d'autres zones du parc, elles harcèlent gardes et visiteurs.

A *Gansé*, un hôtel de très bonne catégorie avait été construit. Il est actuellement (1994-1995) fermé. Son avantage était d'être situé au sud du parc, donc dans une zone entièrement différente de celle où est implanté le Safari Lodge Hotel. Végétation et même faune varient du nord au sud. De plus, la capacité hôtelière du parc exigeait ce complément parfait. Mais Gansé peut renaître un jour ou l'autre.

Un autre itinéraire privilégié

C'est de Ouango-Fitini que part le deuxième itinéraire. Il descend plein sud jusqu'au carrefour Bouin, après s'être élevé le long du mont Wabelé, tourne à droite pour suivre approximativement le cours de la Comoë, puis remonte vers le nord à *Bavé*. Là encore, les animaux abondent.

Mais les voyageurs qui disposent de plusieurs jours pour visiter le parc peuvent faire beaucoup mieux : en une journée il est facile, en partant du Safari Lodge, de longer la lisière nord du parc pour rejoindre Bavé, descendre jusqu'à la Comoë et, au carrefour Bouin, continuer jusqu'au carrefour Gawi et rejoindre sinon Gansé du moins Kakpin après avoir traversé à gué le confluent Comë-Iringou.

Cet itinéraire relie les deux régions renommées comme contenant le plus d'hippopotames, d'éléphants, de buffles, de lions,de cobs de Buffon, de cobs Defassa, d'antilopes, etc. C'est donc mettre vraiment le maximum d'atouts dans son jeu que de le parcourir. Naturellement, il est possible de le descendre directement de Ouango-Fitini par la belle route du mont Wabelé.

Les voyageurs arrivant de Ferkessédougou pénétreront dans le parc par le poste de *Lingba* pour rejoindre la piste venant de Bavé, en traversant la Comoë sur un pont.

Un autre trajet est réalisable en une journée à partir de *Kakpin*, pour rejoindre le *carrefour Gawi*. Là, deux possibilités : soit prendre la piste qui se dirige au nord-est vers *Saye*, après avoir longé le mont Biélérazi et traversé l'ancien village de Biélinko maintenant en ruine, soit emprunter la piste de droite qui va plein est jusqu'à *Bania*. Dans les deux cas, la route franchit l'Iringou… quand il n'a pas débordé. De la route de Bania, de jolies vues s'offrent sur le mont Pélékaï d'un côté, sur le mont Boutourou de l'autre. En réalité, il ne s'agit pas de pics isolés, mais de véritables chaînes de collines qui animent un paysage de savane arbustive, parsemée de « bowe », carapaces latéritiques grises et arrondies qui font penser au dos courbé d'un éléphant.

(Voir renseignements pratiques p. 176.)

Parfois, au détour d'une clairière ou émergeant des hautes herbes de la savane, il arrive de voir surgir un tel groupe de gracieuses antilopes. Les parcs nationaux leur assurent la protection (photo M. et A. Kirtley/Éditions du Jaguar).

dabou

■ Séparé par la lagune Ebrié de la longue étendue sableuse où s'échelonnent des villages de pêcheurs en bordure de l'Océan, Dabou a pendant longtemps été le comptoir commercial le plus prospère de la zone sud-est.

Ce fut un des plus anciens fortins et postes militaires installés par l'armée française puisque créé par Faidherbe en 1853, bien avant par conséquent la naissance officielle de la colonie de Côte d'Ivoire. Il s'agissait alors de surveiller les lagunes. Devenu chef-lieu de cercle en 1896, Dabou ne tarda pas à devenir une importante sous-préfecture agricole de dix mille habitants, avec un taux de scolarisation particulièrement élevé.

La magnifique palmeraie naturelle qui l'entourait autrefois s'est transformée en une exploitation modèle, sous le contrôle de la Sodepalm. Au nord, elle est cernée par la forêt. Seule exception à cet environnement boisé, une étendue de savane forme clairière, à proximité de Dabou, autour des villages de *Pass*, *Cosrou*, *Yhouli*.

D'abord essentiellement consacrée au commerce de l'huile de palme, la région s'est peu à peu partiellement convertie à l'hévéa, au café, au cacao, aux arbres fruitiers et à de nombreuses cultures vivrières.

Depuis Abidjan, le paysage apparaît surtout comme une succession de bananeraies bordant la route des deux côtés. Ce n'est qu'en remontant vers N'Douci, après Dabou, que l'on est frappé au contraire par la diversité des plantations. Visiter l'une de ces exploitations fait pénétrer dans un univers qui semble aussi loin que possible de la vie abidjanaise, pourtant si proche.

Mais juste après Dabou, sur la gauche, des pistes conduisent aux villages Adioukrou, groupés entre la route goudronnée et la lagune, à travers le moutonnement régulier des palmeraies.

En septembre, fêtes de génération

C'est un peu avant la rentrée des écoles, en septembre, qu'il faut visiter ces villages, dans lesquels se célèbrent tous les ans, à tour de rôle, les fêtes traditionnelles de génération. Elles consacrent l'entrée parmi les adultes d'une classe de jeunes adolescents, groupés par tranches d'âge de six à huit ans.

Ces fêtes durent généralement une semaine entière, pendant laquelle les néophytes passent par des phases d'initiation, de recueillement, de brimades (qui rappellent celles qu'il est de tradition de faire subir aux « bizuths » des grandes écoles occidentales), puis, après une dernière épreuve, de liberté complète et de réjouissances. Les Adioukrou accordent une grande valeur symbolique à l'or, comme tout le groupe Akan, bien que celui-ci vienne de l'est, alors qu'eux-mêmes se prétendent originaires de l'ouest. Pendant ces fêtes, les familles des jeunes gens exposent, sur leur personne ou sur de longues tables, toutes leurs possessions en or. Celui-ci ne doit jamais être commercialisé et chaque génération doit au contraire enrichir le trésor familial.

Le chef veille sur la tradition

Il vaut mieux, si l'on s'intéresse à ces festivités, ne pas tomber le jour où les héros de la semaine sont relégués chez eux, les cheveux tressés comme ceux des femmes, le corps enduit de la pommade réservée aux jeunes accouchées. Comme ils doivent rester enfermés dans leur chambre, le village manque d'animation. Seules, pendant ce temps, les futures jeunes épouses, qui attendent l'entrée officielle des garçons dans l'âge adulte pour se marier, se réjouissent de n'avoir plus que quelques jours à attendre. Elles dansent et chantent en se brocardant mutuellement sous le regard goguenard de leurs aînés.

Quant au chef du village et à ses adjoints, ils surveillent leurs concitoyens pour s'assurer que les usages sont respectés. Si un étranger se présente, il ne manquera pas de cicerone pour lui expliquer ces coutumes. Les plus enthousiastes seront souvent ceux qui sont partis travailler loin de leur village, mais ne manquent pas d'y revenir pour ces fêtes, vêtus du pagne traditionnel, drapé comme une toge romaine.

(Voir renseignements pratiques p. 176.)

daloa

■ Située dans une grande clairière coupée par un petit marigot, le Tetegbeu, Daloa est entourée d'une zone de forêt. Sa population de base se compose de Gouro, de Baoulé, de Beté, auxquels sont venus se joindre des commerçants Dioula et des Maliens. Bien que cohabitant sans problème, ces ethnies ne se mélangent pas : chacune a son propre quartier.

Pour le touriste, Daloa est une étape commode qui lui permet de scinder en deux le long trajet entre Man et Abidjan ou entre Bouaké et Man. Mais cela ne veut pas dire que la ville n'ait aucune ressource à offrir à ses visiteurs.

La première d'entre elles est un centre artisanal où abondent les sculpteurs sur ébène et ivoire et les bijoutiers.

Entièrement refait, à proximité de l'hôtel des Ambassadeurs, ce centre n'a plus rien à voir avec l'ancien. Il se compose de petites boutiques bien aérées, reliées par des passages dallés légèrement couverts de plantes grimpantes. Si l'on n'y trouve plus d'« antiquaire » sénégalais aux coffres pleins de merveilles prometteuses (d'après ses dires), on y admire les créations de bijoutiers travaillant l'or et l'argent à la perfection, des sculpteurs sur bois qui se sont fait une spécialité de petits objets d'ébène représentant des animaux (porte-couteaux par exemple). Mais la grande nouveauté par rapport à l'ancien centre est l'introduction de boutiques de vêtements, sacs, chapeaux, la plupart du temps en tissu de pagne, matelassé pour les sacs à dos.

Il faut noter surtout la différence de présentation. Autant les anciens locaux étaient sordides, autant les nouvelles boutiques en briques sont jolies, bien aérées. Dernier agrément, la gamme étendue des prix : du superbe bracelet coûtant 300 ou 400 000 F CFA à la casquette ou bijou fantaisie à 2 000 F CFA.

Daola est fort bien équipée non seulement en hôtels, mais aussi en boîtes de nuit. Voilà qui ne met pas en condition pour se lever avant l'aube afin de visiter le *parc de la Marahoué* : Pourquoi si tôt ? Non parce que la route est longue jusque-là, mais parce que l'on a décidé que c'était à ce moment – ou au coucher du soleil – que les animaux étaient vus le plus facilement. Certains prétendent pourtant que par aube il ne faut pas entendre le moment où la terre est faiblement éclairée, mais celui où le soleil commence à la chauffer. Les animaux se mettraient à couvert, donc deviendraient invisibles, lorsque la température s'élèverait trop à leur goût.

Si c'était exact, cela signifierait que pendant la saison fraîche, il devrait être possible de les apercevoir presque à toute heure... Hélas ! Pendant cette période, les herbes sont tellement hautes que les antilopes, bubales, cobs, etc., ne signalent leur passage que par un frémissement du tapis végétal.

Les deux pistes conduisant aux « points de vue », bien signalés par des écriteaux, aboutissent au sommet de deux collines, dont le *mont Seninlego*, d'où l'on domine toute la savane du parc. Il ne peut exister de meilleur observatoire pour se mettre à l'affût. Si la chance veut qu'une horde galope dans cette immense plaine ondulée, c'est un plaisir de pouvoir la suivre longtemps des yeux. Sinon il reste le paysage, paisible et imposant.

Ouvert depuis 1968, le parc est parcouru par un réseau routier assez faible pour ses 101 000 hectares. D'importants projets de pistes et d'implantation d'une infrastructure d'accueil sont en cours d'étude. Lorsque toutes les zones de la réserve seront accessibles, peut-être alors sera-t-il plus facile de rencontrer, outre les animaux déjà cités, les éléphants, les buffles, les hippopotames et les singes qui, paraît-il, y abondent.

Même si le touriste déçu est tenté de douter de cette présence, plusieurs faits le feront réfléchir : d'où vient donc l'ivoire travaillé dans le centre artisanal ? Et quelle est cette « viande de brousse » servie dans un village juste au sortir du parc, après Gobazra, à tous les routiers dont les camions stationnent au bord de la route vers sept ou huit heures du soir ?

Après une deuxième nuit à Daloa, le touriste éclairé se rend le lendemain matin à *Tapia*, sur la route d'Issia. Une attraction l'y attend. Une troupe de petits singes guette tous les jours à dix heures précises l'arrivée des visiteurs. Ceux-ci doivent débourser cent ou deux cents francs pour l'achat des bananes. Le préposé – à la cueillette et à l'encaissement – les fait alors asseoir en rang d'oignons sur des chaises et procède au rassemblement des singes à grands coups de bâton sur les arbres. Il se trouve toujours quelques affamés, par l'odeur alléchés, pour venir saisir prestement les rondelles de banane découpées sur une planche par ledit préposé et pour jeter négligemment les épluchures du haut des arbres. Cent francs supplémentaires sont destinés à la ménagère chargée de balayer ces épluchures. « Il faut bien que tout le monde vive », se dit le touriste, saisi de fou rire en réalisant le ridicule qu'il y a à venir docilement, à heures fixes, distribuer bananes et pièces de cent francs.

(Voir renseignements pratiques p. 176.)

dimbokro

■ La région de Dimbokro, habitée par des Agni et des Baoulé, a été métamorphosée lorsque le chemin de fer l'a atteinte, en 1910. Jusque-là à l'écart des grandes voies de communication, dépourvue de puits, elle était le terrain d'élection des vers de Guinée, véritable plaie véhiculée par l'eau trouble que les paysans étaient contraints de boire faute de mieux.

Ce désenclavement indispensable a provoqué une réaction en chaîne : pour drainer vers les gares et les travailleurs du rail les marchandises et la nourriture nécessaire, des pistes ont été ouvertes à travers la forêt et les galeries forestières, coupées de savanes à rôniers. Les produits naturels de la région : ignames, noix de cola, réputées depuis pour leur saveur particulière, kapock, mieux exploités, ont apporté aux habitants de nouvelles ressources.

Enfin, l'amélioration des communications a favorisé l'implantation, vers 1920, d'une culture nouvelle, le cacao, tant et si bien que le département est devenu peu à peu l'un de ses plus grands producteurs en Côte d'Ivoire.

L'ancienne « boucle du cacao »

A partir de Dimbokro se sont développés de gros bourgs, jalonnant ce qu'il est convenu d'appeler la « boucle du cacao ». Celle-ci est parcourue par une route bitumée. L'alternance de la forêt et de la savane, d'étendues plates et de collines rocheuses, rend ce circuit attrayant. De nombreux visiteurs, venant de Bouaké ou d'Abengourou, aimaient prendre ce chemin des écoliers pour revenir à Abidjan, sans grande fatigue supplémentaire. Cela leur permettait de visiter au passage l'une des nombreuses plantations en plein essor. Malheureusement, toute la région se trouve actuellement dans une période de déclin sur le plan des cultures de cacaoyers et caféiers, par suite de la sécheresse, du déboisement excessif, d'une surexploitation des sols, ainsi que du vieillissement des arbustes.

Il faudra certainement que la ville se plie à une reconversion, déjà amorcée avec l'installation d'une usine de textile. Peut-être devra-t-elle faire preuve d'imagination comme sa voisine *Daoukro*, qui a organisé chez elle un Festival de théâtre ?

(Voir renseignements pratiques p. 176.)

La région du Nord se caractérise par des mosquées aux formes très particulières : leurs murs de terre sont maintenus par des pieux en bois dont les extrémités hérissent la façade…
Mais, malheureusement, il en reste de moins en moins.

ferkessédougou

■ Dernière grande ville sur l'axe routier pénétrant au Burkina Faso et importante étape de la voie ferrée qui suit à peu près le même parcours, Ferké, comme tout le monde l'appelle familièrement, a essentiellement vécu de passage pendant longtemps bien que le Sénoufo qui domine dans cette ville du nord soit un excellent agriculteur. Le coton, culture traditionnelle, est un des éléments caractéristiques des paysages de savane. Le riz a pris une importance plus récente, comme le maïs, contrairement au mil, sorgho, manioc, igname, produits dans tous les jardins familiaux. En outre, la région (Sinematiali) est réputée de nos jours pour ses tomates délicieuses que les habitants – et les restaurateurs – considèrent comme bien meilleures que les produits d'importation.

Enfin, une raffinerie de sucre, puis une deuxième, ont été construites à une dizaine de kilomètres de la ville, pour traiter les centaines d'hectares de canne à sucre nouvellement plantés. Cette culture, jusqu'ici inconnue en Côte d'Ivoire, s'y acclimate parfaitement. C'est au point que la production totale des raffineries de sucre réparties dans la région nord suffit à la consommation intérieure.

Ces réalisations ont donc apporté à la Côte d'Ivoire l'avantage de pouvoir, d'ores et déjà, supprimer toute importation de sucre, et à la ville une nouvelle richesse.

Ferkessédougou est une excellente étape pour ceux qui montent d'Abidjan afin de visiter le pays Sénoufo, à l'ouest, ou le parc national de la Comoë, à l'est.

Mais on peut également s'y arrêter avant de continuer vers Bobo-Dioulasso et le Mali par exemple ou Bobo-Dioulasso et Ouagadougou, capitale du Burkina. Le ministère du Tourisme, avec la collaboration de la Maison de l'Afrique, à Paris, étudie des circuits inter-Etats de ce type qui ne pourraient qu'être bénéfiques pour tout le monde. Certaines agences comme l'Agence Haury ont déjà des excursions englobant Bobo-Dioulasso et l'ensemble du pays Sénoufo de Côte d'Ivoire.

Sur la piste des mosquées anciennes

Ferkessédougou fut fondée il y a un siècle par Ferkessé, réfugié de Kong, vieille cité renommée pour ses mosquées et ses médersah. La ville possédait autrefois un lieu saint de même style, c'est-à-dire fait d'épais murs de banco plaqué sur une ossature de poutres de bois dont les extrémités pointaient hors des parois. Des contreforts très apparents ponctuaient les façades et se terminaient en forme d'obus ou de pyramide.

Si la mosquée de Ferkessédougou a été détruite il y a une dizaine d'années pour faire place à un édifice plus moderne, de part et d'autre de la ville on aura le loisir d'admirer d'autres mosquées et non des moindres.

D'abord celle de *Kawara,* sur la route du Burkina Faso, à 97 km au nord de Ferké, surprenante par ses dimensions, en superficie et en hauteur, datant du XVIIe siècle, et dont le matériau issu du sol prend les mêmes reflets que lui au fur et à mesure que change la lumière. Sa couleur rouge semble s'estomper à l'heure où le soleil écrase le paysage. Mais le soir, juste avant le crépuscule, elle reprend toute sa valeur, tandis que les ombres portées en accentuent tous les contours.

Des mosquées classées

Dans la même région nord, il existe encore une dizaine de mosquées similaires qui ont été récemment classées comme monuments historiques et ne seront donc pas supprimées. C'est le cas par exemple de celle de *Sorobango*, près de Kong (signalons un ouvrage paru chez Ceda sur les vieilles mosquées du nord de la Côte d'Ivoire). Comme tout le pays Sénoufo, Ferkessédougou est au cœur de villages de potiers, forgerons, tisserands, fondeurs de bronze qui coulent notamment de belles figures pour les amulettes et des bagues à tête de taureau.

Enfin, à l'occasion des funérailles de personnalités, on a parfois la chance d'assister à d'extraordinaires cérémonies avec danses, chants, orchestres.

(Voir renseignements pratiques p. 176.)

fresco

■ Pour le touriste sans voiture venant de Sassandra, Fresco n'est pas accessible directement, aucun taxi de brousse ne reliant les deux villes. En revanche, un baka part tous les jours de Divo (se renseigner à la gare routière). Naturellement, cela suppose de coucher au moins une nuit à Fresco et même à Divo.

Deuxième possibilité : l'hôtel Djiboua de Divo envisage de créer des excursions comprenant Fresco. Mais elles ne peuvent avoir lieu qu'à partir d'un minimum de participants.

Fresco, située entre l'Océan et la *lagune Ngni*, à l'embouchure de la Bolo, est un véritable enchantement. Le village neuf, construit sur une plate-forme, domine à la fois la Bolo et la lagune. Pour gagner l'ancien Fresco, il faut emprunter une pirogue.

Ce petit village de pêcheurs Kagnoa et Godié fut jusqu'à la fin du siècle dernier un important comptoir, puisque s'y juxtaposaient des maisons de commerce anglaises, portugaises, hollandaises et françaises.

Cette gloire éphémère s'est dissipée. Les pêcheurs semblent s'en être accommodés et ce ne sont certainement pas les rares touristes qui s'en plaindront, lorsqu'après un trajet délicieux sur la lagune, ils reviendront dans ce hameau à demi assoupi.

En chemin, ils auront longé une presqu'île en forme de défense d'éléphant : elle annonce ainsi franchement la couleur, car, étant totalement inhabitée, elle est devenue une véritable réserve où cohabitent ces pachydermes, avec des hippopotames, des singes et même, dit-on, des panthères.

Des nautiles pour les chercheurs

Du village, lorsque la marée est basse, la falaise à pic qui le domine à l'ouest est accessible à pied sec. Celui qui l'escalade ne tarde pas à en être récompensé : comme une carte de géographie, lui apparaît dans sa totalité la topographie assez compliquée de la lagune et de la rivière dont il est difficile au premier abord de définir les domaines respectifs.

Cette falaise attire plus particulièrement les scientifiques, car elle contient des nautiles exceptionnels en Côte d'Ivoire.

Autrefois, avant que n'existe la piste, le seul accès de Fresco était constitué par un étroit chenal que l'on suppose avoir été creusé par l'ancien lit du Bandama, dont le cours s'est ensuite déplacé beaucoup plus à l'est. Ce chenal reliait Fresco à Eboncu. Malheureusement, il est actuellement ensablé. C'est d'autant plus dommage que les « pétrolettes » (chalands à moteur cabotant sur la lagune, d'Abidjan à Ebonou) permettraient d'atteindre Fresco sans problème si le chenal était dragué.

Un gîte à la mission

Il serait également souhaitable qu'un campement-hôtel, même modeste, soit construit. Actuellement, la seule possibilité de logement est offerte par la Mission qui ne refuse pas de dépanner le malheureux à qui l'on avait faussement appris l'ouverture d'un petit hôtel. Cela deviendra peut-être vrai. Mais pour le moment il faut camper sur la plage.

Cela n'a rien de dramatique, et le plaisir procuré par les promenades en pirogue compense largement le manque de confort de ces nuits à la belle étoile. Il faut en effet absolument prendre le temps de suivre les contours sinueux de la lagune et remonter le cours de la Bolo. Les racines aériennes des palétuviers forment parfois de véritables tunnels qui débouchent sur de vastes espaces libres.

Nulle monotonie à craindre pendant ces explorations : on ne sait jamais s'il ne sera pas obligatoire de rebrousser chemin quand les eaux trop hautes ne laissent pas assez de place sous les branches ou, au contraire, lorsque la pirogue vient s'échouer sur un banc de sable, découvert par le niveau trop bas de la rivière. Et le navigateur retrouve son âme d'enfant en jouant ainsi à Robinson.

Il est encore trop tôt pour mesurer l'impact de l'ouverture de la route côtière sur le développement de Fresco. On est partagé entre la crainte de voir ce petit paradis devenir la proie d'un tourisme de masse et le désir de pouvoir s'y rendre plus facilement. Pour tous ceux qui rêvent d'une nature vierge ou demi-vierge, il est en tous cas prudent d'aller profiter du calme de celle-ci avant qu'elle ne soit envahie.

(Voir renseignements pratiques p. 177.)

Tout le long de la côte, à une distance variable du rivage, la « barre » se manifeste par d'énormes rouleaux déferlant par séries séparées par une accalmie plus ou moins nette. C'est l'art et la technique des piroguiers que de savoir profiter de ce moment d'apaisement relatif pour traverser une zone très dangereuse (photo L. Giraudineau/J.A.).

gagnoa

■ Curieusement cette ville et ses environs, relativement près de Sassandra qui était connue depuis des siècles, n'ont été approchés par la colonisation que bien après les villes de la côte et même après Daloa et Issia, pourtant plus au nord.

A cela une double raison. Les collines, séparées ou même enserrées par le nœud coulant de rivières parfois marécageuses, se défendaient contre toute pénétration par leur forêt inextricable. Quant aux habitants Beté, cet isolement même, générateur de méfiance à l'égard d'un milieu à l'atmosphère inquiétante, ne les prédisposait pas à attendre grand bien des étrangers. Ils s'opposèrent donc farouchement à la construction de routes qui ne pouvaient que faciliter l'arrivée de probables ennemis.

Les cultures ont remplacé la forêt

Pourtant cet état d'esprit s'est transformé après les premiers contacts, et les Beté ont admis depuis que la coexistence pacifique, du moins avec leurs frères, pouvait être payante.

Autrefois décimée par de graves disettes, la population s'est très bien adaptée aux nouvelles cultures, au point que les plantations de café et de cacao, les palmiers, les bananiers et les différentes cultures vivrières ont presque partout remplacé l'impénétrable forêt primaire. Pour retrouver celle-ci, il faut désormais aller plus à l'ouest, presque jusqu'au Sassandra.

Aux Beté, animistes, appartenant au groupe des Krou, originaires du Liberia, se sont joints des immigrants venus de l'étranger, ainsi que des autres régions de Côte d'Ivoire.

La création d'une route bitumée entre Gagnoa et Soubré se raccordant à celle qui reliait Gagnoa et Abidjan a favorisé le développement de ces deux villes, puisqu'il était préférable de passer par elles pour aller d'Abidjan à San Pedro. Et le bitumage du tronçon Gagnoa-Man-Odienné ne pouvait que donner à la ville une importance grandissante.

Un équipement hôtelier très confortable faisait de cette ville une étape agréable pour le voyageur qui d'Abidjan se rendait à Sassandra ou San Pedro et, après une nuit à Gagnoa, descendait

ENFIN LA CHARTÉRISATION !

■ *Le 11 septembre 1994, Jacques Maillot, président de* Nouvelles Frontières, *inaugurait le vol charter à destination d'Abidjan. C'était l'aboutissement de longues années de discussions avec la direction d'Air Afrique qui voyait d'un mauvais œil un prix de billet compris entre 2 800 FF et 3 900 FF, pour un séjour de une à quatre semaines.*

Depuis le 1er samedi d'octobre, chaque samedi part dans chaque sens un vol de nuit qui arrive à destination le dimanche matin. Si, depuis Paris, sont acceptés tous les voyageurs, y compris des Ivoiriens vivant en France, pour l'instant les Ivoiriens ne sont pas autorisés à bénéficier de ces charters dans le sens sud-nord. Cette condition, qui ne fait pas l'affaire de Nouvelles Frontières *puisqu'elle occasionne parfois des places vides au retour, a été imposée par Air Afrique qui, par ailleurs, veille de très près à ce que soient évités au maximum les vols secs, c'est-à-dire sans forfait – séjour ou circuit touristique. Mais le but de ces charters est d'inciter le plus grand nombre à se rendre en Côte d'Ivoire, y compris ceux qui séjournent dans leur famille et l'on ne peut obliger personne à aller à l'hôtel.*

Dans une interview donnée le 30 novembre au journal ivoirien Fraternité-Matin, *Jacques Maillot indiquait un quota de vols secs d'un maximum de 25 % mais ajoutait que si dans les premières semaines les clients étaient généralement des voyageurs individuels, il existait à* Nouvelles Frontières *un département collectivités s'adressant à des comités d'entreprise, des associations, des clubs du troisième âge, pour lesquels la formule est évidemment celle du voyage-forfait comprenant séjours et/ou circuits. Cela*

gouessesso

plein sud vers Sassandra. Mais voilà que la côtière, par ailleurs si utile, risque d'ôter une partie de son animation à Gagnoa : il est hors de doute que tous les groupes touristiques allant à San Pedro, Sassandra ou Grand Bereby l'emprunteront désormais.

Une vue panoramique superbe

Les voyageurs indépendants, eux, auront intérêt à prendre à l'aller ou au retour l'ancien itinéraire, passant par Tiassale, bâtie sur une falaise rocheuse d'où la vue surplombe le Bandama, coupé de plusieurs rapides.

Quant à ceux qui désirent se rendre dans la région de Man, ils passeront toujours par Gagnoa et le pays Beté aux forgerons et sculpteurs renommés dont l'art se caractérise par des masques surchargés de crocs et de cornes, qui leur donnent un aspect dramatique et qui évoquent, pour les conjurer, les puissances démoniaques.

(Voir renseignements pratiques p. 177.)

■ Entendre vanter partout les mérites d'un site donne souvent au voyageur individualiste l'envie irrésistible de ne pas y aller ou, s'il cède au courant, de tout dénigrer. Or sur tous les documents vantant la région de l'Ouest, dans tous les circuits organisés, Gouessesso figure en tête de liste. Il y a donc de quoi en être lassé à l'avance. Eh bien, même avec le parti pris le plus éhonté, il faut convenir que cette intégration d'un motel moderne à l'intérieur d'un village traditionnel est une réussite totale.

L'architecte a gagné un pari difficile en réalisant des chambres, un bâtiment d'accueil, un restaurant, un bar pourvus de tout le confort, sans que ces constructions neuves jurent le moins du monde avec les cases du vieux village, même lorsque les unes et les autres sont côte à côte.

La piscine, dissimulée par la longue paillote, se voit à peine. Le tennis disparaît complètement au milieu de la végétation touffue qui recouvre le fond du vallon.

En revanche une piste ronde, sur laquelle s'organisent souvent spontanément les célèbres danses Yacouba, occupe une position centrale au sommet

semble d'ailleurs une excellente formule pour tous.
Quand on examine les prix consentis à Nouvelles Frontières *par des hôtels de qualité comme Ibis ou le Golf Hôtel pour des séjours d'une semaine, parfois en demi-pension, on se rend compte que l'économie réalisée par rapport à ce que doit payer un étranger venant par ses propres moyens est parfois considérable.*
En ce qui concerne les circuits, la collaboration avec l'agence Haury, *correspondante de* Nouvelles Frontières, *est un gage de réussite. Qu'il s'agisse du grand tour par Korhogo, Man, la côte sud-ouest, en deux semaines, ou des circuits Sénoufo et Yacouba en une semaine.*
Elle est dirigée de main de maître par Thérèse Haury qui habite le pays depuis trente ans et le connaît comme sa poche, avec la collaboration d'accompagnateurs comme Antonio qui cherche sans cesse et teste de nouveaux villages ou les sites ayant conservé leur authenticité et leur beauté, ou celle de Daniel Paire, directeur de l'hôtel Kadjona de Korhogo qui, dans la même optique, met toutes ses connaissances, en particulier celles concernant la faune et la flore, à la disposition des touristes faisant partie de ces circuits, et souvent les accompagne.
Il faut bien reconnaître que ceux-ci découvrent – au moindre coût et à la moindre fatigue – bien des aspects de Côte d'Ivoire qui leur resteraient autrement inconnus. Notons aussi la perspective, envisagée par Jacques Maillot, d'un hôtel Nouvelles Frontières, *peut-être dans le sud-ouest, qui permettrait de profiter de ses plus belles plages.*

La région montagneuse de l'ouest, autour de Man, comprend encore des villages à peine touchés par la lèpre de la tôle ondulée. Sirra en est un exemple avec ses cases rondes traditionnelles et ses toitures de chaume accrochées à leur structure métallique faîtale (photo M. Ascani/Hoa-Qui).

grand bassam

de la colline, c'est-à-dire dans la partie la plus ancienne de Gouessesso. Malgré son sol cimenté, elle ne gêne guère, dans le cadre traditionnel, et elle permet à tout le monde, habitants et parfois touristes, de danser sans provoquer de nuage de poussière et sans trébucher sur un sol caillouteux et fortement incliné. Lorsque la saison bat son plein, on y raconte des histoires de chasse rocambolesques, car les Dan ou Yacouba sont des chasseurs « initiés » et protégés par des « masques » spéciaux, accompagnés de leurs musiciens attitrés.

Même lorsque l'hôtel est fermé, de juin-juillet à novembre, les maisons inoccupées ne semblent pas abandonnées, mais tout au plus assoupies. Nulle mélancolie ne s'en dégage, car c'est aussi l'époque où les arbres à fleurs plantés entre les bosquets se présentent sous leur meilleur jour. C'est un enchantement, c'est le palais de la Belle au bois dormant. Cette « Belle » apprécie-t-elle d'être réveillée de son sommeil par des hordes successives de princes charmants ? Il semble que oui : elle est bonne fille et, comme ses concitoyens du village, elle apprécie les étrangers qui s'intéressent à ses beaux yeux. Mais peut-être préférerait-elle que la cadence habituelle se ralentisse un peu... Comment faire connaissance avec des gens qui ne restent qu'une nuit ?

D'ailleurs, les voyageurs indépendants sont de plus en plus tentés par un séjour un peu prolongé à Gouessesso, par exemple à l'époque de Noël, lorsque les caféiers se couvrent de fleurs odorantes et d'un blanc de neige. Le climat est alors particulièrement délicieux et les nuits fraîches font oublier l'existence même de la climatisation. C'est aussi le moment où les villageois, débarrassés de leurs travaux, sont le plus disponibles.

La piste qui se dirige vers la Guinée passe à *Gbablasso*, petit village à peu près intact et dont les danses sont célèbres. Sur sa grand-place, trône un arbre superbe, couvert de fleurs jaunes... pépiant à qui mieux mieux au coucher du soleil. Car ces fleurs sont en réalité des centaines d'oiseaux.

Dans les environs de l'hôtel, bien des sentiers, comme celui conduisant à un pont de lianes, permettent de passer une semaine à Gouessesso sans s'ennuyer... à condition que le motel soit ouvert : ses tribulations ont été jusqu'ici innombrables ! Mais sa reprise par Simon, le roi de l'hôtellerie de Man, permet d'augurer une période de stabilité !

(Voir renseignements pratiques p. 177.)

■ Un cimetière aux tombes presque enfouies dans le sable, sur lesquelles se penchaient les branches pleureuses des filaos, rappelait naguère qu'en 1899 la ville européenne de Grand Bassam, alors capitale de la Côte d'Ivoire, fut ravagée par une épidémie de fièvre jaune et dut céder la place à Bingerville.

En voyant ses vérandas à colonnes sculptées livrées à l'action combinée de l'humidité marine et d'une végétation vite insinuée par une porte qu'elle achevait de disloquer et par des volets arrachés, le visiteur avait tôt fait de reconstituer la mélancolique histoire de Bassam... et de se tromper.

Certes, les deux épidémies de 1899 furent aussi dramatiques qu'on le dit et Bingerville devint bien chef-lieu à la place de Bassam. Mais Bassam conserva une importance commerciale irremplaçable à cause de son port et continua longtemps à se développer. C'est Abidjan qui lui porta le coup fatal avec l'ouverture de son port en 1950 et, au moment de l'Indépendance, la plupart des belles maisons aux façades lépreuses et aux fenêtres béantes n'étaient pas abandonnées depuis plus de vingt ans. D'où la possibilité d'apprécier encore pleinement cette architecture et ces fenêtres encadrées de colonnettes et de frontons sculptés, mélange d'influences architecturales variées, témoignant que leurs constructeurs aimaient les voyages et que certains avaient un penchant particulier pour Venise.

Une vocation culturelle...

Grand Bassam, reflet le plus marquant du passé colonial, sera-t-il restauré ? Pendant longtemps se posèrent cette question tous ceux qui pensaient que cette ancienne métropole, par son charme mélancolique, sa situation entre mer et lagune, sa proximité d'Abidjan, avait tout ce qu'il fallait pour devenir une ville culturelle. Se la pose-t-on encore ? Un pas très important a été franchi dans cette direction avec la remise à neuf de l'ancien palais du gouverneur de la ville et l'inauguration en décembre 1980 du musée du Costume dans cette superbe maison au cœur de la vieille ville coloniale. Peu à peu, a été complétée la première collection qui n'occupait que le rez-de-chaussée et groupait autour des mannequins revêtus des costumes des principales ethnies, les accessoires, les outils, les ustensiles indispensables à la vie courante. Mais la vieille ville avant même l'ouverture de ce musée, avait été dotée depuis longtemps d'un autre centre représentant lui aussi la tradition. L'Office national de l'artisanat y avait en effet organisé, sur le boulevard qui borde la lagune, à gauche après avoir traversé le pont, une salle d'exposition et de vente accompagnée d'ateliers.

Les étrangers qui préfèrent acheter leurs « souvenirs » dans le calme et sans marchandages trouveront dans ce centre des exemples de ce que l'on peut trouver dans toutes les régions, à des prix modérés. Ces objets sont souvent de très grande qualité, et les robes, réalisées avec du tissu de pagne, très élégantes. A côté du centre, un graveur est venu s'installer, apportant avec lui un souffle entièrement nouveau.

En sortant du centre et en suivant le boulevard lagunaire, le promeneur débouche sur une place semi-circulaire. En arrière de cette place, qui hélas commence à voir des « rénovateurs » gaillardement en train de défigurer la plus importante de ses anciennes maisons de commerce, s'étend un quartier où se rassemblent des activités nouvelles. Un magasin de céramique moderne propose des articles de qualité, mais qui n'ont plus rien à voir avec la poterie traditionnelle. Il a pour voisin « Le comptoir des colonies » où l'on vend postes de « TSF », vieux phonos, « pick-up »... Dans une autre rue, trois vieilles maisons furent rachetées pour accueillir la « Fondation Borremans » où se faisaient les travaux d'une grande encyclopédie de Côte d'Ivoire. Elle est provisoirement fermée.

... et une vocation touristique

Revenons sur la place semi-circulaire qui marquait autrefois le centre du quartier des factoreries. Elle est prolongée par une rue menant au village de pêcheurs qui occupe l'extrémité de la langue de terre, là où la lagune vient se confondre avec l'océan.

Sur le côté gauche de cette rue, une extraordinaire maison inhabitée attire l'attention par les frontons de toutes formes et de tous styles qui surmontent portes et fenêtres. Elle précède deux amusants monuments minuscules se faisant presque vis-à-vis, dédiés l'un à Mahomet, avec son minaret en réduc-

LA FÊTE DE L'ABISSA

Fête en l'honneur des morts, l'Abissa se déroule à Grand Bassam au début de novembre pendant sept jours. Un ancêtre, au cours d'un déplacement en pleine brousse, avait découvert les morts de la région exécutant une danse macabre. Revenu au village, il fit instituer cette danse comme hommage aux morts.

A cette occasion, le grand tam-tam « edougbélé » est sorti et pendant toute la semaine rythme la fanfare. Dans le quartier France de la vieille ville, tous les Bassamois, qu'ils habitent encore la ville ou qu'ils viennent d'une autre région de Côte d'Ivoire, se réunissent et dansent. Le septième jour, après quelques instants de recueillement au cimetière, le tam-tam est raccompagné, puis tous les assistants émettent des vœux et la fête se termine par un bal costumé.

tion, l'autre à un culte chrétien, ou dérivé du christianisme, avec un ange paré de couleurs tendres.

Et pourtant, le charme demeure

Les Abidjanais ont toujours aimé passer le week-end dans des paillotes qui se succèdent, de Bassam à Vridi, le long de la côte. Quelques restaurants s'y construisirent auxquels on ajouta chambres et piscine.

Aujourd'hui on ne compte plus les hôtels entre la plage et la rue centrale, parallèle à celle-ci et desservant aussi le tribunal, la mairie, l'archevêché, la maison du gouverneur (musée), ainsi que des maisons souvent luxueuses et de plus en plus nombreuses.

Au bout de cette rue, l'ancien cimetière a perdu ses filaos pleureurs, ses herbes folles, sa mélancolie et, pour mieux le protéger contre tout « désordre », on l'a entouré d'un mur qui cache les tombes.

Finie la sensation de mélancolie poignante qui saisissait le promeneur solitaire découvrant tant de tombes lui parler de l'épidémie de fièvre jaune qui avait expédié une grande partie de la population blanche *ad patres* ! On ne pouvait s'empêcher de se croire environné d'âmes inquiètes tourbillonnant dans ce cimetière depuis un siècle sans pouvoir trouver le repos. Du moins ces âmes trouvaient-elles de temps à autre un cœur compatissant pour leur tenir compagnie ! Les cœurs compatissants sont désormais rebutés par le mur et le soleil que ne tempèrent plus les filaos.

Vers l'ouest, les restaurants continuent de plus belle en direction d'*Azuretti*, village de pêcheurs à 5 kilomètres de là. En bordure de la lagune, à gauche du pont, même succession de restaurants. Dans le Bassam moderne, côté terre, se multiplient aussi maquis et établissement plus huppés, tandis que, le long de la route, juste avant d'arriver dans la ville, des dizaines d'échoppes de souvenirs attendent le touriste.

Curieuse ville balnéaire où il est presque impossible de se baigner dans l'Océan, tant la barre y est dangereuse. Paradoxal souvenir d'une époque révolue que l'on s'efforce de faire disparaître sous un badigeon moderne ! Et pourtant le charme demeure... pour longtemps encore, souhaitons-le.

(Voir renseignements pratiques p. 177.)

■ Un peu à l'écart de la route conduisant du point extrême de la côte ouest, Tabou, jusqu'à la capitale de ce Far-West, San Pedro, se cache Grand Bereby.

Grand Bereby, pour un voyageur en vacances, c'est essentiellement une plage magnifique, *Nero-mer*, en forme d'anse dont la pointe ouest se termine en éboulis de rochers.

A l'autre extrémité de la plage, sur un terre-plein la dominant presque à pic, un restaurant-bar fut longtemps le rendez-vous des forestiers. On y échangeait des nouvelles de toute la région, on riait, on chahutait, puis on repartait tous azimuts. Ce temps est révolu. Le petit « boui-boui » a été vendu et le très raisonnable hôtel Beauséjour fut construit à la place de l'ancien bâtiment, avec adjonction de chambres confortables en bungalows où vinrent séjourner les premiers touristes, amateurs de natation, de bains de soleil, de pêche sous-marine. Le long de cette large échancrure de sable ouverte entre deux caps rocheux, ils y ont trouvé le silence, la place qui manquent tant en Europe et même la possibilité de nager sans danger, car la barre laisse un plan d'eau calme.

A Grand Bereby continuent de vivre des Krumen qui pratiquent la pêche à défaut de pouvoir louer leurs services comme autrefois sur les bateaux caboteurs. Quant aux forestiers, les rois de cette côte, ceux qui ouvraient les pistes, ils ont disparu.

L'hévéa, si peu exotique

La crise du bois, la surexploitation des forêts du Sud-Ouest n'expliquent pas seules la disparition des forestiers. Leur règne a été suivi par celui des experts en agronomie. Partout des recherches de site et des analyses de sol ont eu pour but d'étendre les plantations de café et de cacao en grandes unités, de créer des palmeraies et de consacrer des périmètres de plus en plus vastes à l'hévéa.

En venant de l'arrière-pays, le contraste est frappant entre les vagues de la forêt dense et les immenses superficies recouvertes aujourd'hui par cet arbre donnant le précieux caoutchouc.

Pour le touriste qui rêve toujours d'exotisme, l'hévéa, même lorsqu'il a atteint toute sa hauteur, est décevant pour la seule raison qu'il n'a rien de tropical, c'est-à-dire de gigantesque et de luxuriant, ni dans sa taille, ni dans son épaisseur, ni dans la forme de son feuillage. Il évoque plutôt les forêts euro-

Poussées par le vent du large qui gonfle leurs voiles, les embarcations de la pêche artisanale ramènent le fruit du travail quotidien de leurs occupants.

péennes, car il a la grâce, la finesse, le frémissement léger des peupliers. Son aspect discipliné est encore accru par le fait que dans ces plantations bien entretenues, l'espacement nécessaire entre les arbres provoque un sous-bois aéré, d'ailleurs favorable à de jolis jeux de lumière.

Ce n'est évidemment pas l'hévéa qui a donné à Grand Bereby sa nouvelle réputation de station à la mode, mais le luxueux complexe sur la pointe rocheuse qui fait face à l'hôtel Beauséjour. Il métamorphose l'ambiance de cette plage naguère si sauvage, bien qu'on ne puisse accuser ses bâtiments de disproportion ni de faute de goût. Tout a été fait au contraire pour tenter une intégration discrète au site. Mais le fait que ses clients soient de riches étrangers suffit à transformer son atmosphère. De toutes façons, la nouvelle route lui aurait ôté toute chance de rester presque inhabité... A l'est de la pointe de Beauséjour, un projet serait déjà en cours, heureusement de taille modeste et rappelant davantage l'ancien bistrot de celle que toute la côte appelait « Libellule ».

(Voir renseignements pratiques p. 177.)

■ Moins fréquenté par les Abidjanais que Grand Bassam, parce que beaucoup plus éloigné de la capitale, cet ancien comptoir commercial fut, comme ce dernier, florissant pendant tout le XIXe siècle.

Les deux villes, qui ont eu un passé et des activités similaires, se ressemblent aussi par leurs vieilles maisons, implantées dans le sable et ombragées de cocotiers, de filaos et de bougainvilliers. Mais les belles demeures de Grand Lahou ont subi de telles dégradations que beaucoup ne sont plus reconnaissables.

Pourtant, l'activité s'y est maintenue longtemps : un marché, grand et solide, construit en 1930, témoigne du fait qu'à cette date l'avenir se présentait encore sous le signe de la stabilité et même de la progression.

Le coup de grâce a été donné à la ville lorsqu'il a été décidé de construire des quartiers neufs de l'autre côté de la *lagune Tagba*, sur la terre ferme, c'est-à-dire près du bac qui donne accès à la vieille agglomération.

Non seulement ces quartiers ont bien été construits, avec déménagement de

UNE GRANDE FERME DE CREVETTES À GRAND LAHOU

■ *Le groupe Blohorn, connu jusqu'ici en Côte d'Ivoire pour ses huileries, s'est lancé en 1989 dans l'élevage en grand des crevettes, en commençant par une ferme expérimentale comprenant une écloserie, douze bassins d'élevage d'un hectare chacun. Cette ferme est opérationnelle depuis janvier 1990. Si l'expérience réussit, c'est un gigantesque projet de 100 hectares de bassins qui viendra s'ajouter à la ferme proprement dite, dans les environs de Grand Lahou, sur les bords du Bandama. En pleine activité, cette ferme industrielle pourrait atteindre une production annuelle de 2 000 tonnes de crevettes d'espèce* Penaeus monodon, *espèce qui a déjà été expérimentée en Asie centrale et à Sri Lanka. Outre une exportation de crevettes fraîches ou congelées par avion, l'objectif ultérieur est de fournir à des candidats éleveurs privés des larves qu'ils feraient grossir dans leurs installations, par exemple en lagune, dans des cages. Le groupe Unilever, principal actionnaire de Blohorn, a déjà lancé l'aquaculture du saumon en Europe, particulièrement en Écosse où la production en 1987 était de 5 000 tonnes.*

tous les services administratifs de la ville, mais le nouveau Grand Lahou est maintenant situé à 17 km de l'ancien, en bordure de la route conduisant à Dabou. Pourtant le village suivant le quartier français, sur le cordon lagunaire, n'est pas mort pour autant : le chef traditionnel entouré de quelque 7 000 pêcheurs et de leurs familles ont refusé ce départ et continuent de vivre dans leurs vieilles cahutes et parfois dans les anciennes maisons coloniales... coupés de toute l'administration dont ils dépendaient, à l'extérieur même de la circonscription moderne, dans un *no man's land* en quelque sorte !

Ils sont voisins en revanche du ravissant campement, remarquablement situé sur la pointe où convergent la lagune et l'estuaire du Bandama.

D'abord campement de chasse, puis reconverti dans la pêche et l'exploration en pirogue de la région, il était autant apprécié des Abidjanais que des touristes, des sportifs qui y capturaient en abondance barracudas, tarpons, carangues, capitaines, carpes rouges, que des paresseux intégraux se laissant bercer sur la plage par le ressac de l'océan. En 1994, il était abandonné. Ce n'était pas la première fois, et il semble impensable qu'une fois de plus il ne trouve rapidement quelqu'un pour le faire revivre.

L'existence de la côtière qui passe au bout d'une bretelle de quelques kilomètres jouera certainement un rôle incitateur. On peut aussi espérer qu'un jour prochain quelqu'un se décide à organiser un transport lagunaire commode qui mette ce campement à portée rapide des grands hôtels d'Abidjan.

En attendant l'arrivée régulière d'un bateau motorisé, dans ce paysage aquatique, la pirogue est un moyen de transport indispensable et incomparablement reposant.

Chez le prophète Papa Novo

De l'autre côté du Bandama, sur le cordon lagunaire, d'abord effilé comme une langue de serpent, puis s'épaississant progressivement jusqu'à Vridi, à l'extrémité du canal Asagni qui relie les lagunes Tagba et Ebrié, on va rendre visite au prophète Papa Novo, à *Toukouzou*. Parfois, c'est à l'occasion de grandes fêtes auxquelles assistent des fidèles venus de loin. Mais il n'y a pas besoin de prétexte pour aller le voir, car c'est un homme affable et intéressant. Le petit campement ne suffit pas, à Toukouzou, à héberger tout le monde dans les grandes occasions, mais la plage absorbe facilement ceux qui restent... sur le sable. Quant aux voisins de Grand Lahou, il ne leur faut pas longtemps pour regagner leurs pénates.

Également à portée de pirogue, entre le Bandama et le *canal Asagni*, s'étend le parc national du même nom, dont la superficie complète représente 30 000 hectares.

La région de Grand Lahou est décidément toute en contrastes. Le voyageur qui est venu du nord par Lakota et qui a traversé une forêt dense, comparable à celle qui couvre encore le Sud-Ouest, a déjà changé de monde en arrivant dans la ville. Ici plus d'ambiance mystérieuse et crépusculaire, mais des grâces alanguies et une lumière souriante. C'est elle qui fait briller le pelage roux, brun et noir des troupeaux de bœufs et de chèvres, déambulant sur le boulevard du bord de mer, à la place des élégantes qui autrefois venaient y accomplir la promenade du soir.

Lorsqu'il se rend en pirogue dans la réserve, ce même voyageur suit d'abord la large avenue aquatique qu'est le Bandama, festonné de palétuviers. Quand il met pied à terre à proximité d'une clairière, où est installé le poste de garde du parc, il s'enfonce de nouveau dans une forêt touffue, d'un vert glauque. Au bout de quelques instants, autre surprise : un mirador a été construit dans un fromager d'une hauteur tellement démesurée qu'elle fait ressembler à un jouet la cabane de rondins accrochée à une de ses branches. En arrivant sur sa plateforme, au lieu de la forêt que l'on s'attendait à voir, c'est la savane que l'on découvre.

Au royaume des éléphants

Ce mirador est un endroit idéal pour surveiller les animaux du parc. Ils sont nombreux leurs traces en témoignent, et ils viennent parfois paître dans cette savane ouverte.

Mais les éléphants, au nombre d'une cinquantaine, préfèrent une autre zone du parc, accessible surtout par ce qui est devenu son entrée principale, à *Irobo*, à 41 km de Dabou. Il faut dire que la réserve a été considérablement améliorée en quelques années : piste principale carrossable partant de cette entrée et conduisant à un hôtel magnifiquement placé sur une colline qui domine précisé-

Les éléphants sont encore nombreux en Côte d'Ivoire, mais on les voit rarement. Pourtant survoler le parc d'Asagny avec un petit avion de tourisme permet d'en voir des groupes comme celui-ci... qui n'apprécie d'ailleurs pas forcément cette visite indiscrète (photo M. et A. Kirtley/Éditions du Jaguar).

guiglo

ment « l'île aux éléphants ». Probablement parce que cette île était entourée de marécages les protégeant et parce que les éléphants, animaux très intelligents, semblent désormais avoir parfaitement compris que l'homme est leur ennemi, une majorité d'entre eux a trouvé refuge dans cette île. Qu'auraient-ils fait si l'hôtel n'avait été finalement abandonné ? Nul ne le saura jamais sauf si l'établissement est rénové et si les touristes utilisent les passerelles prévues pour gagner sans difficultés ce qui était pour eux une citadelle imprenable !

Tiegba, village sur pilotis

Bien d'autres excursions étaient possibles au départ de Grand Lahou : les unes consistaient à visiter les villages de la région, à l'occasion de fêtes traditionnelles. D'autres étaient organisées sur demande pour des groupes de cinq à six personnes. En pirogue, avec un horsbord, on traversait la lagune pour se rendre au village sur pilotis, Tiegba, remonter le Bandama, visiter des chantiers forestiers, des plantations d'hévéas, de cocotiers, de cacao…

Tout cela reprendra certainement un jour ou l'autre. Mais en attendant rien n'empêche quiconque de venir bivouaquer sur le site déserté, encore moins y passer la journée à écouter le murmure de l'eau lagunaire, imperceptiblement agitée par le courant du Bandama qui se mélange à elle, ou le grondement régulier de la barre. Par la route goudronnée qui passe à une dizaine de kilomètres au nord, Abidjan est si près !

Vient pourtant le moment où il faut quitter ce havre de grâce et de paix. Pour celui qui regagne la capitale, un détour s'impose. A peu près à mi-chemin de Dabou, une piste se détache sur la droite. Elle mène à *Tiegba*, village lacustre bâti sur pilotis. Hélas son attrait tend à disparaître au fur et à mesure que ses habitants se retirent sur la terre ferme et abandonnent leurs huttes de branchages et de papo. C'est dommage pour le pittoresque. Mais il est difficile de critiquer ces pêcheurs qui, vivant sur l'eau l'essentiel de leur existence, recherchent pour leur repos une habitation à l'abri de l'humidité.

(Voir renseignements pratiques p. 177.)

■ Voici le centre du mystérieux pays Gueré, peu peuplé, sinon de forces occultes toujours présentes. La ville elle-même contient, à côté des Gueré et des Yacouba, un nombre croissant de Mossi du Burkina Faso, rudes travailleurs qui ne demandent qu'à s'implanter dans cette région d'avenir.

De nombreuses terres sont encore en effet inexploitées. Mais dans cette immense région du Sud-Ouest, des recherches sont faites pour recenser toutes les possibilités. Indépendamment de l'exploitation forestière, sur le plan agricole, elles semblent nombreuses. De plus, lorsque le parc de Taï, tout proche, sera aménagé, comme doivent l'être dans le futur les rives du lac de retenue de Buyo, Guiglo ne manquera pas de prendre une place importante, car elle sera une base de visite tout trouvée.

Reliée à Douekoué et Man par une excellente route goudronnée, Guiglo marque en revanche le début de l'aventure pour l'automobiliste attiré par la réputation qu'a la piste descendant plein sud de traverser une forêt à peu près vierge et déserte. Cette réputation, alléchante pour tout être humain élevé dans les embouteillages urbains, est à moitié vraie. Jusqu'à Zanié, une certaine animation règne encore, et les taxis de brousse – ou tout au moins les « mille-kilos » – font à peu près régulièrement le trajet. Quelques-uns poursuivent (de temps en temps) jusqu'à Taï. Ensuite plus rien…

De loin en loin quelques villages

La piste appartient en priorité aux forestiers qui l'ont faite et l'entretiennent régulièrement. Tous les trois mois environ, un « grader » efface les ornières profondes que creusent les grumiers, surtout en saison des pluies. Si l'on a la chance de passer juste après, la piste est somme toute meilleure que bien des routes plus fréquentées, sinon… l'automobiliste moyen aura quelques raisons d'être inquiet : il y a bien tout au long du trajet quelques villages, et sur la route des paysans qui cheminent, mais les voitures croisées sont plus que rares. Cela dit, si une tornade n'a pas abattu quelques arbres en travers du chemin, si aucun pont n'a été emporté, si la voiture tient bien les chocs, tout va bien et la route est belle !

Zanié attirait autrefois les curieux par ses poissons sacrés. Comme ils n'étaient pas sacrés pour les manœuvres Mossi, ceux-ci les ont mangés. Les scieries qui constituent la principale activité du village, n'attirent pas spécialement le voyageur. Pourtant ce sont elles qui entretiennent de l'animation sur les routes, car il faut bien les alimenter en billes de bois.

La rançon du progrès

Après Taï, la vie humaine se fait vraiment discrète. De loin en loin un tout petit hameau, peuplé de Krumen, est précédé et suivi par des plantations de café et de cacao, en minces bandes qui mordent à peine sur la forêt. Quant à ces hameaux, ils sont parfois charmants.

L'un d'eux, sur la *Neka*, se distingue par plusieurs cases aux murs mouchetés ou balafrés de kaolin, plus ou moins teinté. Au-dessus du village, une plateforme domine la rivière. Des Européens y firent construire quelques cases, recouvertes à la manière traditionnelle par des toits de chaume, mais ils sont partis. Quelle paix autour d'elles : au bas de la colline s'enroule la Neka, dans laquelle se baignent les gosses du village et les voyageurs qui ne sont pas obsédés par une éventuelle maladie tropicale. On peut y pêcher aussi, à bord d'une pirogue qui a l'avantage de donner accès à des recoins, bien cachés par les méandres de la rivière et où la solitude est totale. Non qu'il soit si difficile d'en trouver l'équivalent tout le long de la piste. A vrai dire, pour se plonger vraiment dans le silence et oublier la civilisation, il suffit d'arrêter la voiture à proximité d'un « layon », creusé à travers la forêt vierge pour des études de sol dans toute la région. A peine s'est-on, pendant une dizaine de mètres, enfoncé sous cette écrasante voûte végétale que l'illusion naît de se trouver perdu au plus profond des bois et dans la nuit des temps.

Que restera-t-il de ce fouillis inextricable de lianes et de grands arbres dans dix ans, dans vingt ans ? Que deviendront les animaux qui vivent à peu près tranquilles dans ces forêts ? Se réfugieront-ils tous dans la réserve de Taï ? Encore faudra-t-il que celle-ci ne devienne pas la cible des forestiers, peu à peu chassés de la zone côtière par les exploitations agricoles.

Dans un premier temps, d'ailleurs, l'action des forestiers est salutaire pour ceux qui souhaitent visiter ces régions désertes. Ils ouvrent des pistes (ils l'ont déjà fait dans la réserve de Taï... avant qu'elle ne soit classée). Comme ils déterminent ces pistes en fonction des difficultés d'abattage, elles serpentent au milieu des arbres et n'en sont que plus agréables à suivre. Mais ce n'est pas pour le plaisir du touriste qu'elles existent : de chaque côté de leur trouée, les arbres géants sont d'abord coupés, puis les espèces plus petites et ensuite le tout venant. On ne peut s'empêcher de ressentir de la tristesse en voyant se multiplier les vides, puis de véritables tonsures dans des forêts jadis touffues.

Il faut profiter de cet itinéraire avant qu'il ne soit par trop « discipliné », c'est-à-dire transformé en champs industrialisés. Mais pour l'instant on rencontre encore, de temps en temps, un hameau, ou du moins une maison, par-ci par-là, aux murs extérieurs peints de jolies fresques.

Montagne fétiche et palmiers à l'huile

Un peu avant Grabo, la route, elle-même toute plissée par des collines successives, est dominée par la masse sombre du *mont Kopé*, montagne fétiche, jusqu'ici absolument vierge et qui peut-être le restera, ses pentes abruptes ne facilitant guère l'exploitation agricole ni même forestière.

Grabo, comme tant d'autres agglomérations, s'est dédoublée. En bordure de la route se succèdent des bâtiments récents dont il n'y a rien à dire. Mais un peu en retrait, le vieux village ressemble encore à un groupe de gros champignons...

C'est dans cette région encore si pénétrée de mystère que devait être réalisé un énorme projet concernant des plantations de palmiers à huile sous l'égide de la « Palmindustrie » : 8 500 ha de plantations industrielles et 17 500 de plantations villageoises prévus sur les bords de la Neka à Grabo. Mais l'industrie du palmier à huile a connu des difficultés ces dernières années, et la reprise en ce domaine est encore timide.

Pourtant on ne peut s'empêcher de préférer avoir sous les yeux de belles palmeraies, avec leur forêt de colonnes évoquant l'intérieur de certaines mosquées et leurs beaux effets de lumière tamisée, plutôt que les tristes tonsures du déboisement.

(Voir renseignements pratiques p. 177.)

A Jacqueville comme sur toute la côte, la pêche artisanale fait encore vivre une importante population qui traverse la barre chaque jour à bord de pirogues élancées et va lancer ses filets en eau calme. Il faut pourtant bien tirer aussi l'aiguille de temps en temps pour les réparer (photo L. Giraudineau/ J.A.).

jacqueville

■ Comme tant d'autres sites côtiers, Jacqueville a été le théâtre de conflits, de métissages, d'alliances entre des peuples successifs, avant de prendre son nom et l'aspect sous lequel il a connu son apogée.

Au XVIe siècle, les Alladian (ou Alladjan), venus du Ghana, sont chassés jusqu'à l'emplacement de la future ville par de nouvelles migrations. Ils absorbent d'ailleurs certains de ces immigrants, des Abouré, eux-mêmes refoulés par d'autres sous-groupes de la grande famille des Akan. Puis surviennent les Européens qui feront de ce site un centre important de commerce, mais aussi de traite des esclaves. Et à vrai dire, c'est surtout le sinistre souvenir de cette traite qui reste attaché au passé de Jacqueville… qui pourtant à l'époque ne s'appelle pas encore ainsi. Car pendant longtemps tout le monde désigne l'agglomération sous le nom de Grand Jack, la présence anglaise restant de longues années prépondérante sur cette côte. Ce n'est qu'en 1878 que ce Grand Jack est francisé en Jacqueville.

Comme Bassam ou Lahou, Jacqueville conserve un certain nombre de maisons coloniales se réduisant de plus en plus à l'état de squelettes.

Son atout principal est la présence d'un hôtel confortable qui pourrait lui rendre un peu de sa gloire passée en attirant des touristes. Depuis peu est née sur la plage une nouvelle auberge dirigée par l'ancien gérant de l'hôtel de l'Ouest à Sassandra, Maurice : voilà un nouveau point de chute prometteur.

Visite chez les pêcheurs

Située sur le cordon lagunaire qui s'étend du canal de Vridi à l'embouchure de Bandama, Jacqueville est accessible, depuis la route de Dabou, par une très bonne route.

Lorsque le touriste est fatigué d'un farniente prolongé, il peut visiter les nombreux villages de pêcheurs des environs, se baigner dans les eaux calmes de la lagune, s'y promener en pirogue, pêcher, aller voir l'usine de coco râpé qui se trouve à la sortie de Jacqueville, à l'opposé de celle conduisant au bac, ainsi que le centre de pisciculture, spécialisé dans la production de machoron, de l'œuf au poisson adulte.

(Voir renseignements pratiques p. 178.)

katiola

■ La route principale de Côte d'Ivoire, qui monte presque en flèche du sud au nord, est, depuis le milieu de 1978, bitumée jusqu'à Ferkessédougou. Jusque-là, ce bitumage s'arrêtait à Katiola, peu distante de la grande ville du Centre qu'est Bouaké, et profitant du rayonnement exercé par celle-ci.

La principale raison de la présence des touristes à Katiola est la très grande renommée de ses potières Baoulé. Celles-ci réalisent toutes sortes de « canaris » de différentes tailles et tous usages, à la main, sans l'aide d'aucun tour ; elles utilisent un racloir des plus rudimentaires pour modeler les contours des pièces, lisser les surfaces et tracer en creux les lignes des motifs décoratifs, dont elles estompent du pouce les arêtes trop vives. En lisière du quartier de ces potières sont exposées leurs œuvres. Est-ce le contrecoup d'une réputation qui incite à attendre des merveilles ou l'impression désagréable de ne représenter qu'une « machine à donner 100 francs », trop souvent exigés par les travailleuses pour œuvrer devant lui, toujours est-il que le touriste, plus ou moins harcelé, a beaucoup moins envie d'acheter qu'il ne l'éprouverait si on le laissait plus libre. Mais il n'y a pas qu'à Katiola que sont installées des potières. L'artisanat vit partout chez les paysans en Côte d'Ivoire. En se promenant, pendant la morte saison des cultures, dans les différents villages du pays Baoulé, l'amateur aura la possibilité de voir à l'œuvre non seulement d'autres potières, mais également un certain nombre de tisserands et des teinturières.

L'école de céramique

Plus près du centre de la ville, fonctionne une moderne École de céramique, créatrice de santons comme de vases contemporains. Ces derniers sont très joliment émaillés et ont une forme très pure. Mais ils ne se distinguent en rien de ce que peut produire l'artisanat occidental moderne, qu'il soit français ou scandinave !

Cependant les jeunes artistes qui cherchaient un nouveau langage ont réussi bien souvent à opérer une synthèse harmonieuse entre le passé culturel dont ils sont issus et les influences étrangères auxquelles ils étaient soumis.

A Katiola officie un guérisseur qui attire les foules. Ancien tailleur, il se nomme Sidibé Zakaria et doit son art à son père, lequel l'avait appris des génies. Cet homme discret et peu intéressé (il demande 5 F CFA par consultation !) soigne par les plantes, comme du jus de feuilles d'eucalyptus ou un mélange de jus de citron et d'alun. Mais où serait le charme si l'on pouvait reconnaître l'origine des poudres mystérieuses guérissant aussi bien certaines paralysies que la cécité ?

La chasse aux agoutis

Aux environs de Katiola, on peut parfois assister à la chasse aux agoutis, rongeurs extrêmement répandus dans toute la région Centre comme dans le Nord. Elle se pratique en décembre et, si le cœur leur en dit, les touristes peuvent y assister. A l'époque où les grandes herbes de la brousse sont desséchées par le soleil, les chasseurs y mettent le feu. Puis du côté où souffle le vent, ils creusent des coupe-feu et se postent avec de grands filets dans lesquels les agoutis, fuyant les flammes, viennent d'eux-mêmes se jeter.

Ce n'est pas aussi sportif que la chasse aux grands fauves. Du moins a-t-on la conscience pure, car ces rongeurs détruisent les récoltes... et puis leur chair est savoureuse. Disons plutôt que s'il est vrai que ces rongeurs sont extrêmement répandus ici et que la population les appelle bien des agoutis, la faute en revient aux Européens qui leur ont appris un mot scientifiquement inexact. Les agoutis, nous dit un spécialiste, ne vivent qu'en Amérique du Sud : ici il s'agit d'aulacodes... mais apparemment personne le sait !

(Voir renseignements pratiques p. 178.)

kong

■ Après Katiola, la grande route nord-sud traverse de grandes étendues de savane, tantôt vertes, tantôt dorées puis brûlées, selon la saison. Des arbres de petite taille les parsèment. Tout ronds lorsqu'ils portent encore leurs feuilles gorgées d'eau, ils ressemblent curieusement alors à des pommiers. Ils résistent gaillardement aux grands feux de brousse, et reverdissent à la première pluie. Parmi eux, le karité dont la pulpe se mange fraîche ou, à la suite de plusieurs opérations, se transforme en beurre, utilisé en cuisine et même en produit de beauté.

Après *Niakaramandougou* – où débouche la route de *Tortiya*, célèbre pour ses diamants – surgit au milieu des plaines un énorme bloc de granit. Il a 710 mètres de haut et de son sommet la vue domine tous les environs.

A *Ngolodougou*, part à droite la piste étroite qui conduit à Kong. Il ne faut pas, en Côte d'Ivoire, se laisser impressionner, lorsque sur la carte une piste est indiquée comme secondaire : elle peut être très bonne parce que rarement fréquentée. C'est le cas de celle-ci.

Kong est actuellement une bourgade de quelques milliers d'habitants, hors des axes commerciaux. Il n'en pas toujours été ainsi. Dans la mémoire de la population, le souvenir reste très vivace de l'époque où la ville attirait à la fois les caravaniers, les fidèles musulmans et les lettrés. Fondée au XIe siècle par des Sénoufo, elle devint une métropole importante de l'islam soudanais, à la suite d'invasions pacifiques de Dioula Malinké. Ses deux mosquées, son école coranique en portaient naguère le témoignage. Au XIXe siècle éclate le drame. Samory, pour ne laisser à la colonie française qu'un désert, incendie la ville : elle ne s'en relèvera jamais et ne se consolera pas de la perte de son prestige. Il suffit d'entamer la conversation avec l'un de ses habitants pour qu'orgueilleusement il rappelle le glorieux passé de Kong et cite son école coranique encore influente.

De ses origines soudanaises, Kong garde l'empreinte dans le style de sa mosquée et de ses maisons réalisées en argile ocre. La première présente des façades hérissées par les extrémités des branches horizontales qui servent à maintenir les murs. En guise de minarets, elle porte aux angles des petites tours de forme

LA MARCHE DES FEMMES

En janvier 1949, la réunion générale du FDCI-RDA ayant été interdite en Haute Volta, le parti décida de se réunir à Abidjan, ce qui eut lieu du 3 au 6, avec la participation de onze territoires d'Afrique et des sympathisants étrangers, surtout français. Une contre réunion eut lieu. Des provocateurs mirent en cause le président du RDA, ses sympathisants réagirent. C'était ce que souhaitaient les autorités qui en profitèrent pour emprisonner presque tous les chefs du parti à Grand Bassam. Les femmes se mobilisèrent aussitôt. Elles organisèrent le boycott des marchandises françaises, décidèrent une marche sur Grand Bassam. Tous les moyens de transport ayant été réquisitionnés pour les empêcher d'aller protester devant la prison, elles s'y rendirent à pied, par petits groupes de deux cents, le 24 décembre 1949, dès 5 heures du matin. Bloquées à l'entrée du pont, défendu par l'armée, elles refusèrent de se disperser, malgré les pompes à incendie que l'on actionnait contre elles, malgré les coups de bâton. Finalement on les chassa à l'aide de grenades lacrymogènes et à grand renfort de crosses de fusils. Mais l'affaire fit grand bruit : on en parla beaucoup en France, l'opposition publique s'agita... et les chefs ivoiriens, finalement, furent relâchés quelques mois plus tard.

D'après HENRIETTE DIABATÉ,
La Marche des femmes sur Grand Bassam.

Les peintres sur tissu de la région de Korhogo composent des fresques qui s'inspirent de la faune locale et des thèmes religieux traduits par les masques Sénoufo (photo M. et A. Kirtley/Éditions du Jaguar).

conique. Les maisons, elles, sont surmontées de toits-terrasses et évoquent facilement les fortins.

Les habitants Dioula se consolent d'autant moins de la déchéance de leur ville que leur vocation de commerçants trouve difficilement à s'exprimer. Ils se rabattent sur l'agriculture et l'artisanat : les très vieilles forges fonctionnent encore, maintenant la réputation des artistes qui depuis des siècles y ont travaillé le fer et le cuivre. Et les tisserands continuent de produire les longues bandes de coton grège, cousues ensuite pour devenir des boubous ou des couvertures.

Mais les éléments les plus dynamiques et les plus jeunes quittent la région pour s'expatrier ou grossir la population d'Abidjan.

Malgré l'attrait que représente son passé, encore vibrant, il est difficile pour un touriste de prendre Kong comme étape, car il n'y existe aucun hébergement. Deux possibilités s'offrent à lui. Après avoir flâné quelques heures pour visiter la mosquée, les fondeurs ou, comme les habitants l'y incitent, le tombeau et la maison du capitaine Marchand d'où partit la colonne contre Samory, il peut se diriger vers le parc de la Comoë. Le trajet est court, en passant par Nassian, jusqu'à l'hôtel Safary Lodge, après le pont de Ferké, sur la Comoë.

Si l'objectif du touriste est de visiter le pays Sénoufo, à *Nassian*, il empruntera la piste de gauche qui le conduira à Ferkessédougou, sans plus de difficultés et avec autant d'agrément que par le trajet de Ngolodougou à Kong.

Détail à connaître : à *Sikolo*, dans le magasin d'alimentation, aucune chance de trouver de la bière. Sans doute est-il trop près de Kong et de l'influence islamique. Mais à quelques kilomètres de là, à *Kakona*, la proximité du pays Sénoufo, provoque un mélange de populations et une tolérance pour ce breuvage alcoolisé dont tout le monde profite. La boutique d'alimentation sert donc de « Café du Commerce » où s'entretiennent des gens d'origine très variée : Dioula, Sénoufo, Mossi, Mauritaniens.

Pour le voyageur qui rentre à Abidjan, la meilleure solution, plutôt que de retrouver l'axe nord-sud à Ngolodougou, consiste à prendre la route de *Dabakala*, en suivant la piste qui de Kong part d'abord vers l'est, puis le sud. Comme Kong, Dabakala a été dévastée par Samory et elle garde l'empreinte de son passé historique. De Dabakala, une piste conduit directement à Katiola.

(Voir renseignements pratiques p. 178.)

■ Enfin voici le cœur et le cerveau de ce pays Sénoufo tant renommé pour son système social très élaboré, pour ses rites et ses danses et pour son artisanat, l'un des plus riches de Côte d'Ivoire.

Dès qu'il arrive en ville, c'est naturellement l'artisanat sous toutes ses formes qui séduit... et ruine l'étranger. Car il est pris comme dans une toile d'araignée par le réseau très bien organisé des vendeurs sénégalais qui se sont emparés presque totalement du commerce des « antiquités ».

Les négociants y déploient leurs trésors les plus tentants : portes de cases sculptées, hautes statues mesurant parfois un mètre cinquante. Le dépouillement des lignes de ces dernières, leur élégance remplissent de frustration l'amateur, car il lui est difficile d'emporter dans ses valises des pièces de cette dimension.

Heureusement, restent offerts à sa convoitise des masques, des statues plus petites, des « canaris » de bois et les fameuses toiles de Korhogo, à motifs peints, présentés en plusieurs dimensions.

La discussion et la danse de séduction commencent dès l'arrivée à proximité de l'hôtel du Mont Kozhogo. Mais il serait dommage de se laisser circonvenir par les premiers commerçants. Il faut absolument prendre le temps de visiter d'abord le quartier des sculpteurs, puis le Centre artisanal, en prenant à droite la route qui passe devant la préfecture. Il contient un échantillonnage très intéressant de la production des environs, car le Sénoufo a la double vocation d'agriculteur et d'artisan, pour ne pas dire d'artiste.

Un chapelet de villages d'artisans

La première agglomération renommée, entre Ferkessédougou et Korhogo, est *Sinématiali*, dont dépendent de nombreux hameaux qui abritent ici un forgeron, là un tisserand, ailleurs un sculpteur sur bois. Mais, naturellement, le touriste qui s'y rend à l'improviste pendant la saison où tout le monde est aux champs trouve ces hameaux déserts. Le délégué du Tourisme, installé à Korhogo, demande parfois à quelques artisans d'abandonner leurs cultures pour faire une démonstration de leur savoir-faire à un groupe de touristes. Mais est-ce équitable ? Il vaut tellement mieux laisser la vie et les gens tourner dans leur sens.

A 3 km à l'ouest de Korhogo sur la

route de Sirasso, Waraniené est un village de tisserands, organisé en GVC (groupe de vente corporatif). On y trouve de très belles nappes, des panneaux décoratifs, des vêtements (boubous et pantalons portés par les hommes, tissés de plusieurs couleurs et rebrodés). Tout cela est ravissant. Depuis peu, on propose également des robes de femmes, ce qui n'existait pas auparavant et c'est moins réussi.

Vers le sud, à 11 km, Katia est également un village de tisserands.

A Fakaha, dans la même direction, d'authentiques artistes peignent directement sur les toiles, en noir ou en bistre, des scènes où se mêlent animaux-totems et personnages humains. Autrefois, il s'agissait de véritables hiéroglyphes et le texte se lisait en bandes horizontales. Maintenant on ne s'occupe que du point de vue décoratif.

Sur la route de M'Bengué, vers le Mali, Koni est le fief des forgerons qui extraient le fer du sol. Pour ce faire, ils creusent des puits dans lesquels un homme a tout juste la place de se glisser pour remplir un panier de terre argileuse mêlée de minerai. C'est ensuite le spectacle des hauts fourneaux installés de l'autre côté de la route : peu à peu le fer se dégage de sa gangue et s'agglutine en des formes parfois extraordinaires que les amateurs d'art non figuratif achètent telles quelles. A partir de ces conglomérats, les forgerons fabriquent des outils aratoires ou ménagers.

Mais il n'y a pas que les visites d'artisans : quand on descend au sud vers Dikodougou, un barrage sur le Solomougou a provoqué la naissance d'un lac devenu le refuge de milliers d'oiseaux de plus de quarante espèces. Pour se promener en barque sur le lac, s'adresser à l'hôtel Kadjona dont le directeur Daniel Paire connaît très bien la faune et les oiseaux de Côte d'Ivoire. En son absence, des guides de l'hôtel se chargeront d'organiser l'excursion. A signaler que Daniel Paire organise aussi des excursions de pêche au capitaine dans les petites rivières du nord de Korhogo, comme la Liraba.

Korhogo et sa région sont également célèbres pour la richesse de leurs danses, qu'il s'agisse de rites ou de réjouissances.

Le Poro menacé par l'école

On ne peut se contenter de regarder les danses Sénoufo sans avoir la moindre idée de leur signification, ou en tout cas du système philosophique qui les soustend, le Poro. Cela ne rime à rien. Mais la difficulté essentielle, pour l'étranger plein de bonne volonté, réside dans le fait que beaucoup d'explications sont interdites aux non-initiés, notamment le sens de certaines paroles rituelles. D'ailleurs, il ne devrait pas non plus assister à certaines danses, comme la danse des Forgerons, danse de funérailles, qu'il est hérétique de faire exécuter hors des circonstances pour lesquelles elle a été élaborée.

Le problème du Poro – menacé dans son existence même par l'école qui prend à l'enfant son temps et le dirige sur un autre système de pensée – préoccupe tous les Sénoufo, même de nombreux jeunes qui lui restent très attachés. Un Poro accéléré a été instauré. Il tente de donner aux nouvelles générations en quelques jours ce que leurs aînés mettaient des mois à assimiler. Le combat semble difficile à gagner, mais le fait même qu'il existe prouve à quel point il serait vain de nier ou de vouloir ignorer le Poro, liant social d'une cohésion, d'une logique et d'une efficacité impressionnantes qui a maintenu pendant des siècles dans son intégrité la personnalité du peuple Sénoufo.

L'Occident qui n'a jamais réussi à appliquer concrètement le socialisme pourrait se livrer à de salutaires réflexions sur le Poro qui apprenait aux adultes à dominer leurs instincts et limitait les risques d'accaparement du pouvoir par un homme ou une classe ! Quoi de plus démocratique en effet que la coutume d'accorder ce pouvoir à un conseil collégial, composé de tous les initiés du même âge ayant pratiqué l'ascèse nécessaire pour acquérir la maîtrise de soi ? Quoi de plus rassurant pour toute menace d'abus d'autorité que de savoir que l'équipe dirigeante céderait obligatoirement la place à la classe d'âge qui la suivait.

La résistance de la civilisation Sénoufo

Ses structures sociales et religieuses ont permis à la civilisation Sénoufo de résister à la vigoureuse poussée physique et morale du peuple Malinké sur tous ses flancs. Prise en sandwich entre les deux ailes de ce peuple de guerriers, pour survivre il lui a fallu d'ailleurs modifier son organisation politique. Traditionnellement, l'unité de base était le hameau, composé de quelques cases rondes, coiffées de toits coniques en chiendent ou en paille, ainsi que de greniers à céréales. Le hameau était entouré de champs, travaillés en commun par des anciens, qui changeaient avec la venue d'une nouvelle classe d'âge. Pour combattre les Malinké, les hameaux de la périphérie ont dû se regrouper en bourgs plus importants, et les anciens ont délégué une partie de leurs pouvoirs à un chef, Gbon Coulibaly, dont le prestige est resté immense jusqu'à sa mort en 1962, malgré la colonisation. Celle-ci d'ailleurs a figé l'évolution de cette société en maintenant une option politique qui n'était due qu'à une circonstance momentanée, par la création des « chefferies ». Quant à l'aspect physique du pays, elle l'a modifié par l'introduction forcée de nouvelles cultures, comme le riz irrigué et le coton.

Une région d'élevage intensif

Korhogo, noyau d'une des régions les plus peuplées du nord, est aussi une aire d'élevage intensif. Celui-ci est pratiqué par les Sénoufo, mais aussi par les immigrants Peuhl, qui ont fui avec leurs troupeaux de zébus les pays desséchés et assoiffés du Sahel.

Selon l'époque de l'année, ce sont les cultures ou les troupeaux qui s'imposent à la vue. Pendant la saison des hautes herbes, le bétail disparaît presque complètement au milieu d'elles au point qu'il est parfois difficile de déceler sa présence. Au contraire, l'attention est attirée par la variété des cultures, la richesse des verts qui composent le tableau. A partir de novembre tout change : plus d'herbe, plus de culture, à part celle du riz irrigué qui permet deux cycles par an ; plus de ruisseaux, peu à peu absorbés par le sol, mais une terre dorée, de grands espaces dégagés qui accentuent le relief ondulé du sol ; des arbres desséchés par le soleil ou le feu et de grands troupeaux de bœufs, clairs ou bruns, s'harmonisant avec les teintes du paysage.

C'est pendant la saison sèche que le touriste a le plus de chance d'assister à des fêtes spontanées. Mais toute l'année, on le conduit en haut du rocher sacré de Shiemleo où l'on sacrifie devant lui le ou les poulets achetés à cette intention. Avant le sacrifice, des noix de kola sont distribuées et chacun en serrant la sienne peut mentalement poser une question à laquelle le devin répondra plus tard en consultant des cauris. Bien entendu les touristes n'y croient pas, *ha ha*. Mais il arrive qu'à la question posée, le devin réponde trop bien : et l'on voit brusquement se troubler le mari dont l'infidélité vient de se trouver dévoilée !

(Voir renseignements pratiques p. 178.)

■ Avant la construction du barrage sur le Bandama Blanc, à 18 kilomètres en amont de son confluent avec le Bandama Rouge ou Marahoué, qui parlait de Kossou ? Ce nom est pourtant devenu depuis l'un des mots clés de l'économie ivoirienne. Le barrage, terminé en 1972, a provoqué au fur et à mesure de sa mise en eau la naissance progressive d'un lac qui a atteint à terme la superficie de 1 700 kilomètres carrés.

Si la visite d'une centrale hydroélectrique, même doublant la production d'électricité de Côte d'Ivoire, n'intéresse que médiocrement un voyageur en vacances, la présence du lac exerce sur lui une forte attraction.

Des campements éphémères

Après avoir suivi la route passant sur le barrage lui-même, long de 1 500 mètres, l'automobiliste venant de Yamoussoukro doit absolument emprunter, malgré son mauvais état, une petite piste qu'il trouve sur la droite, après avoir tourné une première fois à gauche au bout de la digue. Cette piste cahotique le conduit au sommet d'une colline d'où il a une vue panoramique sur l'ensemble du lac, avec, en premier plan, un petit port où quelques pirogues sont amarrées. Le lac n'a jamais atteint complètement son plein volume, par suite de la sécheresse. Il a donc gardé le caractère mélancolique et très attachant que lui donnent les arbres morts qui émergent encore de la surface des eaux.

Ces arbres sont plus nombreux dans la partie sud du lac, celle où se trouve le barrage, puisqu'elle appartient à la zone forestière. La présence de cette forêt a créé un problème et un danger pour les pêcheurs auxquels le lac assure déjà un revenu substantiel. Défricher tout le terrain inondable eût été beaucoup trop onéreux. Il a fallu se contenter d'ouvrir des galeries qui se sont transformées peu à peu en couloirs de navigation se raccordant, dans la mesure du possible, à l'ancien réseau des pistes qui reliaient autrefois les villages maintenant inondés. Ces pistes débouchent donc à présent sur des embarcadères, à proximité desquels s'érige, très souvent, un campement de pêche, équipé de façon assez sommaire, bien que les habitants y demeurent plusieurs mois par an.

Les villageois, qu'ils appartiennent à d'anciens villages non inondables ou aux villages nouvellement construits, s'installent dans ces campements pour

La pêche faisait vivre traditionnellement les ethnies côtières et lagunaires. Avec la création du barrage de Kossou, les agriculteurs Baoulé et Gouro bénéficient désormais d'une nouvelle source de revenus et d'une meilleure alimentation.

les quelques mois de la saison de la pêche. Ils n'oublient pas pour autant que leur première vocation est l'agriculture et, à leurs moments perdus, cultivent des produits vivriers pour leur propre consommation autour des cahutes de branchages.

Entre ces cahutes s'insèrent les foyers où s'effectue le séchage du poisson. Car sa conservation, lorsqu'il n'est pas acheté sur place et consommé à proximité, pose un problème difficile.

Visiter l'un de ces campements procure une sensation de paix profonde. Peu de bruit, malgré le fait que chacun a du matin au soir de quoi s'occuper largement. En effet, en dépit du caractère saisonnier de leurs installations, les pêcheurs, qui ont l'esprit pratique, y implantent chaque année solidement leur vie : femmes, enfants, volailles ont suivi les hommes. D'ailleurs, les femmes sont indispensables, puisqu'elles se chargent d'aller vendre le poisson dans les agglomérations les plus proches.

Chacun chez soi !

Dans l'un de ces hameaux miniatures, *Solekro* (c'est-à-dire le village de Sole, le chef de pêche), il est amusant de constater que même la division par quartiers consacrés à des groupements ethniques différents a été reconstituée : les Baoulé d'un côté, les Gouro de l'autre. Ils s'entendent bien, mais chaque communauté a son fief, même tout petit.

Une très jolie piste, facile à suivre, permet de rejoindre la route goudronnée Yamoussoukro-Bouaflé, et après cette agglomération, une autre piste à gauche conduit dans une succession de villages qui furent construits pour les « déguerpis » dans la forêt classée des Tos après la montée des eaux. Tout s'estompe avec le temps : plus personne ne parle encore des problèmes d'il y a trente ans ! Quant à l'âge des villages que l'on pouvait autrefois déduire de la hauteur de leurs arbres, la végétation a suffisamment poussé partout pour gommer ces différences. Manguiers, nîmes, plantes grimpantes qui ont le bon goût de camoufler les toitures de tôle, ont partout envahi fort heureusement le terrain.

(Voir renseignements pratiques p. 180.)

■ S'il est une région de Côte d'Ivoire qu'il ne faut pas visiter pendant la saison des pluies, c'est bien celle de Man. Dans le Nord, les averses ressemblent souvent à de violentes douches qui ne durent pas. Mais ici la pluie peut crépiter rageusement pendant des jours entiers sans interruption et s'accompagner d'un brouillard qui cache l'admirable cadre montagneux. Inutile de dire qu'après de tels déluges, les pistes des environs sont souvent impraticables.

Au contraire, Man, sous un ciel bleu parsemé de quelques nuages floconneux, est une vraie merveille qui mérite largement un séjour d'une semaine entière. Contempler au lever et au coucher du soleil la silhouette dentelée des dix-huit montagnes qui l'entourent est une joie que quelques jours ne suffisent pas à atténuer. Surtout pour celui qui loge à l'hôtel des Cascades, situé au-dessus de la ville. Il pourrait presque se contenter d'admirer ce site tout en paressant près de la piscine.

Mais naturellement il n'en est pas question : le pays fourmille d'excursions à faire en voiture ou, pour quelques-unes, à pied.

Promenade au mont Tonkoui

Commençons par la plus accessible. A l'ouest de Man, une piste conduit jusqu'au sommet du *mont Tonkoui*. Mais, bien avant ce sommet, elle passe à proximité d'une cascade. Celle-ci n'est qu'à 5 kilomètres du centre-ville et il est donc facile de s'y rendre à pied.

L'enchantement commence dès que le chemin s'élève peu à peu au-dessus de la cuvette où repose Man. A chaque tournant, la vision change : ici c'est une mare qui scintille sous les arbres, là s'étalent les rizières ou des champs de manioc, plus loin se balancent des bananiers. Mais ce qui donne sa valeur à chaque tableau, c'est la diversité de profondeur de ses plans, grâce à l'inégale hauteur des collines dont les crêtes atteignent peu à peu l'altitude des plus hautes montagnes. Parmi ces sommets, le plus caractéristique, sinon le plus élevé, est la Dent de Man.

La dernière partie du trajet se fait dans l'ombre ravissante d'énormes bouquets de bambous, fagotés de lianes.

Enfin, par un escalier pratiqué dans les rochers, on descend vers la rivière, au milieu d'une forêt dense plongée dans une demi-pénombre. Avec la sécheresse, la chute d'eau avait été réduite à quelques filets peu spectaculaires, mais elle a repris maintenant son débit et sa fraîcheur. A ses pieds, un petit restaurant-bar de plein air permet d'en goûter la séduction avec le maximum de confort.

Pour monter jusqu'au sommet du mont Toukoui il faut une voiture, puisque le trajet représente une vingtaine de kilomètres. Il monte en lacets au milieu de paysages variés et, au hasard d'éclaircies à travers une végétation souvent épaisse, fait découvrir une vue de plus en plus étendue. Presque en haut, s'étend la seule exploitation de quinquina de Côte d'Ivoire, car cette plante exige une certaine altitude.

Jusqu'à la Guinée

Mais ce n'est pas au sommet du mont que l'on profite le mieux du spectacle incomparable qui s'étend jusqu'à la Guinée. En effet, ce sommet est occupé par un relais de télévision dont la terrasse est interdite à ceux qui n'ont pas demandé une autorisation... c'est-à-dire presque tout le monde, car personne ne pense à avertir le touriste qu'elle est nécessaire. D'ailleurs qui le sait en dehors du gardien ? Un peu avant ce sommet (on le repère justement à cause de cet affreux relais), il vaut donc mieux prendre une piste sur la droite qui conduit à une maison, la plupart du temps fermée ; servant de résidence de passage à de hauts fonctionnaires ivoiriens, elle est entourée de jolis arbustes et, de sa terrasse, le visiteur peut tout à loisir profiter de la vue.

Tieni, perché sur son rocher

La Dent de Man représente une excursion mixte : il faut suivre en voiture l'ancienne route de Biankouma au nord, pendant 8 kilomètres, puis entreprendre à pied l'escalade des quelque 5 kilomètres qui séparent de l'aiguille finale. Plus difficile que la promenade de la cascade, cette excursion demande l'escorte d'un guide (demander à l'hôtel des Cascades), de bonnes chaussures non dérapantes et une matinée complète.

A l'est de Man, pratiquement aucun circuit ne prévoit la visite de Tieni-Siabli.

LÉGENDE DU LAC DE KOUTO

A proximité de Kouto au nord de Boundiali un petit lac appartient à une famille Sénoufo qui a pleins pouvoirs mystiques sur lui et sur les crocodiles et les poissons qui s'y cachent. L'étranger, même s'il a demandé l'autorisation de s'approcher du lac, ne pourra voir ni les uns ni les autres. En revanche, il apercevra, comme un salutaire avertissement, une grosse pierre dont la forme générale évoque un cavalier et son cheval.

Ce cavalier était venu puiser de l'eau dans le lac sans permission de la part des propriétaires : pour sa punition, il fut changé en pierre ainsi que son cheval et, depuis lors, les bords du lac sont interdits aux chevaux. Des sacrifices sont accomplis près de la pierre et, la nuit, les crocodiles viennent manger les aliments offerts. Mais il vaut mieux ne pas tenter de les apercevoir !

Seuls des initiés, tenus de respecter scrupuleusement leur anonymat, peuvent porter le masque sacré de la danse des échassiers. La moindre indiscrétion coûtera la vie à celui qui n'aura pas gardé le secret (photo M. et A. Kirtley/Editions du Jaguar).

Siabli est un village neuf construit en bordure de la piste sur un terrain plat par les anciens habitants de *Tieni*. Celui-ci a presque totalement été déserté, en raison de son emplacement sur un énorme bloc de rocher dominant à pic la route et les nouvelles maisons. Il faut bien reconnaître que celles-ci doivent être plus pratiques à habiter. Mais pour la séduction et l'originalité, le nouveau village ne peut guère rivaliser avec le hameau-mère. Seules quelques cases sont encore occupées sur le rocher par le doyen du village et sa famille. Le vieillard a refusé tout net d'abandonner l'endroit où ses ancêtres, fondateurs de Tieni, sont enterrés. Sa maison est juchée sur l'extrême bord de la falaise rocheuse, du côté opposé à celui que l'on escalade – de préférence pieds nus – depuis Siabli. Elle bénéficie ainsi d'une double exposition sur des vallées opposées, bornées l'une et l'autre par des montagnes. Mais, sur la gauche, le haut du rocher est presque rejoint par une ondulation du sol, sur laquelle s'étend le bois sacré, avec, sur sa lisière, la case des fétiches.

De sa maison et de l'apatam où se balance un hamac, le vieil homme reste en liaison visuelle permanente avec ces sanctuaires et veille à ce que les traditions ne meurent pas. Certes, l'initiation des jeunes filles et des jeunes garçons Wobé de ces deux villages dure maintenant moins longtemps qu'autrefois : un mois au lieu d'un an pour les filles, formées à leur vie de femme par les matrones ; quelques jours et non plus un mois pour les garçons relégués dans le bois sacré.

A la fin de ces délais, l'initiation se termine toujours par l'excision pour les filles et la circoncision pour les garçons, et elle est suivie de fêtes rituelles, pendant lesquelles les jeunes portent un costume et un maquillage spéciaux pour exécuter les danses adaptées à la circonstance.

Les danseurs Yacouba de la région

La région de Man est d'ailleurs particulièrement célèbre par la variété et la qualité de ses danses. Deux des plus connues sont la danse acrobatique réalisée par des échassiers et la danse de Tematé, mimant le cycle végétatif du riz et représentée par des jeunes filles.

Il y en a bien d'autres, impossibles à toutes citer ici. Les danseurs, généralement des initiés, portent la plupart du temps eux-mêmes des masques, de différentes représentations. En 1979 s'était déroulé à Man un Festival de Masques qui avait remporté auprès du public un succès considérable, mais qui avait posé des problèmes religieux, certains grands masques sacrés ne pouvant être vus, ni sortis de leur case dans n'importe quelle condition. Ce festival fut renouvelé en février 1983, mais cette fois les traditionnalistes avaient veillé à ce que nul « sacrilège » ne put être commis. Il est pourtant à remarquer que désormais on évite une manifestation qui continue à choquer bien des gens, par ce glissement du sacré au « folklorique » !

Facobly est connu pour ses danseuses de Tematé, mais aussi parce que la piste qui y accède traverse plusieurs villages aux cases intactes et conduit ensuite, après *Gbezio*, qui vaut un arrêt, à *Kiriao*. Plus loin encore, la piste aboutit au *mont Klahoyo*, qui renferme le plus important gisement de fer de la région. Malheureusement, son exploitation pose de tels problèmes, comme une évacuation exigeant la construction d'un chemin de fer jusqu'à San Pedro, qu'il ne semble pas question de l'entreprendre pour l'instant. En attendant, sa crête offre donc sur six kilomètres de long une vue splendide sur les vallées et les plantations de café et de cacao environnantes.

Superbes, les sommets se découpent

Le nombre d'excursions à entreprendre dans toutes les directions est considérable. Bien entendu, on peut se baser à Man pour visiter *Biankouma*, *Gouessesso* et la route de *Sipilou*. On peut aussi, en partant de la piste allant vers Séguéla, prendre très vite à gauche l'ancienne piste de Biankouma qui traverse une série de collines et passe à proximité d'une autre cascade.

En continuant la piste de *Séguéla* presque jusqu'au Sassandra (environ 1 km avant, sur la gauche), on trouvera une piste très facile à suivre en saison sèche qui conduit à *Koulikoro*. Elle n'a rien d'extraordinaire jusqu'au tournant qui précède ce village et passe au pied d'une petite colline. Stop ! Il faut laisser là la voiture et s'aventurer de rocher en rocher sur la gauche jusqu'à trouver une plateforme dénudée dont la pierre est si lisse qu'on croirait presque qu'elle a été cimentée. Tout autour d'un cercle d'une dizaine de kilomètres de diamètre se découpent les sommets des environs. C'est superbe. Dans la brousse environnante vit une faune surtout composée de petit gibier, d'antilopes, de phacochères... Y a-t-il des léopards ? En tout cas ils sont discrets ! L'endroit se prête au camping, d'autant qu'on peut trouver quelque ravitaillement à Koulikoro et qu'à 4 km au-delà du village, le Sassandra invite, lui, à la pêche.

A l'ouest de Man, la ville de *Danané* mérite une visite, ne serait-ce que pour voir les très beaux ponts de lianes qui franchissent le Cavally à *Drongouineu*, *Vatouo* et *Lieupleu*, puisque, pour se rendre dans ces trois villages, il faut passer par Danané. De cette ville partent d'autres beaux itinéraires comme celui qui mène à la frontière de la Guinée, par Gbé-Nda, et celui de la réserve du *mont Nimba*, point culminant de l'Afrique occidentale avec ses 1 752 mètres.

Un hôtel modeste mais convenable

Mais, à condition d'avoir une voiture tout terrain, cela vaut la peine d'explorer les petites pistes du sud-ouest de Danané conduisant vers la frontière libérienne. La forêt, les villages, souvent intacts, les gens aimables, tout parle de sérénité et de permanence.

Pendant longtemps, le manque d'hébergement à Danané et la difficulté des pistes ont freiné l'enthousiasme des touristes. Aujourd'hui, un hôtel modeste mais convenable permet de coucher et de prendre ses repas dans cette ville étape. Le meilleur itinéraire pour revenir à Man consiste à prendre la piste qui monte de Danané vers le nord jusqu'à Sipilou, puis bifurque plein est vers Gouessesso et Biankouma. Signalons cependant que, depuis la fin de 1989, la piste directe Danané-Man est bitumée.

(Voir renseignements pratiques p. 180.)

odienné

■ Après les plaines à peine bosselées du pays Sénoufo, la région d'Odienné surprend par son caractère accidenté : la piste qui va de Boundiali à la capitale Malinké du Nord progresse entre de nombreuses collines qui prennent ici des allures de montagne. Ses 135 kilomètres très sinueux semblent s'allonger à l'infini, surtout lorsqu'on essuie en chemin l'un des formidables orages dont tout l'Ouest, du nord au sud, semble avoir la recette toute particulière.

Hélas, Odienné, comme tant d'autres, a de la modernité subi l'irréparable outrage. Presque tous ses magnifiques fromagers et flamboyants ont été coupés pour des raisons de sécurité, surtout les fromagers que les tornades déracinent facilement.

Mais la rénovation ne s'est pas arrêtée là : l'ancienne organisation de la ville en « kabla », quartiers regroupant un ensemble de foyers liés par des liens amicaux ou familiaux, a éclaté, et les cases ont été remplacées par des maisons en « dur » dont l'enchaînement ne peut plus correspondre à l'ancien urbanisme.

Cette vague de transformations a été différemment appréciée par les habitants. Beaucoup ont regretté un abattage d'arbres peut-être plus radical qu'il n'eût été nécessaire. Certains ont su utiliser le béton et le ciment pour construire des habitations propres, aux murs solides mais crépis de blanc, au sol intérieur en ciment mais au toit de chaume.

Le dynamisme des Malinké

A côté de l'hôtel des Frontières, un groupe de trois ou quatre cases attire ainsi l'attention par son aspect pimpant, dû en partie à des portes laquées d'un beau rouge qui se marie fort bien avec le blanc des murs et la paille de la toiture. Leur propriétaire en est très fier, et s'il surprend la moindre curiosité de la part des voyageurs hébergés à l'hôtel, ses voisins, il les invite à pénétrer chez lui pour se rendre compte de la fraîcheur provoquée par la couverture végétale.

Ailleurs, un notable a marié une architecture moderne avec l'utilisation systématique du bois sculpté à la manière Sénoufo. Il s'agit là d'une idée fort heureuse qui pourrait contribuer à maintenir en bonne santé l'artisanat du Nord, si elle était suivie davantage.

Cependant, l'art Sénoufo n'est pas ici chez lui : si désormais la paix règne entre les deux principales ethnies de la région, il n'en a pas toujours été ainsi. Et d'ailleurs, elles sont bien différentes.

En effet, contrairement au Sénoufo, le Malinké est d'abord un guerrier. Vakaba Touré, fondateur du royaume et de sa capitale Odienné, en est l'exemple parfait et reste dans toutes les mémoires. Sa tombe, située en pleine ville, à proximité de la grande mosquée, est toujours honorée et signalée au visiteur dès son arrivée. Il existe encore dans la ville des descendants de ce grand homme. C'est évidemment passionnant que d'avoir la bonne fortune d'en rencontrer qui acceptent d'évoquer la mémoire de leur aïeul : leurs souvenirs constituent un trait d'union vivant entre l'époque de l'expansion Malinké et de l'alliance de son chef Mango-Mamadou Touré, avec Samory dont il était le gendre, et la Côte d'Ivoire moderne. Il va de soi que le portrait du guerrier Samory est peint en pays Malinké d'une toute autre manière que dans les régions qui n'ont pas fait cause commune avec lui.

Odienné dans le schéma directeur d'aménagement

Le Malinké, ne pouvant plus être un guerrier dans la vie moderne, est devenu un homme d'affaires entreprenant et avisé. Or des affaires à Odienné, il n'y en a malheureusement plus guère. De plus, le travail forcé, imposé par les colonisateurs, a montré à cette race dynamique le chemin du sud et en particulier d'Abidjan, où elle peut davantage exercer ses qualités. D'où un exode permanent des éléments les plus productifs et énergiques de sa population. C'est pourquoi la modernisation de la ville a été un des premiers efforts gouvernementaux pour endiguer cet exode, et il n'est pas le dernier. Un schéma directeur d'aménagement de toute la région Nord prévoit de prendre Odienné comme l'un de ses deux pôles de développement, l'autre étant Korhogo. C'est dans cette optique qu'a été réalisé le bitumage de la route montant de San Pedro et se raccordant à Soubré avec celle d'Abidjan.

Mais l'aménagement d'une région passe nécessairement par la formation de la jeunesse, notamment sur le plan professionnel. Pour éviter les dépenses inutiles, les lycées professionnels de Côte d'Ivoire se sont spécialisés et chacun groupe les élèves de tout le pays pour une catégorie de métiers. A Odienné, il s'agit d'un lycée centré sur l'agro-alimentaire, ouvert en 1985, qui délivre au bout de trois ans un brevet de technicien.

Le désenclavement de la région, quand la route venant de Ferkessédougou sera entièrement bitumée, optimisera alors au mieux ses productions axées sur l'élevage, vocation séculaire, et plus récemment sur la production fruitière.

De nombreux vergers

Les nombreux vergers qui encerclent la ville constituent l'un de ses plus grands charmes. L'un d'eux, avec ses champs de palmiers, de manguiers, de goyaviers, d'orangers, de mandariniers, d'anacardiers, de pamplemoussiers, est particulièrement joli. Cette impression de luxuriance, on l'éprouve aussi lorsqu'on atteint, tout de suite après l'aéroport, un joli petit lac où un particulier construit peu à peu un complexe touristique : restaurant-bar et tennis sont en activité, un autre restaurant sur pilotis, des chambres en bungalows seront bientôt opérationnels.

L'amateur de pêche peut également trouver son bonheur à quelques kilomètres, au barrage du Baoulé.

Le mont Dienguélé en toile de fond

En saison sèche, les touristes ont la possibilité de faire des excursions plus lointaines, comme celle du *mont Dienguélé*, dont le massif constitue la toile de fond de la ville. Après un trajet en voiture de 12 kilomètres, on peut commencer à gravir à pied les pentes des premières collines qui s'enchaînent. Certains vont bivouaquer plus haut pour escalader ensuite des passages rocheux intéressants mais pas à la portée de n'importe qui.

Au nord, *Samatiguila*, plus encore qu'Odienné, conserve le souvenir de Vakaba Touré : un musée contient les armes du héros.

Guéléban, à la frontière guinéenne, *Kimbirala*, à 25 kilomètres sur la route du Mali, sont célèbres pour leurs troupes de danseurs et danseuses, magnifiquement parés.

Il ne s'agit pas, chez les Malinké, d'un rituel interdit aux non-initiés, mais de réjouissances auxquelles tout le monde peut participer.

(Voir renseignements pratiques p. 180.)

Peut-on encore parler de « danse »
lorsque des petites « initiées »,
après avoir effectué plusieurs sauts périlleux,
se reçoivent sur des poignards ?

san pedro

■ La ville de San Pedro existe-t-elle ? Au premier abord, le visiteur en doute, car il n'aperçoit qu'un port et ses installations, deux rues commerçantes, quelques quartiers disséminés de part et d'autre d'une immense zone marécageuse... Est-ce donc là cette ville nouvelle destinée à concurrencer Abidjan ?

Un peu partout, autour du port, entre les zones les plus peuplées situées au niveau de l'océan, des collines, parfois abruptes, entièrement recouvertes de forêts, rappellent, comme des témoins muets, le passé si proche encore où dans toute la région la nature était pratiquement inviolée.

Mais peu à peu, en bavardant avec les habitants de cette ville fantôme, il découvre la réalité de celle-ci et la philosophie de ceux-là.

Une ville de pionniers

En vérité l'aménagement de San Pedro n'a pas été facile. Au lieu des 25 000 « pionniers » prévus, il y en eu trop rapidement 40 000. Devaient-ils être refoulés ? Il fallait plutôt les loger, vite et à bon marché, car la plupart n'avait pas de revenus importants ni même stables dans ce chantier en ébullition. Certains ont trouvé un gîte dans des habitations aussi simples que possible pour que les prix soient à leur portée. Elles n'ont pas suffi. Les « sans-logis » ont eu l'autorisation de se débrouiller comme ils le pouvaient dans le *quartier du Bardo*, au nord, à la limite d'un quartier industriel qui a poussé à la sortie de la ville et non, comme prévu, en bordure du port. La priorité ne se trouvait donc pas du côté d'un « bel » urbanisme, mais de la nécessité de procurer à tous les conditions sanitaires indispensables. Aujourd'hui le quartier du Bardo, multiplié par quatre, se divise en sous-quartiers grouillants de monde et de vie, de gaieté aussi, avec son ou ses marchés.

Presque indépendant de San Pedro, on ne le remarque pas en arrivant, car il se trouve enveloppé et isolé par la grande avenue pénétrante venant du carrefour des routes Soubré-Grand Bereby et l'avenue de l'aéroport. Et en face de lui, l'autre grand quartier populaire, Seweké, avec sa gare routière et ses nombreux

LA FILIATION CHEZ LES AKAN

■ *La filiation utérine était seule reconnue. De ce fait, les enfants relevaient de l'autorité de leurs oncles maternels, le père, géniteur théorique, possédant peu de droits sur sa femme et ses enfants et laissant ses biens soit à ses frères et sœurs de même mère soit aux enfants de ses sœurs de même mère. Très fréquemment les ethnies en rapport avec les Ashanti ou assujetties par elles ont calqué leur organisation familiale sur le patron Ashanti improprement appelé « matriarcat ». Les anciens Ashanti révéraient le ciel, la terre peuplée d'esprits bons ou mauvais et surtout les morts en l'honneur de qui étaient célébrés la plupart des cultes et des sacrifices. La croyance au « collège » des ancêtres (qui veillent sur la communauté des vivants, la jugent, la punissent et la récompensent) était à la base des morales et des coutumes. De ce fait, les délits et les crimes contre l'individu avaient beaucoup moins d'importance que les atteintes à la communauté et la violation des interdits collectifs et des coutumes.*

PIERRE DU PREY
« La Côte d'Ivoire de A à Z »

petits hôtels bon marché, ruisselant à toute heure de musique, est lui aussi isolé du reste de la ville par la zone industrielle étendue qui lui succède des deux côtés de l'avenue, devenue « de la République », avant que celle-ci ne traverse le lac recouvrant en partie les marécages et ne pénètre dans le quartier commerçant et administratif de « la Cité ». Partout les plans primitifs d'urbanisme ont été repris en souplesse pour faire face à des complications dues à la nature difficile du sol, quitte à donner une incontestable impression de dispersion ou à l'évolution de l'implantation : le parc à bois, par exemple, prévu à côté du port se retrouve par la volonté des forestiers tout au nord, derrière le Bardo et Seweké parce qu'il était plus facile d'y décharger les billes..., ce qui a entraîné en chaîne des activités complémentaires et l'implantation de la zone industrielle là où elle non plus ne devait pas être.

Mais où sont les quartiers résidentiels ?

Que ce soit dans le quartier du « lac » ou celui de la Cité, si les habitations sont d'un standing plus élevé qu'à Seweké et au Bardo, elles restent assez modestes ne laissant essentiellement la place qu'à des immeubles administratifs, des bureaux, des commerces. Dès que la nuit tombe, tout s'explique. Les collines de Sonouko, du Poro que l'on croyait désertes comme celles qui surplombent directement le port et ses abords, s'illuminent peu à peu et si leurs lumières ne sont jamais aussi denses que celles que l'on voit en plaine, c'est bien parce qu'elles appartiennent à des résidences entourées de beaux jardins dont les arbres dissimulent les constructions.

Mais il est vrai que la crise a considérablement vidé ces beaux quartiers, comme elle a freiné, à l'extrême-ouest l'aménagement du quartier Balmer, censé devenir une zone touristique.

Pourtant l'ancien motel Balmer, à quelques kilomètres du centre, complètement remanié, est, depuis la fin de 1989, devenu un quatre étoiles de luxe d'une grande élégance avec piscine et golf. Il domine une immense plage déserte dont la seule animation, tôt le matin, est procurée par le retour des pêcheurs du village voisin.

Au-dessus de l'hôtel précédent, a ouvert plus récemment le village-hôtel, Les Hauts de Digboué, dont le nom évoque celui de la lagune toute proche et pratiquement vierge puisqu'aucune route n'y conduit. Ses bords dentelés, percés de cheneaux, sont d'une exceptionnelle beauté, avec le fouillis impénétrable de leurs palétuviers qui se rejoignent en tunnels dominés par les géants de la forêt primaire.

Comment préserver la lagune ?

On pouvait redouter pour cette lagune le sort de tant de sites dont tous les arbres ont été coupés pour faire place à un gigantesque bastion de béton.

Mais San Pedro, confrontée à la crise du bois qui a compromis son développement, ne s'est pas étendue vers l'ouest comme prévu, loin de là : non seulement le quartier prévu primitivement au nord de celui de Balmer ne s'est pas réalisé, mais on constate un nombre important de maisons résidentielles non occupées. On attend beaucoup de l'achèvement de la route côtière qui met San Pedro à environ quatre heures de voiture d'Abidjan. Les projets touristiques abondent déjà. Mais il est raisonnable d'estimer que dans un premier temps le quartier Balmer suffira certainement aux futures réalisations, sans qu'il soit besoin avant longtemps de toucher à la lagune, à ses îles dont antilopes, singes, oiseaux resteront les seuls locataires.

S'il est besoin de trouver une extension au futur quartier touristique, un projet de 250 chambres, voire plus, concerne la pointe Taki, avançant dans la mer beaucoup plus à l'ouest et commandant une baie entièrement protégée de la barre. Mais sa réalisation demeure lointaine. En l'attendant, il reste de beaux jours pour les amoureux de cette région splendide et encore intacte, qui pourront se loger très confortablement dans les différents hôtels existant comme l'Atlantique, le Balmer, les Hauts de Digboué ou des établissements plus anciens tels le motel Arso ou le Napoléon, en cours de régénération.

La liaison aérienne avec Abidjan, qui avait été momentanément interrompue, devait reprendre en décembre 1995 et l'on parle toujours de consolider la piste existante pour que les moyens courriers puissent s'y poser sans problème.

(Voir renseignements pratiques p. 180.)

NVA MEN

Dans la journée, les enfants réparent les filets qu'utiliseront les pêcheurs, lorsqu'ils se réuniront, parfois à plusieurs centaines, au large de la baie de Sassandra. De la corniche rocheuse qui domine la mer et la ville, le matin de bonne heure, cette concentration de pirogues est impressionnante.

sassandra

■ En 1730, le géographe français des Marchais choisit le site de Sassandra pour s'y établir : il avait bon goût. Avant lui, de nombreux marins européens s'étaient déjà réfugiés dans sa rade pour éviter d'être drossés contre les rochers qui la bordent à l'ouest. Parmi eux, les Portugais avaient laissé leur marque, car Sassandra serait la contraction de San Andréa.

La ville était donc déjà un comptoir important quand elle fut placée sous protectorat en 1891. Mais ce ne fut qu'en 1951 qu'un wharf permit à Sassandra de devenir un véritable port de commerce où les billes de bois de la région pouvaient être embarquées.

La concurrence de San Pedro

Sur ce plan, la création de San Pedro a été un coup très dur, puisque le port de Sassandra n'a plus de raison d'être. Pour compenser ce coup, il lui faut développer ses possibilités agricoles et touristiques. D'ailleurs, l'exploitation forestière pratiquée depuis longtemps dans la région est en baisse : les gens du métier appellent avec dérision « marchands d'allumettes » ceux qui continuent à tirer du bois de certaines zones plus de dix fois soumises aux mêmes endroits à l'abattage. L'arrière-pays de Sassandra, jusqu'ici recouvert de forêts, a été reconnu comme possédant un sol excellent pour toutes les cultures industrielles pérennes, la production des agrumes et des arbres à essence.

Les Fanti, pêcheurs avant tout

Mais les Fanti qui, avec les Néyo, peuplent la ville, sont avant tout des pêcheurs : le matin très tôt, à l'extrémité du port, c'est un spectacle extraordinaire, surtout pour ceux qui se trouvent perchés sur la haute falaise le dominant, que de voir jusqu'à soixante-dix pirogues rassemblées pour aller pêcher à la ligne au large des rochers. Aussi les Fanti ont-ils du mal à se transformer en agriculteurs. Heureusement, la côte ouest, très peu peuplée, a attiré de nombreux immigrants et, parmi eux, des « déguerpis » de la région de Kossou, excellents paysans.

Si son avenir semble prometteur sur le plan du développement agricole, Sassandra a également une carte très importante à jouer au point de vue touristique.

Depuis longtemps, les Abidjanais aiment à venir passer ici les vacances de Noël ou de Pâques. Autrefois, le voyage se faisait par paquebot et les passagers étaient débarqués dans des paniers à claire-voie qui les prenaient sur le pont du navire pour les déposer sur le wharf. Puis l'avion a remplacé le paquebot. Il est à prévoir que l'ouverture officielle du nouveau pont sur le Sassandra, aux portes de la ville, le 2 décembre 1994, et celle du tronçon de la côtière qui s'y raccorde, vont donner une nouvelle impulsion aux transports routiers et au destin touristique de Sassandra qui n'est plus qu'à 275 km, entièrement bitumés, d'Abidjan.

Jusqu'à présent, Sassandra était très peu fréquentée par les voyageurs étrangers. Du reste, sa capacité hôtelière est faible, malgré la modernisation et l'agrandissement qui ont nettement amélioré le campement-hôtel. Bien situé sur la plage s'incurvant à l'est du port, à l'entrée de la lagune de sable qui prolonge la terre ferme et s'avance dans l'embouchure du Sassandra, il est parfait et l'on s'y sent aussi bien accueilli que dans l'hôtel de l'Ouest, lui aussi modernisé depuis peu mais pas agrandi.

Un paradis dans une crique

Naguère, la spécialité de Sassandra était la chasse au crocodile, qui se pratiquait la nuit et demandait un coup d'œil fort exercé : percevoir les petits yeux de ces sauriens n'est déjà pas facile, mais il vaut mieux également, avant de saisir ces aimables bestioles par la queue, être capable d'évaluer leur taille, qui va de 50 centimètres à plusieurs mètres !

Cette chasse en principe est interdite. Il restera l'essentiel : la navigation le long d'un rivage percé de chenaux qui pénètrent au cœur d'une forêt où abondent les oiseaux.

La falaise rocheuse, à l'ouest du port, domine la mer, d'un côté, et la vallée bordée par la route, de l'autre. Elle constitue le quartier résidentiel de la ville et procure une vue spectaculaire sur tout l'environnement de Sassandra, y compris, sur sa droite, une baie terminée par un promontoire dont le seul bâtiment est le collège des garçons. Heureux enfants, heureux professeurs qui y logent !

Si l'accès de Sassandra reste facile depuis San Pedro en taxi de brousse, le plus compliqué est de se rendre sans voiture personnelle sur les plages qui festonnent la côte : *Polyplage*, *Batélébré*,

séguéla

Lableko, *Lagnega*, *Lateko*, toutes suffisamment protégées de la barre pour permettre la natation.

Le précédent gérant de l'hôtel de l'Ouest avait découvert aux portes de Sassandra une crique inhabitée dont le propriétaire coutumier, à condition d'effectuer les sacrifices rituels, avait accepté de lui céder l'usage. Un campement de paillotes né dans ce paradis, nommé « Le Bivouac », avec transport organisé, permettait d'y coucher ou simplement d'y pique-niquer pour le déjeuner. Souhaitons qu'il soit réorganisé par le nouveau patron. Par ailleurs, Polyplage est accessible par un taxi de brousse qui part de Sassandra le matin de bonne heure. On peut, si l'on est bon marcheur, en revenir à pied par la plage ou par un sentier qui traverse plusieurs villages.

Les richesses de la mer

Beaucoup plus loin, vers San Pedro, Victory et Monogaga, deux autres plages somptueuses, n'abritaient que des campeurs : depuis peu est installé à Monogaga un excellent campement, la Langouste d'Or qui rend le séjour dans cet endroit paradisiaque encore plus paradisiaque.

Ce n'est sans doute qu'un début : un projet existe concernant la baie de Niéga, après Lableko, à quelques kilomètres à l'ouest de Sassandra. Espérons qu'il ne sera pas trop important !

En attendant, la côte, très rocheuse autour de Sassandra, reste le domaine des moules, crabes, oursins, langoustes, coraux violets, coquillages.

Avis aux amateurs de pêche en mer : le meilleur moment pour capturer barracudas, thons, espadons et carpes rouges se situe de novembre à début avril. Pendant la saison des pluies, le Sassandra charrie une masse considérable d'alluvions qui troublent la mer sur plusieurs milles.

(Voir renseignements pratiques p. 181.)

■ A quelques kilomètres près, Séguéla aurait pu faire partie, comme sa voisine *Mankono*, de la région Centre et être entraînée dans sa réorganisation. Mais non, elle est restée en dehors. En revanche, englobée dans le schéma directeur de la zone Nord, elle partage sa vocation agricole et pastorale.

Sur le plan touristique, avec ses belles avenues ombragées de manguiers, elle ne manque pas de charme, et ses environs où abondent les dômes granitiques sont attrayants.

Vers l'est, sur la route de *Kongasso*, de mars à mai, la Marahoué peut se passer à gué sur une chaussée submergée le reste de l'année. Pendant cette courte période, en aval de la chaussée, de grandes plages de sable fin sont découvertes et les pique-niques sous les grands arbres qui les bordent peuvent être accompagnés de promenades en pirogue.

En venant de Boundiali, on passe à proximité des exploitations diamantifères de *Bobo* et de *Toubabouko*, peu après Kani. Mais il semble que toute la région soit riche en terrains diamantifères.

L'itinéraire Séguéla-Daloa, entièrement bitumé, traverse *Goulahonfla* où se dresse une colline rocheuse de plusieurs centaines de mètres de haut, appelée la *montagne de Vavoua*. Au pied de la colline, un musée, créé par M. Djouman Mihin, rassemble une collection extraordinaire de fétiches, de vêtements magiques et de masques.

Les amateurs d'escalade trouveront avec le rocher qui domine le musée tous les plaisirs que peut offrir la haute montagne : cheminées impressionnantes, à pics et, au sommet, une vue magnifique.

De Vavoua, au lieu de continuer vers Daola, il est possible de prendre à l'est la route de *Zuénoula*, centre de l'art Gouro et dernier point de la résistance des Gouro contre la colonisation française. Des environs de Zuénoula, plus à l'est, on découvre le lac de Kossou à l'endroit où il est le plus large. A l'ouest de Vavoua, plusieurs pistes permettent de pénétrer dans une zone très peu fréquentée, ce qui explique sa richesse animale.

Quant à la petite ville de Vavoua, devenue en 1985 préfecture d'un nouveau département, depuis le bitumage de la route, elle prend régulièrement de l'importance, au milieu d'une zone de café-caca-riz-maïs et de cultures vivrières.

On ne s'attend pourtant pas à la naissance dans cette zone d'un nouveau Tortiya (voir rubrique à ce nom).

(Voir renseignements pratiques p. 181.)

A proximité de Man, la cascade du mont Tonkoui constitue une des plus belles promenades de la région, et elle peut se faire aussi bien à pied qu'en voiture.

tabou

■ Tabou a l'avantage de se trouver à la croisée de deux mondes et de deux beaux circuits, le premier venant du nord par *Taï*, le deuxième suivant la côte depuis la frontière ghanéenne grâce à la nouvelle route. La petite ville, en elle-même, donne au premier abord l'impression de ne guère valoir un arrêt prolongé.

En partant du campement-hôtel par la plage précédant celle des pêcheurs Krumen et en longeant le bord de la mer jusqu'à l'ancien wharf qui forme l'extrémité ouest de la ville, une demi-heure suffit pour se retrouver à son point de départ, après avoir visité le marché.

Il est évidemment possible de prolonger aussi longtemps que l'on veut le plaisir en repartant à gauche sur la plage pour atteindre, derrière un banc rocheux et un autre village de Krumen, une seconde plage d'autant plus solitaire qu'aucune route n'y conduit.

Mais il faut absolument monter jusqu'au sommet de la petite colline où demeure, solitaire, l'ancienne maison du commandant de cercle français. Celle-ci est l'objet de bien des convoitises, car elle ferait une belle résidence privée ou un hôtel merveilleux. Elle est en tout cas un but de promenade, pour la vue qui s'offre à ses pieds.

Le campement-hôtel de Boubélé

Pour toute personne avide de repos, la solitude et le calme sont les atouts réels de Tabou : les pêcheurs sont en mer, et les autres hommes embarquent une grande partie de l'année sur les cargos qui cabotent le long du golfe de Guinée, car ce sont d'habiles manœuvres spécialisés dans l'embarquement des billes de bois.

A partir des deux modestes hôtels de la ville, il est possible de faire plusieurs belles excursions, si l'on est motorisé, en direction du Cavally et de son embouchure.

Pendant plusieurs années, ces excursions étaient réalisées à partir du merveilleux campement hôtel de Boubélé, à 20 km de Tabou vers Grand Bereby, à l'embouchure de l'Houo. En 1995, il était abandonné : c'était pourtant l'une des plus intelligentes réussites de la côte ouest. Il est impossible qu'elle ne renaisse pas un jour ou l'autre.

(Voir renseignements pratiques p. 181.)

tortiya

■ S'il est un lieu qui fait rêver par le poids d'aventure qu'il suggère tout comme par la personnalité exceptionnelle de celui qui l'habite, c'est bien le campement de Marius, la Paillote, à Tortiya. Tout y est : la naissance d'une ville là où rien n'existait avant 1947 ; une ambiance évoquant les romans de Jack London et leurs chercheurs d'or toujours prêts à la bagarre ; la recherche des diamants (industriels et de joaillerie) dont le sol est truffé sur plusieurs centaines d'hectares et l'énigme posée par ces hommes rudes risquant leur vie pour un espoir très mince, puisqu'en moyenne ils ne gagnent pas plus, à ce travail épuisant et dangereux, qu'à peine 50 000 francs CFA (500 FF) par mois.

La naissance de Tortiya

En 1947, un prospecteur de la société minière Saremci découvre un gisement diamantifère à une centaine de kilomètres au sud de Korhogo, sur les bords du Bou, et baptise l'endroit Tortiya pour la simple raison qu'il est en train de lire le chef-d'œuvre de John Steinbeck.

L'exploitation commence d'abord dans des conditions très artisanales : la main-d'œuvre ne coûte pas cher. On transporte la terre dans des paniers portés sur la tête et on la lave dans le Bou pour en dégager les pierres. Peu à peu l'exploitation se fait plus scientifique, avec centrale électrique et usine traitant un million de mètres cubes par an pour produire de 150 à 200 000 carats. Et puis on s'aperçoit, en 1974, qu'on dépense plus qu'on ne gagne et la Saremci cesse à Tortiya ses activités.

C'est alors que commence l'aventure des « petits ». Car dans les énormes quantités de terre déplacée tout le monde est sûr qu'il reste des diamants : celui qui reprend le travail sans frais inutile... et qui a de la chance, peut y trouver la fortune !

De partout arrivent des hommes qui acceptent les risques pourvu qu'à la clé, il y ait la liberté et le rêve : le gros diamant, celui qui va rendre riche, c'est sûrement demain qu'on va le déterrer ! Tant pis pour le travail qui consiste à creuser des puits à la pelle, puis, sur les côtés, des galeries qui risquent de s'effondrer à tout moment. Peu importe même que celui qui n'a pas fini étouffé sous la terre puisse être poignardé par un concurrent : la vraie richesse, c'est le rêve de richesse !

Marius Sauvade, celui qui, pour toute

la Côte d'Ivoire, est d'abord Marius, était prospecteur de la Saremci. Il fait alors partie de ceux qui sont convaincus que l'aventure du diamant n'est pas finie. Il reste à Tortiya pour travailler à son compte. Laissons à ceux qui viendront dans son campement le plaisir d'entendre de sa bouche le récit des aventures, souvent pénibles, qu'il eut alors à vivre, en particulier quand il tenta de recommencer officiellement l'exploitation de la mine avec des nouveaux venus espagnols, disparus depuis. Là encore on ne peut s'empêcher de songer aux héros de Jack London ne reculant devant rien pour s'approprier les trouvailles des autres ou pour les inciter à renoncer à leurs projets. Les Espagnols se sont découragés. Marius, lui, est resté dans ce pays où il dit vouloir finir sa vie. Il lui fallut pourtant affronter de multiples rivalités et même les délices discutables d'une prison locale ! Mais une force de la nature comme lui ne se laisse pas abattre pour si peu !

Lever de soleil sur le Bou

Après la fermeture de la Saremci, il s'était installé dans l'ancien cercle des cadres de cette société. Après la fin – malheureuse – de la deuxième aventure, au milieu des années 1980, il a pour sa part abandonné son rêve mais pas celui de permettre aux autres de continuer à rêver. De plusieurs manières.

D'abord il a aménagé un cadre confortable, avec chambres climatisées et salles d'eau, mais avec paillotes-restaurants, tout ouvertes sur la nature et construites sur le bord du Bou, qui laissent passer les odeurs de la brousse et les bruits de la nuit. Le matin vers 6 h quand il fait encore sombre, elles voient passer des ombres silencieuses qui montent à bord de pirogues pour aller assister au lever de centaines de milliers de hérons garde-bœufs et de cormorans. Ils dorment groupés sur les arbres bordant le Bou à un endroit bien délimité et, au lever du soleil, d'un seul coup s'envolent en remplissant le ciel de battements d'ailes et d'un tourbillon blanc.

Le Bou reste d'ailleurs au cœur de la plupart des activités de la Paillote, puisqu'on descend pour aller voir des hippopotames, pour pêcher, pour gagner un deuxième campement, celui de Sovadougou, encore plus proche de la nature, avec ses dortoirs entourés de murs à mi-hauteur, et ses lits à moustiquaires.

Ce campement fait partie de la zone diamantifère qui n'est pas oubliée dans les activités proposées par Marius, puisque ceux qui le désirent peuvent faire pour leur compte une recherche de diamants, avec possibilité de garder les pierres découvertes... quand il y en a.

Il est possible aussi de visiter les exploitations. Le lundi, personne ne travaille, sauf quelques acharnés qui n'ont pas peur de braver les superstitions : on dit que si le lundi est jour de repos, c'est parce que c'est ce jour-là qu'ont eu lieu les plus graves accidents. Du mardi au samedi, tout le monde est là et les femmes viennent préparer les repas qui aideront les mineurs à tenir le coup.

Les visiteurs qui ne redoutent pas les éboulements peuvent descendre, grâce à de précédentes coulées de terre, dans un réseau de galeries : avec leurs murs de différentes nuances de rouge, éclairés par l'or tombant verticalement des puits, elles représentent une vision superbe.

En ville, on peut assister à la vente de la production du jour dans le bureau des acheteurs ou arpenter des rues à la population... de caractère !

Autour de la table d'hôtes

Le soir est un moment privilégié, puisque tout le monde dîne en table d'hôtes présidée par Marius et sa femme Adjoua, qui compose en fine cuisinière des menus délicieux où s'associent plats français et ivoiriens, tandis que les vins, choisis par Marius, sont incontestablement français.

On se raconte ses exploits de la journée... sauf si l'on préfère écouter le maître de maison. Puis, peu à peu, les conversations tombent tandis que les voix de la nuit deviennent omniprésentes.

(Voir renseignements pratiques p. 181.)

touba

■ En période de pluies, l'automobiliste qui veut visiter les villages de la région et quitter le grand axe goudronné qui relie Man-Touba-Odienné n'a pas fini de se heurter aux obstacles sur les pistes.

Heureusement, en saison sèche, tout redevient plus facile et plutôt que de rester à Touba où il n'y a pas grand-chose à voir, on peut alors faire de nombreuses excursions dont la plus connue est celle du mont Zala d'où la vue s'étend sur toute la région... quand la brume ne s'en mêle pas, ce qui arrive souvent. Si c'est malheureusement le cas, il ne reste plus qu'à s'attarder dans les villages voisins qui en valent la peine, car ils sont ravissants et dominent un frais ruisseau. Leur spécialité artisanale est le tressage de jolis paniers, nattes, petites tables à fibres brunes et « paille ».

A l'ouest de Touba, le marché de *Waninou*, qui a lieu une fois par semaine le dimanche, draine parfois plus de dix mille personnes.

Enfin, sur la route de Man, à 6 kilomètres, *Yo* se spécialise dans le travail du fer et la fabrication de couteaux, flèches, outils aratoires.

(Voir renseignements pratiques p. 181.)

yamoussoukro

■ Le remplacement d'Abidjan comme capitale de la Côte d'Ivoire par Yamoussoukro, naguère village inconnu du pays Baoulé n'a surpris personne. Transformé peu à peu en une véritable ville, son impressionnant réseau de voies, larges comme des autoroutes, laissait présager un destin éclatant. Capitale officielle depuis le 21 mars 1983, Yamoussoukro, « village natal » du président Houphouët-Boigny, le devenait depuis quelques années officieusement, mais de plus en plus clairement.

Car il n'y avait pas que ses artères colossales... et colossalement vides pendant longtemps pour soulever l'étonnement, puis le soupçon qu'il allait ici se passer quelque chose de particulier. Depuis son brusque développement, il ne se construisait pratiquement pas de bâtiment public ou commercial sans que ses dimensions ou son architecture souvent imposante ne lui conférassent une solennité, longtemps insolite dans une agglomération où les « vides » dépassaient de loin les « pleins ».

Nul ne peut oublier l'impression de stupeur qu'il ressentait, il y a encore dix ans, lorsqu'au centre d'un quartier prati-

LA GRANDE BASILIQUE

■ *Pierre Fakhoury, 45 ans, est un Libanais, mais un Libanais né en Côte d'Ivoire et véritable Ivoirien d'adoption. Notre-Dame-de-la-Paix, l'immense basilique de Yamoussoukro, est née de son talent d'architecte. En effet, à l'issue d'un concours organisé de la fin de 1984 au début de 1986, et qui mettait aux prises plusieurs grands noms de l'architecture d'aujourd'hui, c'est finalement son projet qui fut choisi par le Président Houphouët-Boigny, le 4 février 1986.*

Se mettant aussitôt au travail sur le terrain, Pierre Fakhoury fit en sorte que les délais de construction fussent respectés, c'est-à-dire un achèvement prévu, dès le départ, pour l'automne de 1989. Par le style donné à l'édifice, avec son dôme haut de 160 mètres rappelant par sa forme celui de Saint-Pierre de Rome, mais en beaucoup plus grand, avec le jeu de ses très nombreuses colonnes, l'architecte répondait au goût du président ivoirien pour le néo-classicisme.

Nul doute que cette basilique, à l'aspect insolite au cœur du continent africain, attirera, en plus des fidèles, la foule des touristes. Déjà on constate pendant l'été de nombreux visiteurs en provenance d'Amérique, d'Europe et de toute l'Afrique de l'Ouest.

L'aspect insolite de la magnifique cathédrale de Yamoussoukro, copie de la basilique Saint-Pierre de Rome, est encore souligné par le défilé de personnages typiquement africains, venus admirer le monument dont ils sont si fiers (photo L. Giraudineau/J.A.).

quement désert et sans végétation, à gauche de la route bitumée qui pénétrait dans la ville en venant d'Abidjan, il découvrait l'hôtel Président (bien que n'ayant pas encore tous ses bâtiments, à commencer par sa tour), puis, un peu plus loin, l'énorme Maison du Parti-Palais des Congrès.

Les matériaux précieux et en particulier le marbre dont ils étaient composés, ainsi que leur masse impressionnante apparaissaient alors depuis l'avenue centrale sans que rien, ni maisons plus modestes, ni végétation digne de ce nom, ne vînt en atténuer la pompe. Quelques années plus tard, le même visiteur avait peine à en croire ses yeux : le quartier entier, avec ses deux bâtiments précurseurs, plus les installations voisines d'un club de golf, disparaissait au milieu d'une vraie forêt qui métamorphosait tout, aussi bien les artères qu'elle englobait que les dimensions de la Maison du Parti et de l'hôtel Président.

Peu à peu, certains vides se sont comblés dans les différents quartiers délimités par des artères aussi larges que l'imposante avenue centrale, qui coupe la ville en deux et passe entre les gares routières, groupées autour d'hôtels plus modestes que le Président, du marché, des quatre lacs. Au bout de cette avenue, avant qu'elle ne tourne à gauche, l'immense propriété du président qui y a fait construire des villas destinés à sa famille et à ses invités.

A gauche, le quartier de l'habitat, commandé par la mosquée, alors que s'impose la masse de la basilique, un peu plus au nord, en bordure d'un des lacs ouest. A droite, une avenue conduit aux grandes écoles, dont la première fut la somptueuse École nationale supérieure des Travaux publics, pouvant abriter 1 500 étudiants. Elle fonctionnait à Abidjan depuis 1963 et fut transférée à Yamoussoukro le 10 octobre 1979.

De l'Université à la capitale

Quelque temps après, l'École nationale supérieure des Travaux publics fut suivie par l'Institut national supérieur des Études techniques, puis par l'École

DIALOGUE DE LA TORTUE ET DE L'ÉLÉPHANT

La Tortue : Ce qui me stupéfie le plus chez nos Ivoiriens... c'est qu'ils parlent par proverbes...
L'Éléphant : Cela s'appelle penser par images...
La Tortue : Tiens, écoute, pour ne citer que des dictons Baoulé :
« Le derrière de la femme est plus doux que sa tête » – « Si tu ne couches pas avec la poule, tu ne sais pas qu'elle urine » – « Si une femme vous dit : Je suis belle en pleine nuit noire, soyez patient et attendez le lendemain » – « Il y a des cicatrices sur toutes les belles filles » – « Tu n'auras pas fini avec les obligations envers ta femme quand tu lui auras payé le plus beau des pagnes ».
L'Éléphant : Ah ! Encore un dicton à l'éléphant qui me revient en mémoire, cette fois Ebrié : « Quand l'éléphant est loin, on le montre en disant que c'est une maison ».
La Tortue : Trop de ces proverbes m'émerveillent... à ce point que je ne sais plus s'ils sont Ebrié, Baoulé ou Yacouba :
« L'amour appelle l'amour » – « C'est le cabri paisible qui casse la grande poterie » – « On ne montre pas au caïman le sentier qui conduit à la rivière » – « Si tu es un cheval, il ne faut pas qu'on t'appelle un âne » – « Tu te moques de la gentille grenouille, et tu bois son eau ».
L'Éléphant : « Un chef éléphant ne continue pas à régner avec son successeur » – « Un seul homme tue un éléphant mais tous le mangent ».
L'Éléphant : La masse des dictons constitue un exceptionnel stock de sagesse...

d'Agronomie, tandis que deux lycées accueillent garçons et filles séparément. Ce quartier sud-est était destiné à devenir le siège d'une université qui devait doubler celle d'Abidjan. Mais c'est Bouaké qui, depuis deux ans, a une université des Sciences humaines, Yamoussoukro restant le domaine de quelques grandes écoles auxquelles viendra peut-être se joindre une École des Mines.

Pendant la dernière décennie, la ville a accueilli de plus en plus souvent le président Houphouët-Boigny et avec lui des personnalités ivoiriennes ou étrangères. D'où le développement de l'hôtel Président, avec une nouvelle tour, et la création d'une pléïade de petits hôtels de standing différent pour tous ceux qui venaient dans la ville pour des raisons moins « officielles ». Car le développement d'une ville signifie évidemment la création, donc la construction, de nombreux « services » et d'immeubles d'habitation.

Une métropole ouverte sur l'extérieur

A l'extrême ouest, sur une colline, la « Fondation Houphouët-Boigny », immense bâtiment en forme de quadrilatère, prolongé d'une vaste esplanade de marbre illuminée par une forêt de réverbères, fit longtemps l'objet des conversations, puisque personne ne savait à quoi elle était destinée. Elle est devenue finalement un centre de recherches concernant la Paix, à vocation internationale, où s'est pour le moment tenue une importante session.

Personne n'ignorait que le précédent chef de l'Etat voulait faire de cette ville non pas seulement sa capitale, mais une métropole ouverte sur l'extérieur. Depuis leur fondation, les grandes écoles accueillent des élèves des pays limitrophes ; la Basilique, terminée depuis 1990, le plus imposant lieu saint catholique d'Afrique, attire des pèlerins en nombre considérable, surtout pendant les vacances d'été, venant de tous les pays environnants, mais aussi d'Europe et en particulier d'Amérique, les Noirs américains depuis le succès considérable du livre *Racines*, continuant à rechercher sur le continent africain les traces de leurs ancêtres.

A ce désir d'ouverture répond un souci de développement des voies de communication : autoroute jusqu'à Abidjan, routes bitumées pour l'Ouest, le Sud-Ouest, le Nord, aéroport d'envergure internationale.

Un avenir touristique prometteur

Cette nouvelle capitale commence doucement à ressembler à une vraie ville, même si, le long de l'avenue centrale, il reste encore de larges portions d'espaces non construits ou, pire, inoccupés, comme la majorité des magasins du centre commercial, situé à côté du cinéma et d'une élégante pizzeria Si l'on questionne les habitants, beaucoup affirment que, contrairement à ce qu'ils éprouvaient au début de leur séjour, ils préfèrent résider à Yamoussoukro plutôt qu'à Bouaké. Quant à détrôner Abidjan, c'est une autre affaire.

En tout cas, pour un touriste, le séjour passe vite entre la visite de la Basilique, le repos près de la piscine de l'hôtel Président ou au golf et, la proximité du parc de vision d'*Abokouamékro*, à un quart d'heure en voiture. Ce parc est en cours d'aménagement avec l'ouverture d'une première tranche de travaux de 20 000 ha. Son site est ravissant et comprend une rivière, un lac, de jolies collines boisées. La faune est composée de plusieurs espèces d'antilopes, de buffles et d'animaux disparus de cette région, mais que l'on y réacclimate progressivement : girafes, zèbres, autruches, éléphants, rhinocéros (ces deux dernières catégories sont intégralement protégées dans des enclos gardés en permanence). Au bord d'une presqu'île, un hôtel est prévu, avec randonnées dans le parc, promenades en bateau sur le lac. Ultérieurement, ce parc de vision sera doublé en superficie et cette extension sera consacrée à l'élevage proprement dit des espèces.

Il est hors de doute que cette nouveauté, réalisée par les spécialistes qui, en France, ont aménagé le parc de Thoiry, va accélérer la vocation touristique de Yamoussoukro. Mais elle ne doit pas faire oublier que cette ville est implantée dans une zone intéressante où abondent batikiers, bijoutiers, sculpteurs, tisserands, potières Baoulé.

(Voir renseignements pratiques p. 181.)

renseignements pratiques

Abengourou

SITUATION ET ACCÈS : 173 km d'Abidjan, par route bitumée ; 210 km de Bondoukou, 182 km d'Aboisso par piste difficile. Taxis de brousse directs pour Abidjan et Bondoukou. Cars climatisés pour Abidjan.

HÉBERGEMENT ET RESTAURATION : *Hôtel de l'Indénié*, tél. 91.31.59, 20 ch. clim., restaurant, bar, piscine ; *Goma*, BP 1187, 13 ch. clim., tél. 91.34.74.

Poste, Banque BICICI, pl. du Marché. Films photo à la pharmacie. Hôpital.

Abidjan

SITUATION ET ACCÈS : 383 km de Bondoukou ; 612 km de Ferkessédougou et 601 km de Man par Daloa, entièrement bitumés ; 122 km d'Aboisso, bitumés, par Grand Bassam ; 875 km d'Odienné par Man ; 288 km de Gagnoa bitumés ; 17 km de Bingerville, bitumés.

TRANSPORTS AÉRIENS : Aéroport international de Port-Bouët, sur le littoral, tél. 27.71.83 (horaires d'avion). Liaisons par 19 compagnies internationales avec l'Europe, l'Amérique du Sud, le Moyen-Orient et les capitales africaines. Liaisons aériennes intérieures par Air Ivoire, av. du Général-de-Gaulle, tél. 27.88.01 ; avec Yamoussoukro, Bouaké, Korhogo, Odienné, Bondoukou, Daloa, Man, San Pedro, Tabou, Séguéla, Touba et Bouna.

TRANSPORTS ROUTIERS : Taxis de brousse et divers camions et cars à la gare routière d'Adjamé (près du carefour de la route de Dabou et de la route vers le nord) pour toutes les directions nord et ouest ; à la gare routière de Treichville pour les villes du Sud-Est. Toutes les grandes villes sont desservies directement par des lignes régulières d'autocars quotidiens. Service tourisme, SOTRA, tél. 32.17.37.

TRANSPORTS MARITIMES : Par cargos et porte-containers. Se renseigner à la Sitram, rue des Pétroliers, Vridi, tél. 36.92.00 ou, en France, 20, rue Jean-Jaurès, 92807 Puteaux, tél. 49.00.02.10, ou auprès de la CMB (Compagnie Maritime Belge), Immeuble Alliance, 01 BP 7201 à Abidjan, tél. 32.86.89.

CHEMIN DE FER : Ligne Abidjan-Ouagadougou, départs de Treichville et arrêts à Agban, Anyama, Yapo, Agboville, Dimbokro, Bouaké, Katiola, Tafiré, Ferkessédougou, Banfora, Bobo-Dioulasso, Koudougou et Ouagadougou. Renseignements à la SICF au Plateau à droite du pont Houphouët-Boigny, tél. 21.02.45.

RENSEIGNEMENTS : Brochure « Le Guido », hebdomadaire ; brochure « Abidjan 7 jours » tél. 35.39.39. Agences de tourisme, voir encadré p. 185.

HÉBERGEMENT : *Ivoire******, Cocody, tél. 44.10.45, 750 ch. clim. ; 5 restaurants, galerie commerciale, cinéma, piscines, hall de sports, 2 tennis, night-club, palais de congrès. *Sofitel******, 248 ch., en face de la Pyramide, 2 rest, piscine, tél. 22.11.22. *Golf Hôtel*****, Riviera, BP 18 Abj. 08, tél. 43.10.45, 300 ch. clim., s.de b., restaurants, piscine, golf à 9 et à 18 trous, night-club, boutiques. *Tiama*****, bd de la République, au Plateau, tél. 21.08.22, 142 ch., clim., 2 restaurants, bar, boutiques. *Palm beach*****, sur la plage de Vridi, tél. 27.42.16, 60 ch. clim., restaurant, bar, tennis, piscine. *Novotel*****, av. du Général-de-Gaulle, tél. 21.23.23, BP 1276, 274 ch. clim., bar, rest., piscine. *L'Assonvon**** à Yopougon, tél. 45.14.16, fax 45.65.79 et à Abobogare, tél. 39.10.35, 170 ch. clim., restaurants, bar, night-club et piscine. *Le Stop****, en zone 4 à Treichville, 38, rue P.-et-M.-Curie, tél. 35.43.45, 34 ch. clim., s. de b., restaurant, snack. *Grand Hôtel****, au Plateau, en face du pont Général-de-Gaulle, tél. 21.12.00, 100 ch. clim., restaurant, bar, galerie commerciale. *De France****, bd de Marseille, tél. 33.18.97, 50 ch. *Ibis****, bd Giscard-d'Estaing, tél. 24.92.55, 137 ch. clim., rest., piscine. *2e Ibis****, au Plateau, bd Roume, tél. 21.01.57, 192 ch. *International***, bd Giscard-d'estaing, tél. 24.07.47, 52 ch. clim., restaurant, bar. *Hibiscus*** Marcory, tél. 26.21.00. *Liberté***, à Adjamé, tél. 37.15.64, 57 ch. *Des Sports***, av. du Général-de-Gaulle, tél. 32.71.37, BP 790, 14 ch., clim., douches. *Le Grillon** à Vridi, tél. 27.52.60, BP 2393, 20 ch.

RESTAURANTS CUISINE AFRICAINE : *Aboussouan*, bd Giscard-d'Estaing (Bracodi), tél. 24.13.09 ; *Africa Queen* 2 Plateaux, après le Score, tél. 41.29.80 ; *Le Safari*, av. 7-Décembre en zone 4, tél. 25.21.44 ; *Le Gibier*, bd de Lorraine à Marcory résidentiel, tél. 26.53.52 ; *Loka*, immeuble des Finances, tél. 32.03.88 ; *Raymonde's* av. Botreau-Roussel, tél. 22.03.42 ; *Reine de Saba*, bd Latrille, 2 Plateaux, tél. 41.51.21 ; *Olissan*, aux 2 Plateaux, tél. 41.06.91 ; *Kakpo*, bd du Canal-de-Vridi, tél. 27.29.78. *Mamie*, Imm. Sicogi, Arras, rue 38, Treichville, tél. 24.32.96 ; *Tantie Mamy*, av. 10, rue 14 barrée, Treichville, tél. 24.04.25 ; *Romarin*, 45 rue Docteur-Fleming, zone 4 c, tél. 35.84.10 ; *Soukala*, 1, bd Giscard-d'Estaing, tél. 24.17.90.

Pages précédentes :
Les échassiers Dan sont bien connus de tous. Aussi n'est-ce pas étonnant que l'on ait eu l'idée de confectionner des poupées à leur image à l'intention des touristes. Il n'est pas sûr toutefois que l'idée soit du goût de ceux qui respectent la fonction sacrée des masques ! (photo L. Giraudineau/J.A.).

CUISINE D'AFRIQUE DU NORD : *Babouya*, rue 7, av. 7, Treichville, tél. 24.12.16 ; *Carthage*, 17, rue des Selliers, zone 3,, tél. 32.93.42 ; *Gourbi*, Biétry, par bd de Marseille, tél. 36.79.77.

LES MAQUIS : *La Bache Bleue*, bd Giscard-d'Estaing, tél. 26.05.28 ; *Les Grands Débats*, Yopougon, villa n° 36,, tél. 45.17.03 ; *Maison Blanche*, quartier Arras II, tél. 35.71.24 ; *Maquis 488*, carrefour France-Amérique, tél. 22.74.34 ; *Le Sénat*, bd Valéry-Giscard-d'Estaing, tél. 26.07.45 ; *Togueul*, rue des Goyaviers, Cocody, tél. 44.08.89 ; *Villa Ki Yi* (maquis théâtre-spectacles divers), Riviera, tél. 43.20.05 ; *Bogolan*, bd Latrille, tél. 41.64.66 ; *Calebasse*, entre Riviera 1 et 2 ; *Cauri d'Or*, Riviera II ; *Christoforo*, face au Théâtre de la Cité, à Cocody ; *Maquis du Stade*, face au stade Houphouët-Boigny.

CUISINE DES ÎLES : *Escale créole*, bd Lagunaire au Plateau, tél. 22.40.46 ; *Lady créole*, av. Chardy, tél. 22.66.67.

CUISINE ITALIENNE : *Don Camillo*, rue du Chevalier-de-Cilieu, tél. 25.28.44 ; *BMW Pizzeria*, bd Latrille, près de l'ENA, tél. 41.05.13 ; *Taverne Don Antonio*, bd Lagunaire, tél. 21.51.58 ; *Dolce Vita*, derrière le marché de Cocody, tél. 44.15.10 ; *Pizzeria Sale e Pepe*, tél. 22.03.09 ; *Pizzeria Bruno*, bd de la République, tél. 22.01.61 ; *Le Flamboyant*, bd de Marseille, tél. 35.69.42 ; *Pizzaiolo*, bd de Marseille à Bietry, tél. 36.83.49 ; *Pizza di Sorrento*, km 6, bd de Marseille en zone 4, tél. 35.57.75 ; *Pizzeria Saint-Rémi*, bd Latrille, Cocody les Deux-Plateaux, tél. 41.51.40 ; *Tout va bien*, km 2, bd de Marseille, Treichville, tél. 32.18.37.

CUISINE LIBANAISE : *Horizon*, av. Noguès (face Azar et Salamé), tél. 32.67.99 ; *Istanbul*, Marcory, tél. 26.86.83 ; *Le Méchoui*, Cocody, tél. 44.75.90 ; *Istanbul Marcory*, rue de la Paix, tél. 26.86.83 ; *Sultan*, bd du 7-Décembre prolongé, tél. 35.84.69.

CUISINE SUISSE : *Chalet Suisse*, bd Lagunaire, Plateau, tél. 21.54.80.

CUISINE RUSSE : *Troïka*, 19, rue des Selliers, zone 3, tél. 32.48.36.

CUISINE ASIATIQUE : *Chinatown*, nouveau marché de Cocody Saint-Jean, tél. 44.15.10 ; *Dalat*, 8, rue Paris-Village, Plateau, tél. 32.79.50 ; *Dragon*, av. Botreau-Roussel, Plateau, tél. 21.34.15 ; *Haiphong*, av. 13, rue 5, Treichville, tél. 24.11.98 ; *Hoa-Binh* (ex-*Camly*), 18, bd Clozel, tél. 22.67.99 ; *Nuit de Saïgon*, bd de Marseille, tél. 36.76.68 ; *Pagode*, rue P.-et-M.-Curie, zone 4, tél. 35.62.71 ; *Pagode flottante*, bd de Marseille, tél. 35.22.95 ; *Phong*, av. Chardy, Plateau, tél. 21.57.24 ; *Rivière des Parfums*, rue des Jardins aux 2 Plateaux, tél. 41.10.44 ; *Sampan Bong Laï*, 27, rue des Jardins aux 2 Plateaux ; *Village Him Hoa*, rue Paris-Village, tél. 21.54.18.

CUISINE FRANÇAISE ET INTERNATIONALE : *Acapulco*, 24, av. Chardy, tél. 22.11.88 ; *Bar des Sports*, rue du Commerce, Plateau, tél. 22.20.09 ; *Blue Water*, bd de la République à Marcory, tél. 26.14.79 ; *le Carré des Arts*, av. Botreau-Roussel, tél. 21.74.99 ; *le Cyrano* (cabaret et discothèque également) à Treichville, tél. 24.36.10 ; *le Beaujolais*, 5, rue de l'Industrie, tél. 24.75.36 ; *au Pastel*, chez Agnès, Cocody 2 Plateaux, tél. 41.35.80 ; *l'Epicerie*, av. Botreau-Roussel, tél. 22.66.54 ; *la Citronnelle*, tél. 22.11.22 ; *le Fin Gourmet*, 2 Plateaux, tél. 41.00.44 ; *le Paris Village*, av. Chardy, tél. 22.26.17 ; *Paris-Maquis*, chez Roland, av. Marchand, tél. 22.83.91 ; *le Pam Pam*, av. Chardy/rue Lecœur, tél. 22.33.48 ; *Jam*, bd de Marseille, tél. 24.60.43 ; *le Marly*, Biétry, bd de Marseille, tél. 24.70.17 ; *la Planche aux Bœufs*, rue Gourgas, tél. 21.14.40 ; *Touraco*, aéroport, tél. 36.80.46 ; *Trente-Sept*, rue des Banques, tél. 32.16.63 ; *Vieux Pontoise*, bd de Marseille, tél. 24.29.46.

RESTAURANTS DU BORD DE MER : *Le Baron*, route de Grand Bassam à Port-Bouët ; *Corsica* à Port-Bouët ; *Kakpo*, bd du canal de Vridi, tél. 27.29.78 ; *Coco Beach*, bd de l'Océan à Vridi, tél. 27.10.55 ; *Copacabana*, route de Bassam, tél. 35.37.25 ; *la Palmeraie*, route de Bassam ; *Kontiki* à Vridi ; *le Petit Bateau*, bd du canal de Vridi ; *la Vigie*, Port-Bouët ; *Maquis Dipi*, ferme crocodiles à Assinie Mafia, tél. 52.90.44.

CABARETS NIGHT-CLUBS : Au Plateau : *le Bastring*, bd de la République, fermé le lundi ; *le Millionnaire*, rue du Commerce, fermé le lundi ; *le Blue Note*, rue Paris-Village, fermé le lundi ; *le Tropicana*, avenue Chardy ; *Niel's club* (piano bar et discothèque) av. Chardy.

A Treichville : *le Cristal*, immeuble Roche, gare de Bassam ; *les Cascades*, av. 7/rue 12 ; *Midnight Express*, quartier France-Amérique ; *Thaïlande*, quartier France-Amérique ; *le Cotton club*, quartier Arras, fermé le lundi ; *Hit Parade*, discothèque au carrefour France-Amérique ; *le Brasero* en zone 4 ; *Jam*, jazz-club, les lundis et jeudis, bd de Marseille, face au Palais des Sports.

A Cocody : le *Top Raphia* à l'Hôtel Ivoire ; *le Next*, rue du Score aux 2 Plateaux ; *le Flamboyant* au Golf Hôtel à la Riviera.

A Yopougon : *Image Discothèque*, quartier SIB ; *Banhy's night club*, Sogefiha, fermé le lundi ; *Number One*, quartier camp militaire ; *le Baron*, quartier Selmer, tous les samedis ; *Bar de l'Etoile*, quartier camp militaire, tous les samedis.

Mont Zatro, quartier Sicogi ; Pianos-bars au *Sofitel* Plateau, au *Tiama*, au *37°2*, bd de la République, au *Novotel* et à *l'Ivoire*.

CASINO : *L'Éléphant d'or*, salle de jeux, bar, restaurant. *Hôtel Ivoire*.

CINÉMAS : *Ivoire*, à l'hôtel Ivoire ; *Liberté*, aux 220 logements (près du carrefour de l'Indénié) ; *Plaza*, à Treichville ; *Paris 1 et 2* ; *Studio*, bd de la République ; *Sphinx*, av. du Général-de-Gaulle.

MUSÉES ET DOCUMENTATION CULTURELLE : Musée, bd Carde, fermé le lundi ; Bibliothèque nationale (derrière le Musée) ; Centre culturel français, av. Franchet-d'Esperey, tél. 32.15.99 ; Institut Goethe, rue Jean-Mermoz, prolongée à Cocody, tél. 44.14.22 ; Centre culturel américain, bd de la Rocade, à Cocody, tél. 44.07.45.

CLUBS SPORTIFS : Clubs hippiques ; *Jockey Club*, route de Bassam ; *Club Saint-Michel*, autoroute, bord de Lagune ; *L'Etrier du Banco*, stages, promenades, location de chevaux, tél. 45.46.58. *Centre sportif de M'Ponto*, planche à voile, tél. 24.26.52 ; *Ski Club d'Abidjan* ; *Aéro Club d'Abidjan*. Tennis : *Club sportif*, av. Chardy ; *hôtel Ivoire*. Natation : *hôtel Ivoire, Palm Beach* ; *les Tourelles*, route de Bassam ; *Novotel* ; *Hilton* ; *Ibis*. Club nautique : *ASNA*, tél. 35.60.47. Pêche, promenade en lagune. Club de voile d'Abidjan, face au port à Abododoume. Golf au *Forum Hôtel*.

ORGANISATIONS DIVERSES : *Lions Club d'Abidjan*, Hôtel Ivoire (1er lundi du mois, 20 h 30) ; *Skal Club*, M. Lecarpentier, direction générale d'Air Afrique.

POSTES : Centrale, Pl. de la République ; bd Clozel, à Cocody, et quartiers.

Aboisso

SITUATION ET ACCÈS : 122 km d'Abidjan par route bitumée ; 79 km de Grand Bassam par route goudronnée ; 182 km d'Abengourou par piste difficile. Taxis de brousse directs pour Abidjan.

Poste, banque, hôpital.

Agboville

SITUATION ET ACCÈS : 88 km d'Abidjan par route goudronnée ; 75 km de Tiassalé ; 69 km d'Akoupé par piste pour retrouver la route d'Abengourou. Cars et taxis de brousse pour Abidjan. Chemin de fer sur la ligne Abidjan-Ouagadougou.

HÉBERGEMENT: *Le Catalan*, tél. 51.71.30, 11 ch. clim., restaurant, bar, piscine, tennis. *Hôtel la Kavi****, tél. 51.73.87, 42 ch., 3 rest., bar, piscine, tennis, lac. *Ballet*, tél. 51.71.29, 13 ch. clim., restaurant.

Banque BICICI, poste, hôpital.

Assinie

SITUATION ET ACCÈS : 85 km par route goudronnée depuis Abidjan, par Grand Bassam, jusqu'au canal, où les voitures des non-résidents doivent être laissées au débarcadère. Chaloupes conduisant à chacun des clubs. Taxis-brousse pour Grand Bassam et Abidjan..

HÉBERGEMENT ET RESTAURATION : *Assinie 1* (Club Méditerranée), tél. 32.54.17, 209 ch. clim., restaurant, bar, night-club, boutiques, piscine, tennis, ski nautique, ping-pong, excursions en bateau ; *Assinie 2* – Assouindé, *Hôtel les Palétuviers* (Valtour), 316 ch. clim., restaurant, bar, night-club, boutiques, piscine, ping-pong, excursions, location de pirogues ; *Maquis Dipi*, à Assinie-Maffia, tél. 52.90.44.

Banco (parc national du)

SITUATION ET ACCÈS : A la sortie d'Abidjan, sur la route de Dabou.

HÉBERGEMENT : néant.

Biankouma

SITUATION ET ACCÈS : 44 km de Man et 71 km de Touba par route entièrement goudronnée. Taxis de brousse et autocars directs pour Man-Abidjan. Possibilité de louer un taxi de ville à Man.

HÉBERGEMENT ET RESTAURATION : néant.

Bingerville

SITUATION ET ACCÈS : 17 km de route bitumée pour Abidjan ; 21 km pour le bac d'Eloka, sur très mauvaise piste, embranchement pour le village de Bregbo à 6 km avant Eloka, sur la droite. Taxis de brousse pour Abidjan et pour les villages environnants, bus. Bacs d'Eloka pour le pont de Moossou à l'entrée de Grand Bassam à 8 h, 10 h, 13 h, 15 h, 18 h.

HÉBERGEMENT : néant.

Bondoukou

SITUATION ET ACCÈS : 383 km d'Abidjan, bitumés ; 210 km d'Abengourou ; 183 km de Bouna par piste moyenne ; 193 km de piste pour Kakpin ; 321 km de Bouaké par piste. Taxis de brousse, cars pour Abengourou et Abidjan, bakas pour Bouna et Bouaké (directs).

HÉBERGEMENT ET RESTAURATION : *Hôtel du mont Zanzan*, tél. 92.54.14, BP 132, 3 ét., 30 ch. clim., piscine, restaurant, bar ; *Le Bahia*, 19 ch. dont 2 clim.

Poste, hôpital, banques : BICICI et BNDA. Pellicules photo chez le pharmacien. Pharmacie bien approvisionnée.

Bouaké

SITUATION ET ACCÈS : 342 km d'Abidjan par route bitumée ; 55 km de Katiola par route bitumée ; 240 km de Ferkessédougou par route bitumée ; 321 km de piste pour Bondoukou ; 246 km de Daloa par route goudronnée. Trains plusieurs fois par jour pour Abidjan et 2 fois pour Ferkessédougou. Liaisons aériennes quotidiennes pour Abidjan, Man et Korhogo. Nombreux taxis de brousse et autocars dans toutes les directions ; Katiola, Yamoussoukro, Daloa, Ferkessédougou, Bondoukou, Dabakala, Séguéla, San Pedro, par route bitumée Oumé-Gagnoa.

HÉBERGEMENT : *Ran Hôtel*****, à côté de la gare, BP 556, tél. 63.20.16, télex 69 128, 62 ch. clim., bains, boutiques, restaurants, piscine, loc. voitures ; *Le Provençal****, BP 105, tél. 63.34.39; 34 ch. clim. avec douches ou bains, restaurant, terrasse-café ; *Hôtel du Centre****, rue Mamadou-Konaté, tél. 63.32.78, 17 ch. clim. bains, night-club, *Le Monica*, restaurant-bar et grill, centre artisanal ; *Hôtel de l'Air*, 02 BP 253, tél. 63.28.15; 21 ch. clim., dont 11 avec bains, les autres avec douche, restaurant, bar, paillote-barbecue ; *Le Phénicia***, en face de la BICICI, 01 BP 443, tél. 63.17.27, 18 ch. clim. s. d'eau, restaurant clim., bar ; *Gnonseikan**, 04 BP 380, tél. 63.42.52, 9 ch. clim. ; *Eléphant***, tél. 53.25.24, BP 285, 16 ch. clim.

RESTAURANTS : Ceux des hôtels, surtout *Le Provençal* et *L'Exotique* à *l'Eléphant* ; *Black and White*, avenue J.–Aka ; *Le Sahel, Chez Alice*, quartier Nembo. Nombreux maquis, comme *le Mandela*.

BANQUES : BICICI, BIAO, SGBCI, SIB.

LOCATION DE VOITURE : Hertz ; *Agence de voyages* : Bouaké-Voyages.

Tennis, cinémas, piscine municipale, golf, hôpital. Aéro-club et location d'avions 4 places pour survol de la région. PTT, librairies, pharmacies. Représentant Air Ivoire : Air Afrique, tél. 63.27.45.

Délégation générale du tourisme ; Centre culturel Jacques Aka ; Université des Sciences humaines ; divers instituts de recherche dont l'ADRAO pour toute l'Afrique de l'Ouest, consacré à la riziculture.

Bouna

SITUATION ET ACCÈS : 566 km d'Abidjan bitumés, par Abengourou et Bondoukou ; 183 km de Bondoukou ; 183 km de Kakpin et 225 km de Ouango-Fitini, par l'intérieur du parc sur pistes praticables de décembre à juin. Taxis de brousse.

HÉBERGEMENT ET RESTAURATION : *Hôtel Éléphant*, 10 ch., douches, w.c., restaurant.

PTT, hôpital.

Boundiali

SITUATION ET ACCÈS : 769 km d'Abidjan par Ferkessédougou ou 727 km par Badikaha rejoignant la route de Katiola où l'on retrouve le goudron ou 135 km d'Odienné par piste très mauvaise. Taxis de brousse pour Odienné et Korhogo, mais peu nombreux. Autocars réguliers pour Odienné-Abidjan.

HÉBERGEMENT ET RESTAURATION : le *Dala*, village-hôtel ; 25 ch. non clim., restaurant, bar, piscine, excursions, danses folkloriques le soir au night-club.

PTT, hôpital.

Comoë (parc de la)

SITUATION ET ACCÈS : De Ferkessédougou, 141 km de bonne piste par le bac de Ferké jusqu'au poste de garde de Bavé ou 111 km jusqu'au poste de garde de Lingba ; de Bouna, 38 km pour l'entrée de Bania ou 30 km pour l'entrée de Yalo ; de Bondoukou, 145 km pour l'entrée par Bania ou 293 km pour l'entrée par Kakpin ; de Katiola, 176 km par Dabakala pour le poste de Kakpin. Avion jusqu'à Bouna.

HÉBERGEMENT ET RESTAURATION : *Kakpin*, campement de 17 ch. douches, w.c, restaurant. *Safari Comoë Lodge****, 40 ch. clim. avec salle d'eau, restaurant climatisé de 100 couverts, bar climatisé, salon, piscine. Location de voitures, excursions, pêche.

Dabou

SITUATION ET ACCÈS : 49 km d'Abidjan par route goudronnée ; nombreux taxis de brousse pour Abidjan ; pour les villages des environs, taxis moins fréquents.

HÉBERGEMENT : *Le Fromager*, non classé, 7 ch. clim., douches, restaurant.

Aéro-club de Cosrou, PTT, hôpital, banque SGBCI.

Daloa

SITUATION ET ACCÈS : 406 km d'Abidjan par route bitumée ; 168 km de Yamoussoukro sur la même route ; 195 km de Man, bitumés. Cars et taxis de brousse pour Man, Bouaké, Abidjan directs, plus possibilités pour autres agglomérations. Ligne aérienne en réorganisation en 1994.

HÉBERGEMENT : *Ambassadeurs*, tél. 78.36.13, 44 ch. clim., restaurant, bar ; équitation, tennis, excursions ; *Beau Séjour*, 17 ch. dont 6 clim. ; *La Bonne Auberge*, tél. 78.31.55, motel avec 17 ch. clim., restaurant bar.

RESTAURATION : *Les Caves du roi* ; *Texaco* ; *Chez Marianne*.

NIGHT-CLUBS : *Le Napoléon* ; *La Boule rouge*.

Cinéma, PTT, banques : SGBCI, BIAO, Crédit de Côte d'Ivoire, pharmacie.

Dimbokro

SITUATION ET ACCÈS : 262 km d'Abidjan, par route bitumée ; 194 km de Bouaké par Yamoussoukro sur route bitumée ; 67 km de Bongouanou par piste en cours de bitumage. Liaison ferroviaire avec Abidjan, plusieurs fois par jour, ainsi qu'avec Agboville et Bouaké, un seul train par jour pour les autres villes au nord de Bouaké. Express de nuit 3 fois par semaine. Cars et taxis de brousse pour Abidjan, et les grandes villes des environs.

HÉBERGEMENT ET RESTAURATION : *Renaissance*, tél. 62.65.47, 32 ch., clim., restaurant, bar, night-club, piscine ; *Le Rônier*, tél. 62.55.44, 14 ch. clim., piscine, tennis ; *Relais*, tél. 62.51.70, 12 ch. clim..

Poste, hôpital, pharmacie, banque SGBCI, agence Air Afrique à l'hôtel Graubi *(Le Rônier)*.

Ferkessédougou

SITUATION ET ACCÈS : 612 km d'Abidjan par Bouaké sur route bitumée ; 292 km d'Odienné par route bitumée jusqu'à Korhogo et piste assez mauvaise ; 141 km de bonne piste jusqu'au parc de la Comoë par le poste de garde de Bavé ou 111 km par le poste de Lingba ; 124 km de Kong par Nassian, sur de bonnes pistes ; 97 km de Kawara par piste bientôt bitumée jusqu'au Burkina Faso. Autorail une fois par jour pour Abidjan et Ouagadougou, et deux fois par jour pour Bouaké ; express de nuit 3 fois par semaine pour Abidjan et pour le Burkina Faso. Taxis de brousse et autocars réguliers pour Bouaké, Abidjan et villes du nord.

HÉBERGEMENT ET RESTAURATION : *Relais Sénoufo*, BP 104, 30 ch. clim., restaurant, bar-terrasse, piscine, vente d'objets d'art ; *La Réserve*, BP 142, tél. 88.01.85, 16 ch. clim., restaurant, bar-terrasse, piscine. *Le Comoë Safari Lodge* à l'entrée du parc à Petit Ferké, 40 ch. clim., restaurant, bar, night-club, piscine.

PTT, hôpital, pharmacie, banques ; BICICI, SGBCI, SIB, night-club.

Fresco

SITUATION ET ACCÈS : A 128 km de Divo, par piste. Bretelle pour la route côtière directe pour Abidjan.

Gagnoa

SITUATION ET ACCÈS : 288 km d'Abidjan, par route bitumée ; 166 km de Sassandra par piste, 87 km d'Issia et 136 km de Daloa par route goudronnée. Cars et taxis de brousse. Ligne aérienne en réorganisation.

HÉBERGEMENT ET RESTAURATION : *Le Cottage***, tél. 77.21.73, 26 ch. dont 23 clim., restaurant, bar ; *Le Fromager*, tél. 77.20.36, 40 ch. clim., restaurant, bar, piscine (siège du *Lions Club*) ; *Les Routiers*, tél. 77.24.88, 26 ch., bar, restaurant. A Divo : *Hôtel Djiboua*, BP 836, tél. 58.03.15, 20 bung. clim., restaurant, piscine, night-club ; *Nouna*, BP 81, tél. 58.00.87, 18 ch. avec ou sans clim., restaurant.

NIGHT-CLUBS : *La Grange aux Belles*, *le Gbé-Gbé Club.*

PTT, hôpital, banque, SGBCI, pharmacie.

Gouessesso

SITUATION ET ACCÈS : 5 km de Biankouma ; 49 km de Man ; 4 km de Gbablasso et 140 km de Danané par Sipilou sur des pistes difficiles pendant la saison des pluies.

HÉBERGEMENT ET RESTAURATION : *Motel des Lianes*, 50 ch. non clim., BP 78, tél. 8 à Biankouma, restaurant, bar, night-club, piscine, tennis, excursions organisées.

Grand Bassam

SITUATION ET ACCÈS : 43 km d'Abidjan par route bitumée et 79 km d'Aboisso par route bitumée. Cars et taxis de brousse pour Abidjan. « Pétrolette » pour Assinie.

HÉBERGEMENT : *La Madrague*, tél. 30.15.64, BP 638, 12 bungalows clim., restaurant, piscine, équitation ; *La Paillote*, BP 196, tél. 30.10.76, restaurant, piscine, 8 ch. clim., douche ; *Le Wharf*, BP 260, tél. 30.15.33, restaurant, 10 ch. clim., douches ; *La Taverne Bassamoise*, BP 154, tél. 30.10.62, 26 ch. clim., bains, piscines, tennis, restaurant ; *Assoyam*, tél. 30.15.57, 24 ch. clim., s. de b., restaurant, piscine, discothèque, tennis.

RESTAURANTS : *L'Atlantique*, spécialités de poissons ; *La Madrague*, à côté de l'Assoyam, puis, à la fin de la rue goudronnée, *Caméo* ; *Le Temple des Loisirs* ; *Le Filet Bleu*. Face à la lagune : *Calédonia* ; *Chaumière* ; *Kiosque Saïgon*.

PTT, hôpital, centre artisanal.

Grand Bereby

SITUATION ET ACCÈS : 59 km de San Pedro, route bitumée ; 81 km de Tabou par route bitumée. Taxis de brousse pour Tabou et San Pedro.

HÉBERGEMENT ET RESTAURATION : *La Baie des Sirènes*****, tél. 71.15.20 ou 71.29.94, BP 75, télex 99156 B CLUB, 75 bungalows clim., minibar, TV, 2 restaurants, piscine, tennis, sports nautiques, excursions. On peut retenir à *l'hôtel Ibis*, plateau d'Abidjan. *Hôtel Beauséjour*, 15 ch. clim., s.de b., dépendant de la Baie des Sirènes.

Grand Lahou

SITUATION ET ACCÈS : 146 km d'Abidjan, route nouvellement bitumée pour Fresco et Sassandra ; 116 km de Divo par piste assez bonne ; 149 km de Lakota par piste assez bonne. Taxis de brousse pour Divo, Abidjan et cars.

Guiglo

SITUATION ET ACCÈS : 112 km de Man par route bitumée ; 288 km de Tabou par piste très incertaine pendant la saison des pluies. Taxis de brousse pour Man et pour Zanzé.

HÉBERGEMENT ET RESTAURATION : *Le Tam-Tam*, 5 ch., dont 2 clim., restaurant, bar, jardin.

Jacqueville

SITUATION ET ACCÈS : 54 km d'Abidjann, dont 34 bitumés, puis bac pour traverser la lagune. Cars et taxis de brousse pour Abidjan.

HÉBERGEMENT ET RESTAURATION : *M'Koa*, BP 204, tél. 31.52.08, 21 ch. clim., restaurant, bar, tir à l'arc, piscine ; campement sur la plage à 1 km de Jacqueville, tél. 31.51.21, 5 bungalows, restaurant-camping. *Auberge des Alizés* sur le front de mer, bar, restaurant-hôtel.

PTT.

Katiola

SITUATION ET ACCÈS : 427 km d'Abidjan, par route bitumée ; à 55 km de Bouaké ; 185 km de Ferkessédougou par route goudronnée. Cars et taxis de brousse pour Abidjan, Bouaké, Ferkessédougou. Autorails quotidiens pour Abidjan et pour le Burkina Faso. Express de nuit 3 fois par semaine dans les deux sens.

HÉBERGEMENT : *Hôtel Hambol****, tél. 65.47.25, BP 144.

Kong

SITUATION ET ACCÈS : 198 km de Katiola par piste très bonne jusqu'au grand axe routier nord-sud ; 65 km jusqu'au pont de Ferké et Safary Lodge ; 124 km de Ferkessédougou par bonnes pistes.

HÉBERGEMENT ET RESTAURATION : *Safary Lodge*, à l'entrée du parc de la Comoë.

Korhogo

SITUATION ET ACCÈS : 55 km de Ferkessédougou par route bitumée ; 102 km de Boundiali ; 237 km d'Odienné, sur piste très dure après Boundiali. Ligne aérienne ; vols pour Bouaké et Abidjan. Taxis de brousse et

Golf de l'hôtel Ivoire, en bordure de la lagune d'Abidjan ou piscine de l'hôtel Balmer, à San Pedro, permettant de se baigner au calme à portée visuelle de l'agitation océane, ces implantations sportives représentent des atouts touristiques certains (photos L. Giraudineau/J.A.).

autocars pour Odienné, Boundiali, Ferkessédougou, Bouaké, Abidjan.

HÉBERGEMENT : *Mont Korhogo****, tél. 86.04.00, 53 ch. clim., restaurant, bar, piscine ; *Hôtel Kadjona***, BP 117, 40 ch. clim., restaurant, piscine, excursions ; *Vidalkaha*, ferme africaine, à 20 km au sud de Sinematiali, cases climatisées, table d'hôtes, excursions, tél. à Korhogo, 86.01.65, fax 33.10.64 ; *Motel Agip*, tél. 86.01.13, 6 ch. clim., etc. (Voir liste p. 228.)

NIGHT-CLUB-RESTAURANT : *La Voûte.*

PTT, hôpital, banques : BIAO, SIB.

RENSEIGNEMENTS : Office du Tourisme, pl. de l'Indépendance, BP 707 Korhogo, tél. 86.05.04.

Kossou

SITUATION ET ACCÈS : 43 km de Yamoussoukro dont 22 bitumés ; 309 km d'Abidjan ; 44 km de Bouaflé par piste parfois difficile passant par Gbegbessou. Aucun moyen de transport..

HÉBERGEMENT ET RESTAURATION : à Yamoussoukro (V. cette ville à ou à Bouaflé au *Campement-hôtel* : 8 ch. dont 4 clim., restaurant-bar, tél. 68.90.46 ; *Hôtel Le Mont Lotenzia*, tél. 68.92.88, 5 ch. clim., piscine.

Man

SITUATION ET ACCÈS : 601 km d'Abidjan, 406 km de Daloa ; 398 km de Tabou ; 274 km d'Odienné par Touba par route goudronnée. Cars pour Daloa, Abidjan, Odienné, Bouaké, San Pedro. Taxis de brousse pour toutes les directions. Ligne aérienne en réorganisation.

HÉBERGEMENT ET RESTAURATION : *Beauséjour****, tél. 79.09.91, 30 ch. clim., douches ; *Lotus***, tél. 79.05.92, 10 ch. clim., douches ; *Virginia*, tél. 79.06.91, 40 ch. ; *Les Cascades****, tél. 79.02.52, 48 ch. clim., restaurant, bar, piscine, tennis, danses folkloriques ; *Leveneur*, tél. 79.09.14, 11 ch. clim., restaurant, bar ; petit hôtel de 10 ch. avec restaurant à Danané. Même direction que Leveneur.

RESTAURANT : à part *Les Cascades* et *Leveneur*, *Chez Simon*, à côté de *Leveneur*, et *l'Oxygène*, night-club adjacent.

PTT, hôpital, pharmacie, banque SIB, cinéma, club hippique, location de voiture, office du tourisme : tél. 79.06.90, BP 613.

Odienné

SITUATION ET ACCÈS : 292 km de Ferkessédougou par piste jusqu'à Boundiali ; 904 km d'Abidjan par Ferkessédougou ; 274 km de Man par route goudronnée. Taxis de brousse, autocars pour Abidjan. Ligne aérienne en réorganisation.

HÉBERGEMENT ET RESTAURATION : *Les Frontières****, BP 135, tél. 80.02.83, 32 ch. clim., restaurant, bar, piscine, jardin. Excursions.

PTT, hôpital, banque, stade olympique.

San Pedro

SITUATION ET ACCÈS : 385 km d'Abidjan par la côtière ; à 110 km de Sassandra route bitumée ; à 252 km de Daloa. Ligne aérienne : vols 7 jours par semaine pour Abidjan, avec prolongation de la ligne 4 fois par semaine pour Tabou. Autocars pour Abidjan, taxis de brousse pour Grand Bereby, Sassandra, Gagnoa, Soubré, Tabou.

HÉBERGEMENT : *Atlantic****, BP 375, tél. 71.18.50, bd de la République, 80 ch. clim., 3 restaurants, night-club ; *Motel Arso***, tél. 71.24.74, 57 ch. clim., restaurant, piscine, bar, promenades sur la lagune ; *Hôtel Balmer* en pleine reconstruction, futur ****L. Nombreux petits hôtels autour de la gare routière ou le quartier du lac.

RESTAURANTS : *La Farigoule* ; *Hong-Haï*, dans le quartier du Triangle des Bermudes ; *Le Petit Parc*, bd de la République ; *Casa del Sol, Chez Kiki.*

NIGHT-CLUBS : ceux du *Mohikrako* et de *l'Atlantic.*

Nombreux magasins, pharmacie, plusieurs banques, cinéma.

Représentation Air Ivoire-Air Afrique à la Socopao ; location de voitures Hertz ; magasin d'articles de photographie.

Sassandra

SITUATION ET ACCÈS : 110 km de San Pedro ; 159 km de Daloa ; 60 km environ de Monogaga ; 275 km d'Abidjan par la côtière bitumée. Taxis de brousse pour San Pedro, Gagnoa, Lakota avec changement pour Abidjan. Ligne aérienne en réorganisation.

HÉBERGEMENT ET RESTAURATION : *Campement-hôtel*, tél. 72.05.15, 20 chambres non climatisées, restaurant, bar, plage privée, tennis, excursions ; *de l'Ouest*, tél. 72.04.64, 12 ch. dont 6 clim., *Campement Le Bivouac*, dépendant de l'hôtel.

RESTAURANTS : le maquis *Chez Adamo.*

PTT, hôpital, agence Air Ivoire, cinéma, location de chevaux, banques.

Séguéla

SITUATION ET ACCÈS : 534 km bitumés d'Abidjan, par Daloa ; 198 km de Boundiali ; 128 km de Daloa ; 137 km de Man. Taxis de brousse. Ligne aérienne circulaire ; Abidjan-Séguéla-Touba.

HÉBERGEMENT ET RESTAURATION : *Hôtel Carrefour,* 3 ét., BP 232, tél. 94.00.94, 40 ch. clim., bar, rest., piscine ; *Hôtel Worodogou*, 2 ét., tél. 84.01.87, 12 ch. clim., bar, rest., night-club.

RESTAURANTS : maquis *Le Grenier.*

NIGHT-CLUBS : *Le Muezzin, le Phaco.*

PTT, hôpital.

Tabou

SITUATION ET ACCÈS : 127 km de San Pedro, 512 km d'Abidjan, par la côtière ; 398 km de Man par pistes difficiles. Ligne aérienne en réorganisation. Taxis de brousse pour San Pedro ou pour Grand Bereby.

HÉBERGEMENT ET RESTAURATION : *Campement-hôtel* sur la plage, 6 ch. non clim., restaurant, bar, BP 183, tél. 60 ; *Hôtel Kleh***, tél. 72.40.98, 12 ch., restaurant.

Tortiya

SITUATION ET ACCÈS : 108 km au sud de Korhogo par bonnes pistes et 43 km de Niakaramandougou (sur l'axe bitumé nord-sud). Taxis de brousse et car postal pour Korhogo.

HÉBERGEMENT ET RESTAURATION : *La Paillote*, 20 ch., s.d.b. clim., bar, restaurant, excursions et campement avec deux paillotes-dortoirs pour environ 25 pers. Réservation : Haury tours : 22.16.54.

Touba

SITUATION ET ACCÈS : 115 km de Man, par route goudronnée ; 159 km d'Odienné, par route bitumée. Taxis de brousse pour Odienné et Man.

HÉBERGEMENT : *L'Escale*, 11 ch. clim., douches, wc, restaurant, tél. 70.70.67.

PTT, hôpital.

Yamoussoukro

SITUATION ET ACCÈS : 266 km d'Abidjan par route bitumée ; 106 km de Bouaké, par route bitumée ; 43 km de Kossou par route bitumée et piste ; 140 km de Daloa par route bitumée. Autocars pour toutes les villes. Ligne aérienne : vols hebdomadaires pour Abidjan.

HÉBERGEMENT ET RESTAURATION : *Le Président******, tél. 64.08.63, 284 ch. clim., restaurant clim., restaurant près de la piscine, avec bar, plus un autre bar dans l'hôtel, night-club, boutiques, bureau de voyages, location de voitures, parc de 25 ha, salle de congrès, golf 18 trous ; *La Résidence*****, tél. 64.00.09, 22 ch. clim., restaurant, bar, night-club ; *Relais Shell*, tél. 64.11.27, 7 ch. clim. ; *Le Bonheur I****, tél. 64.00 61, 52 ch. clim., s.d.b., TV, restaurant ; *Le Bonheur II*, tél. 64.00.31, restaurant, beau jardin.

PTT, hôpital, pharmacie très bien approvisionnée, banques, magasins.

EL NASR

le voyage

pour aller en côte d'ivoire

■ Abidjan est desservie par 19 compagnies aériennes dont 17 qui relient directement la Côte d'Ivoire à l'Europe et à la plupart des autres pays d'Afrique, ainsi qu'au Proche-Orient.

Air Afrique : vols quotidiens depuis Paris avec escales selon les jours à Bordeaux, Marseille, Genève, Rome, Conakry, Ouagadougou, Niamey. Vols depuis Dakar, Cotonou, Bamako, Lomé, Douala, Bangui, Lagos, Libreville, Brazzaville, Addis-Abéba, Johannesburg.

Air Ivoire : vols hebdomadaires depuis Conakry, Bamako, Ouagadougou.

Cameroon Airlines : 3 vols par semaine pour Lagos et Douala avec escale à Cotonou deux fois.

Egyptair : une fois par semaine, vol depuis Le Caire avec escales à Kano et Lagos.

Ethiopian Airlines : 4 vols par semaine depuis Nairobi et Addis-Abéba dont une fois avec escales à Kinshasa et Lomé et 1 à Brazzaville.

Ghana Airways : vols hebdomadaires depuis Accra et 1 pour Las Palmas depuis Abidjan avec escales à Freetown, Conakry, Banjul.

Middle East Airlines : 3 fois par semaine vol depuis Beyrouth, escale à Kano (2 fois).

Nigeria Airways : 6 vols par semaine pour Lagos avec escales à Lomé (2 fois), Cotonou (3 fois), 1 vol pour Conakry, et 1 pour Banjul-Dakar.

Royal Air Maroc : 1 vol par semaine depuis Casablanca.

Sabena : 2 vols par semaine depuis Bruxelles.

Swissair : 1 vol depuis Zurich, Genève.

Air Guinée : 1 vol hebdomadaire depuis Conakry.

Air Gabon : 3 vols par semaine de Libreville avec escales à Douala ou Lagos et prolongation sur Dakar 2 fois par semaine.

Tap Air Portugal : 2 vols par semaine en provenance de Lisbonne, 1 fois en provenance de São Tomé, une en provenance de Lagos via Accra.

Air France : 4 vols par semaine en provenance de Paris, avec escale à Nouakchott ou à Lagos (une fois chaque).

Il existe plusieurs tarifs. Le billet normal, en classe Touriste, ou le billet de 1re classe, tous les deux valables un an. Le tarif « visites », valable à tout âge, comprenant une réduction de 50 % en basse saison, 45 % en haute saison pour un voyage compris entre 12 et 25 jours. Un tarif « jeunes » (moins de 27 ans), 65 % de réduction pour un séjour durant deux mois ; un tarif spécial pour les femmes de plus de 55 ans et les hommes de plus de 60 avec une réduction de 45 % et 65 % pour un voyage de 14 à 60 jours. Le tarif « excursions » comprend une réduction, variable selon la saison, moins importante que le tarif « visites ». Dans la limite imposée de la durée de 14 à 30 jours, et contrairement au tarif « visite », on peut changer la date du retour.

Rappelons (voir encadré p. 124-125 sur la chartérisation) que Nouvelles Frontières propose un vol-charter par semaine dans chaque sens, représentant évidemment une très forte réduction, qui varie selon la saison. Depuis l'inauguration de ces vols, il semble que bien des compagnies proposent à leur tour des vols promotionnels pendant des périodes déterminées. A suivre de près.

Par bateau

Il y a quelques années, il était possible de voyager à bord de cargos entre différents points d'Europe, particulièrement Anvers, Le Havre, Bordeaux ou Marseille.

C'est maintenant devenu tout à fait impossible et on ne peut que regretter ces traversées qui permettaient, pendant onze jours, de se couper totalement de la vie à l'occidentale. On n'en était que mieux préparé à s'ouvrir à un monde différent de celui que l'on venait de quitter.

Désormais, tout ce qu'on peut faire est d'expédier sa voiture à bord des cargos transportant toujours des marchandises.

En France, on peut s'adresser à Transcap, Tour Bélier, 40 quai Dedion-Bouton, 92806 Puteaux Cedex, tél. 47.67.14.14

Pour être sûr que le véhicule n'arrivera pas bien après son propriétaire qui, lui, aura voyagé par avion, celui-ci doit s'y prendre environ 15 jours à l'avance.

Les documents à présenter pour la voiture sont la carte grise et une assurance internationale pour les véhicules immatriculés en France ou au Sénégal. Pour les autres nationalités, fournir un carnet de passage en douane ou un triptyque ainsi qu'un certificat de non-gage et, pour les véhicules neufs, la facture commerciale.

Dans cette solution, le mieux est de ne prendre l'avion que jusqu'à Dakar où l'on aura expédié sa voiture et continuer par la route.

Par route

De Dakar, comment se rendre ensuite à Abidjan ? Ce n'est pas très compliqué,

Pages précédentes :
Un des charmes d'Abidjan les plus évidents est l'omniprésence de sa lagune, cernant, séparant, réunissant ses principaux quartiers. Les bateaux-bus qui joignent le Plateau, Cocody, Treichville et Yopougon permettent de mieux en profiter (photo L. Giraudineau/J.A.).

même si l'on n'a pas de voiture. Le train conduit de Dakar à Bamako. A Bamako, des taxis de brousse se rendent à Odienné, Man, Daola et Abidjan. C'est un très beau voyage qui permet de traverser le Sénégal, le Mali et la Côte d'Ivoire en peu de temps et sans trop de fatigue.

Quant à l'automobiliste, il a également la possibilité de prendre le train pour Bamako, en faisant charger sa voiture sur plate-forme. De Bamako, il se rendra sans difficulté en Côte d'Ivoire à bord de son véhicule, par la route passant par Bougouni. De Bamako à la frontière ivoirienne, à Manankoro, cela représente 309 kilomètres. De la frontière à Odienné, la distance est de 117 kilomètres. Les conditions de voyage qu'il rencontrera au Mali diffèrent peu de celles de Côte d'Ivoire.

En voiture par la transsaharienne

Naguère, ceux qui avaient du temps devant eux, bien souvent, choisissaient de faire tout le trajet en voiture depuis l'Europe, formule qui devenait d'année en année plus facile au fur et à mesure que les pistes sahariennes étaient remplacées par des routes bitumées.

En général, ils passaient par l'Espagne, le Maroc, l'Algérie, par Ouargla, Tamanrasset, le Niger avec Niamey, le Burkina avec Ouagadougou et Bobo-Dioulasso, puis, en Côte d'Ivoire, Ferkessédougou et l'axe routier descendant tout droit vers Abidjan. Certains préféraient, après Tamanrasset, se diriger vers le Mali à Gao, Mopti, puis Korhogo.

Jusqu'aux malheureux événements d'Algérie qui rendent hautement dangereux un tel voyage, l'itinéraire à déconseiller était celui qui descendait du Maroc, traversait la Mauritanie pour aboutir à Saint-Louis du Sénégal. Il semble au contraire que ce dernier itinéraire soit maintenant le seul possible. Mais il faut absolument se renseigner auprès des différentes ambassades avant le voyage.

Si l'on obtient de leur part les autorisations nécessaires, il ne faut pas négliger quelques règles de sécurité qui sont partout les mêmes quel que soit l'itinéraire. Ne pas oublier qu'en juillet et août, la température du Sahara n'est pas sup-

OFFICE IVOIRIEN DU TOURISME ET DE L'HOTELLERIE (O.I.T.H.)

Côte d'Ivoire : *01 BP 8538, Abidjan 01. Tél. : (225) 20.65.28 ; fax : (225) 22.59.24 ;*
Etats-Unis : *24 24 Massachusset avenue, Washington DC-20 008. Tél. : (202) 79 70 344 ;*
France : *24 bld Suchet, 75016 Paris. Tél. 42.88.62.92 ;*
Italie : *27, via Pirelli, 20124 Milan. Tél : (392) 66 90 887 ;*
Espagne : *154C/Serrano, Ambassade de Côte d'Ivoire en Espagne, Calle de Serrano N° 154, 28 006 Madrid. Tél. : (341) 562 69 16 ; fax : (341) 562 21 93.*

Amsterdam
Bruxelles
Paris
Copenhague
Düsseldorf
Genève
Madrid
Rome
Alger
Tunis
Tanger
Rabat
Casablanca
TUNISIE
MAROC
El Goléa
Béchar
New York
El Ayoun
ALGÉRIE
Tropique du Cancer
Tamanrasset
MAURITANIE
Canada
New York
Nouakchott
MALI
NIGER
Amérique
du Sud
SÉNÉGAL
Gao
Dakar
Banjul
GAMBIE
Bamako
BURKINA
Niamey
Zinder
CAP-VERT
Bissau
GUINÉE-BISSAU
Ouagadougou
Maiduguri
Conakry
GUINÉE
BÉNIN
NIGERIA
CÔTE D'IVOIRE
TOGO
Abuja
Freetown
SIERRA LEONE
Cotonou
Monrovia
GHANA
Lagos
CAMEROUN
LIBERIA
Lomé
Abidjan
Accra
Douala
Yaoundé
GUINÉE ÉQUAT.
Equateur
SAO TOMÉ
ET PRINCIPE
Libreville
GABON
Brazzaville
Luanda
Tropique du Capricorne
route ou piste
ligne aérienne

VERS LA CÔTE D'IVOIRE

portable facilement par tout le monde. Qui plus est, au Sahel, c'est alors la saison des pluies qui peuvent fort bien couper des routes même goudronnées. Particulièrement dans le sud-est du Sénégal et l'ouest du Mali.

C'est donc de novembre à mai qu'il vaut mieux faire cette traversée du Sahara... en n'oubliant pas que, pendant la nuit, la température descend jusqu'à zéro. Prendre des sacs de couchage prévus pour la montagne !

Bien entendu, il ne faut jamais partir seul ni même dans une seule voiture : en cas d'accident ou d'incident technique, la présence d'un autre véhicule est primordiale pour tirer une voiture ensablée ou aller chercher du secours. Penser naturellement à une révision complète des véhicules et à se pourvoir de pneus adaptés, de plusieurs roues de secours, d'un matériel de désensablement et de réparation (et savoir s'en servir... !)

Dans le désert la consommation d'eau par personne et par jour est de 10 litres pour la boisson. Y ajouter les besoins sanitaires et une réserve pour la voiture. Bien prévoir les besoins en nourriture (sous forme réduite d'aliments lyophilisés), des comprimés de sel et les médicaments de base comme aspirine, désinfectants en tous genres.

Ne jamais rouler de nuit ou par vent de sable, ce qui rend la visibilité nulle et qui est responsable de bien des drames dûs à une erreur d'aiguillage, ne jamais s'écarter de la route et, en cas de panne, attendre les secours là où on se trouve. Pour que ces secours arrivent, il aura fallu prévenir les autorités de l'itinéraire suivi et du moment présumé de l'arrivée à chaque poste... et s'y tenir !

Faire ce voyage en voiture d'Europe en Côte d'Ivoire revient moins cher que de prendre l'avion et de louer ensuite un véhicule. Malheureusement, il faut compter dans chaque sens une vingtaine de jours, et peu de gens ont assez de temps pour se le permettre. C'est pourquoi, sur le plan budgétaire, un moyen terme peut être trouvé en voyageant par avion et en expédiant sa voiture par cargo, ce qui est un peu plus avantageux que la location sur place.

Les différentes formules de voyages organisés

Plusieurs agences de voyages proposent des formules forfaitaires comprenant le trajet en avion d'Europe en Côte d'Ivoire, ainsi qu'un séjour dans un hôtel d'Abidjan, Assinie, Grand Bassam, Grand Bereby (La Baie des Sirènes), hébergement en demi-pension pour environ 3 000 F par semaine. C'est évidemment beaucoup moins que ce qui en coûtera à un voyageur indépendant. On notera que la dévaluation du franc CFA se fait nettement sentir, au profit de tous les voyageurs, car s'il vaut moitié moins qu'avant, le coût des hôtels, lui, n'a pas doublé, tant s'en faut ! Toutes les compagnies proposent une ou deux semaines supplémentaires, dans la limite de la durée consentie par les billets d'avion à prix réduit. Il existe aussi la possibilité de louer une voiture à l'arrivée, pour la semaine, cette location faisant l'objet d'un forfait avec le prix d'avion et, parfois, avec une ou deux nuits d'hôtel.

Autre formule de plus en plus adoptée : le séjour de golf comprenant heures de pratique et parfois leçons.

Par ailleurs, il existe des voyages organisés depuis l'Europe, comprenant des circuits de 12 à 20 jours à l'intérieur du pays, sans séjour fixe. Le touriste y gagne d'être transporté dans des véhicules confortables sans avoir à faire la dépense onéreuse d'une location de voiture.

Les trajets proposés comprennent tous, quelle que soit l'agence de voyages concernée : Bouaké, Korhogo, Boundiali, Odienné, Touba, Gouessesso, Man, Daloaa et Yamoussoukro. A quoi il faut ajouter maintenant San Pedro et bientôt d'autres villes de la côte ouest, facilement accessibles par la route côtière.

Nouvelles Frontières ne se contente pas d'avoir remporté la bataille des charters : pour éviter la monotonie de trajets ultra-connus, comme ceux du pays Sénoufo ou du pays Yacouba, elle en a confié la réalisation sur le terrain à une Agence locale, Haury-Tours, dont l'équipe connaît le dernier maquis en vogue, le restaurant où l'on mange le mieux ou le meilleur campement du moment. Car tous ces endroits sont remarquables par leur côté éphémère ! Bien souvent ce n'est pas tel campement ou tel hôtel qu'il faut connaître, mais Untel qui l'a passagèrement animé et que l'on retrouvera peut-être à l'autre bout du pays où pendant quelques semaines il recréera un lieu enchanteur... aussi éphémère. Peu importe pourquoi tant de professionnels donnent l'impression de jouer ainsi aux quatre coins. Qui le sait ? En tout cas il faut être en mesure de les suivre à la trace... et qui peut le faire sinon une agence qui explore sans cesse le pays ?

Voilà pourquoi une bonne formule consiste à réserver par exemple depuis la

France un séjour d'une semaine dans un hôtel d'Abidjan ou de la côte et de voir ensuite sur place, avec une agence locale, comment on peut organiser son temps.

Il faut savoir que l'on peut prévoir en une journée : Tiégba, Grand Bassam, le port et l'île Boulay, Bingerville, Assinie, un spectacle folklorique.

En deux jours : Yamoussoukro, avec la basilique et la réserve d'Abokouamekro, ainsi que Bouaké ; Abengourou et Zaranou ; un séjour pêche ; un weekend à San Pedro ou Grand Bereby, ou encore, avec Haury, un voyage par le train jusqu'à Bouaké, puis Katiola avec visite en voiture des environs.

En une semaine, les grands circuits Sénoufo et Yacouba.

En deux semaines, le grand tour, y compris la côte ouest.

En 21 jours, le circuit-oiseaux d'Haury-Tours permettant dans toutes les régions de découvrir plus de 400 espèces.

Il fait partie des voyages à thèmes que de nombreuses agences étudient à la demande. Elles permettent aussi des séjours dans des endroits, inconnus en France, comme Tortiya (Agence Haury) ou Vidalkaha, la ferme africaine, située dans un endroit superbe et où il faut passer un minimum de deux ou trois jours (Agence « Tourisme-Loisirs », Madame Ressaire).

Un séjour dans le parc de la Comoë doit se faire en 4X4. Certaines agences comme Pistes Africaines en étudient « sur mesure » pour des groupes ou des individuels.

Il y a aussi les circuits inter-Etats : l'Agence Haury, IVT 2000 en proposent chacune, la première est pour le moment spécialisée dans le trajet montant jusqu'à Bobodioulasso, au Burkina Faso, le deuxième annonce des randonnées incluant le Mali et le Burkina ou le Ghana, le Bénin, le Niger.

Des excursions à partir des hôtels

De très nombreuses excursions sont également organisées à partir de grands hôtels régionaux ou des villages de vacances, diversifiant ainsi les possibilités offertes. Les principaux centres de départ sont Assinie, qu'il s'agisse du Club Méditerranée ou d'Assouindé ; l'hôtel Président à Yamoussoukro ; l'hôtel des Ambassadeurs, de Daloa, qui prévoit par exemple des promenades en bateau sur le Sassandra et la possibilité de transporter ses hôtes jusqu'à Man par une série de petites pistes traversant le pays Wobé.

A Korhogo, l'hôtel Kadjona est le point de départ de très nombreuses excursions qu'il s'agisse des villages Sénoufo, des parties de pêche dans les rivières comme la Léraba ou tout simplement de Korhogo même.

« La Paillote », à Tortiya, propose un programme de pêche, de chasse, des promenades en pirogues... et même de chasse au diamant, ce qui est particulièrement original.

La Ferme africaine, Vidalkaha, organise des randonnées en brousse, des visites de villages Sénoufo, un safari photo dans le parc de la Comoë.

Sur la côte, en pleine réorganisation (à Sassandra, l'hôtel de l'Ouest a changé de propriétaire, Boubélé est – momentanément, souhaitons-le – abandonné), en 1994, c'est surtout à partir de San Pedro, depuis l'hôtel Balmer et les Hauts de Digboué, que partaient les excursions comme la descente de rivières (la Brimé, le San Pedro, le Sassandra), la promenade sur la lagune sauvage Digbouë, les sorties de pêche en mer, etc. Mais de la « Baie des Sirènes » à Grand Bereby on peut également faire des excursions similaires.

Agences de tourisme

Afric voyages, av. Chardy, Immeuble le Paris, tél. 21.21.11, fax 21.28.88. – *Atta-Toubia*, av. Noguès, tél. 32.75.23, fax 22.05.36. – *Delmas*, à Treichville, tél. 20.21.91, fax 20.21.99. – *Equatour Voyages* à Bouaké, BP 1391, tél. 63.13.52, fax 63.12.37. – *Espace Voyages* au Plateau, tél. 22.28.29, fax 21.29.44. – *Haury tours*, correspondant de *Nouvelles Frontières*, av. Chardy, immeuble le Chardy, BP 625, tél. 22.16.94, fax 22.17.68. – *IVT 2000*, Golf Hôtel 01 BP 7179, tél. 43.01.74, fax 21.06.59. – *International Voyages* au Plateau, tél. 33.08.82. – *Mondial Voyages*, av. Noguès, tél. 33.20.49. – *Lynks Voyages* au Plateau, tél. 22.31.85, fax 22.31.85. – *Musgrove et Watson* au Plateau, tél. 22.49.97, fax 22.49.17. – *Pistes Africaines*, BP 1110, tél. 41.17.78, fax 41.66.75. – *Socopao Voyages* au Port, tél. 24.14.55, fax 24.21.30. – *Stert Voyages* au Plateau, tél. 22.39.85, fax 22.18.72. – *Tropic Voyages* à Treichville, tél. 24.08.22, fax 24.37.09. – *Tourisme Loisirs* à Korhogo, BP 7, tél. 86.01.65, fax 24.37.09. – *Voyages Voyages*, avenue Giscard-d'Estaing, tél. 24.77.22, fax 24.76.64.

CÔTE D'IVOIRE
DIVISIONS ADMINISTRATIVES

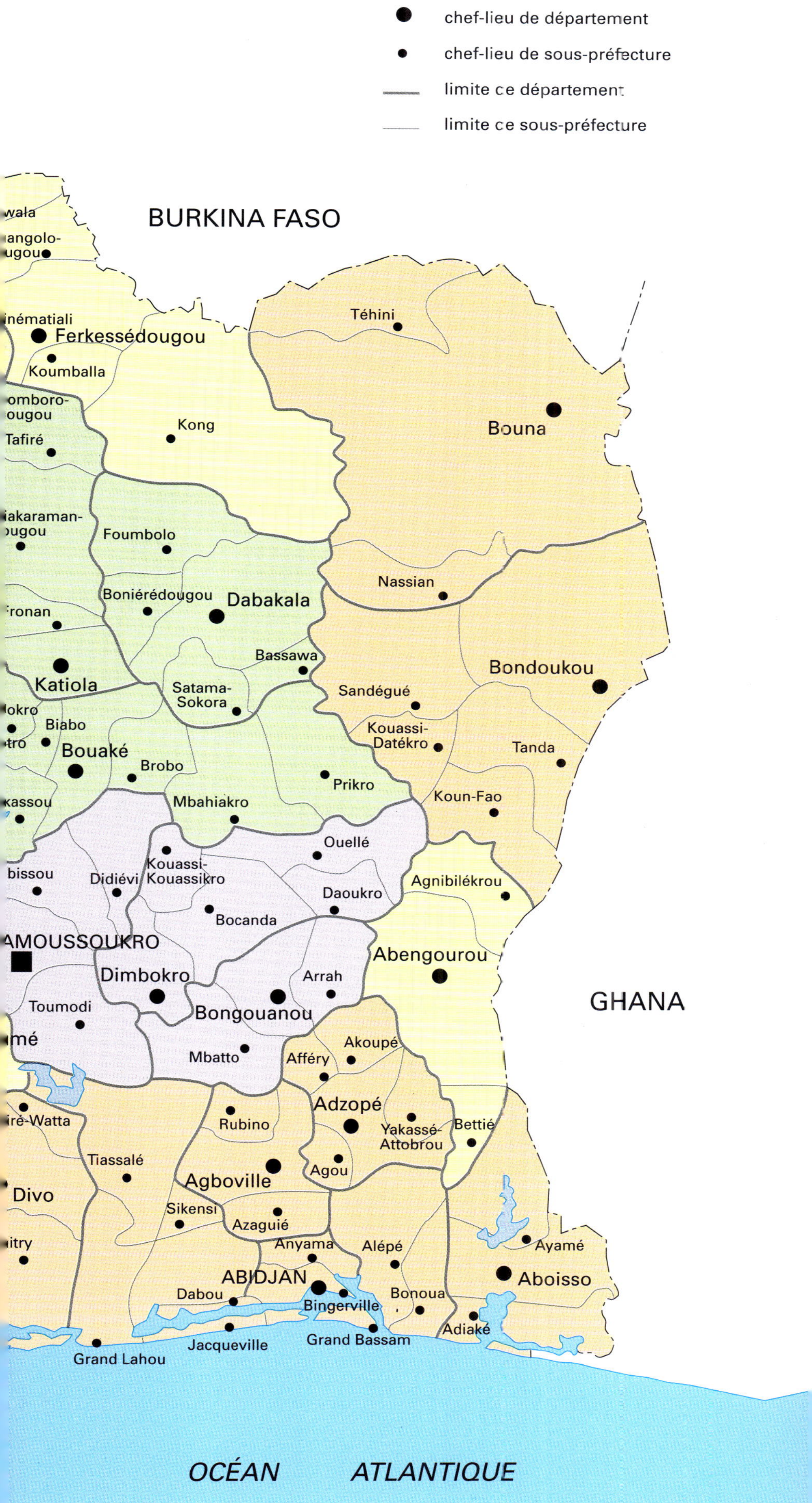
chef-lieu de département
chef-lieu de sous-préfecture
limite de département
limite de sous-préfecture
BURKINA FASO
GHANA
OCÉAN ATLANTIQUE
Téhini
Bouna
Ferkessédougou
Koumballa
Kong
Tafiré
Foumbolo
Nassian
Boniérédougou
Dabakala
Bassawa
Katiola
Satama-Sokora
Sandégué
Bondoukou
Kouassi-Datékro
Tanda
Biabo
Bouaké
Brobo
Prikro
Koun-Fao
Mbahiakro
Ouellé
Kouassi-Kouassikro
Didiévi
Agnibilékrou
Daoukro
Bocanda
Abengourou
Dimbokro
Arrah
Bongouanou
Toumodi
Akoupé
Mbatto
Afféry
Adzopé
Rubino
Yakassé-Attobrou
Bettié
Tiassalé
Agboville
Agou
Divo
Sikensi
Azaguié
Anyama
Alépé
Ayamé
Aboisso
ABIDJAN
Dabou
Bingerville
Bonoua
Adiaké
Grand Bassam
Jacqueville
Grand Lahou

comment circuler à l'intérieur du pays ?

■ Naguère toutes les régions touristiques de Côte d'Ivoire pouvaient être atteintes par l'une des lignes de la société aérienne nationale Air Ivoire. Mais la crise est passée par là : trop souvent un incident technique fait que tel ou tel vol est annulé. Il n'empêche que toutes les principales villes sont dotées d'un aéroport et que si la compagnie peut investir dans des nouveaux appareils, on peut espérer que revivra une activité aérienne qui fut importante à l'époque du « miracle ivoirien ».

En 1995, officiellement, Air Ivoire annonçait des vols pour Bouaké (6) avec prolongation vers Conakry (2 fois), Bamako (1 fois), Bobo et Ouagadougou (1 fois), Korhogo (3 fois), ainsi que des vols directs pour San Pedro (3), Korhogo, Man et Odienné (2), Accra, Bamako, Monrovia (2). Pour le moment, les vols qui existaient pour Séguela, Touba, Daloa, Gagnoa et dans l'est pour Abengourou et Bondoukou sont supprimés. Mais une réorganisation de la compagnie était annoncée.

Il existe d'autres aérodromes moins importants à Ouango-Fitini, Gansé, Agboville, Bocanda, Douan, Dabou (Cosrou), Dimbokro, Divo, Ferkessédougou, Oume. On peut louer des avions, notamment aux aéro-clubs d'Abidjan, de Bouaké et de Cosrou, pour des safaris-photos, au-dessus d'Asagny, d'Abidjan, de Kossou et de la Comoë (minimum trois passagers).

Par fer

Actuellement, il n'existe qu'une seule ligne de chemin de fer en Côte d'Ivoire : elle relie Abidjan à Ouagadougou, la capitale du Burkina Faso, sur 1 173 km, dont 655 en Côte d'Ivoire. Les arrêts sont les suivants : Agban, Anyama, Yapo, Agboville, Dimbokro, Bouaké, Katiola, Tafiré, Ferkessédougou, puis, au Burkina Faso, Banfora, Bobo-Dioulasso, Koudougou et Ouagadougou.

Cette ligne est parcourue trois fois par semaine par un train express de première et deuxième classes avec restaurant et wagons-lits. Des autorails, avec et sans bar, desservent quotidiennement ces différentes villes. De Treichville ont lieu quatre départs par jour. Mais un seul de ces trains va jusqu'au terminus. Deux

AU RENDEZ-VOUS DES HOMMES D'AFFAIRES

■ *On se demande pourquoi il y a deux hôtels Ibis à Abidjan, l'un au Plateau, avenue Roume, l'autre à Marcory, boulevard Giscard-d'Estaing, jusqu'au moment où l'on réalise que le premier est à cinq minutes à pied des tours ministérielles, tandis que le deuxième se trouve à proximité immédiate d'une zone industrielle en plein développement et sur le chemin de l'aéroport. Ce n'est pas un hasard : dès qu'on s'est installé dans l'un ou l'autre, on est frappé de l'atmosphère dynamique qui règne aussi bien dans le salon, que le bar ou la salle de restaurant. Visiblement, la majorité des gens qui s'y trouvent sont là pour discuter d'affaires, quand il ne s'agit pas d'équipes sportives venues disputer un match.*

Dans les deux hôtels, des salles de réunion, à l'écart des bruits, sont fréquemment l'objet de séminaires organisés par des instances internationales comme l'Unesco ou le PNUD, ou des sociétés privées, notamment des laboratoires pharmaceutiques.

Dans l'Ibis Marcory, on note la présence régulière d'équipages aériens pendant leurs escales, et d'ailleurs Air Afrique utilise l'hôtel pour la formation de son personnel.

Mais il ne faudrait pas croire, malgré cette atmosphère studieuse, que les gens en vacances soient oubliés : outre des prix avantageux consentis à ceux qui viennent par les charters Nouvelles Frontières, le groupe Accor, dont fait partie la chaîne Ibis, gère, depuis octobre 1994, le bel hôtel de la Baie des Sirènes à Grand Bereby, et des deux Ibis, il y sera organisé des séjours...

autres s'arrêtent à Bouaké, un troisième à Dimbokro. Un cinquième va de Dimbokro à Bouaké, un sixième part de Bouaké et un septième de Ferkessédougou vers le Burkina Faso. Deux trains climatisés, rapides et très confortables, avec wagons-lits et restaurants, vont quotidiennement le premier, « La Gazelle », jusqu'à Ouagadougou en 20 h, le deuxième, « Le Bélier », jusqu'à Bouaké en 5 heures.

L'intérêt d'emprunter cette ligne est de deux ordres. Pour le voyageur qui n'a pas de voiture, cela lui permet de gagner directement Ferkessédougou sans fatigue et de pouvoir traverser un paysage qui n'est pas toujours exactement le même que celui que l'on voit de la route nord-sud, puisque le chemin de fer passe plus à l'est. Il est certain que « La Gazelle » ou « Le Bélier », qui circulent de jour, sont à cet égard beaucoup plus intéressants que l'express de nuit, bien que le « Bélier » fasse une partie du trajet à la nuit tombée.

Reste à savoir si l'on désire visiter le pays au plus vite... ou au mieux. Car ces véhicules confortables sont sans surprise, mais sans pittoresque.

Par route

Dans chaque ville existe au minimum une gare routière, parfois plusieurs, selon l'importance de l'agglomération et le nombre de directions possibles. Diverses sortes de véhicules y assurent le transport en commun.

Les taxis-brousse sont en général des breaks à trois banquettes dans lesquels entrent 8 passagers, plus le conducteur. Leur seul inconvénient est la nécessité d'attendre que la voiture soit pleine avant de partir. De grande ville à grande ville, les candidats sont nombreux et les départs fréquents. Mais lorsqu'il s'agit de se rendre dans une petite agglomération, cela peut durer plusieurs heures, voire être remis au lendemain. Encore est-ce relativement facile de réunir 8 personnes. Les difficultés commencent vraiment avec les véhicules plus grands. Ils vont de petites camionnettes à plateforme bâchée, garnies intérieurement de trois banquettes en U, aux « mille kilos », camions plus importants comportant sur leur plate-forme carrossée cinq ou six rangées de banquettes parallèles, en passant par des fourgonnettes à trois banquettes. Dans ces dernières, ce ne sont pas trois personnes, mais cinq qui sont serrées sur chacune des deux banquettes arrière. Les voyageurs peuvent récriminer, ils n'y changent rien : la volonté du conducteur et surtout du tout-puissant représentant du syndicat des transporteurs est la plus forte.

Mais ce sont les camionnettes bâchées qui sont de loin les plus pittoresques. Naturellement, il ne suffit pas de tasser les gens sur les banquettes jusqu'à l'extrême limite de compressibilité : il reste encore le centre ! On commence à le remplir avec divers paquets, une roue de secours, quelques volailles. Sur le tout, on perche les derniers arrivants, plus l'apprenti, personnage important chargé par le conducteur de toutes les corvées. Il doit bourrer les interstices, encaisser la monnaie au fur et à mesure des descentes, après quelques discussions orageuses. Avant le départ, c'est lui qui veille aux derniers préparatifs : mettre de l'eau dans le réservoir, éventuellement attacher un moteur quelque peu flottant, amarrer à l'extérieur les innombrables bagages qui n'ont pas trouvé de place à l'intérieur. Même sur un toit bâché, les arceaux servant de support à la toile sont surchargés de colis divers : depuis le régime de bananes jusqu'à la bicyclette... et tant pis pour le régime de bananes si la bicyclette est arrivée après lui. Si l'apprenti n'existait pas, il faudrait l'inventer. Dédaigneux à l'extrême avec la gent passagère, il file doux avec le conducteur quand celui-ci s'aperçoit des peccadilles dont il s'est rendu coupable ; car c'est souvent un fantaisiste qui oublie l'eau du réservoir, perd la bâche destinée à protéger les bagages, et compose ses échafaudages de telle sorte qu'à l'arrivée s'élèvent des concerts de malédictions... ou encore, pendant le parcours, quand un passager reçoit sur la tête le contenu du jerrican d'essence, mal bouché et mal ficelé sur le toit.

Si réunir 8 passagers prend parfois du temps, que dire lorsqu'on ne roule pas à moins de 24 personnes... au moins ! Il faut s'y prendre tôt le matin, mais quand à augurer de l'heure du départ, mieux vaut ne pas s'y risquer... ni espérer dans ces conditions pouvoir dans la même journée attraper une correspondance quelconque. Certes, à la gare routière de départ, le représentant du syndicat affirmera toujours avec un tranquille optimisme que rien n'est plus facile : il ne faut *jamais* le croire !

A vrai dire ces diverses camionnettes ou « Bakas » disparaissent de plus en plus devant la multiplication des cars réguliers qui relient quotidiennement toutes les grandes villes à Abidjan et commencent également à établir des liaisons entre elles, notamment à partir de

MOYENS DE COMMUNICATIONS

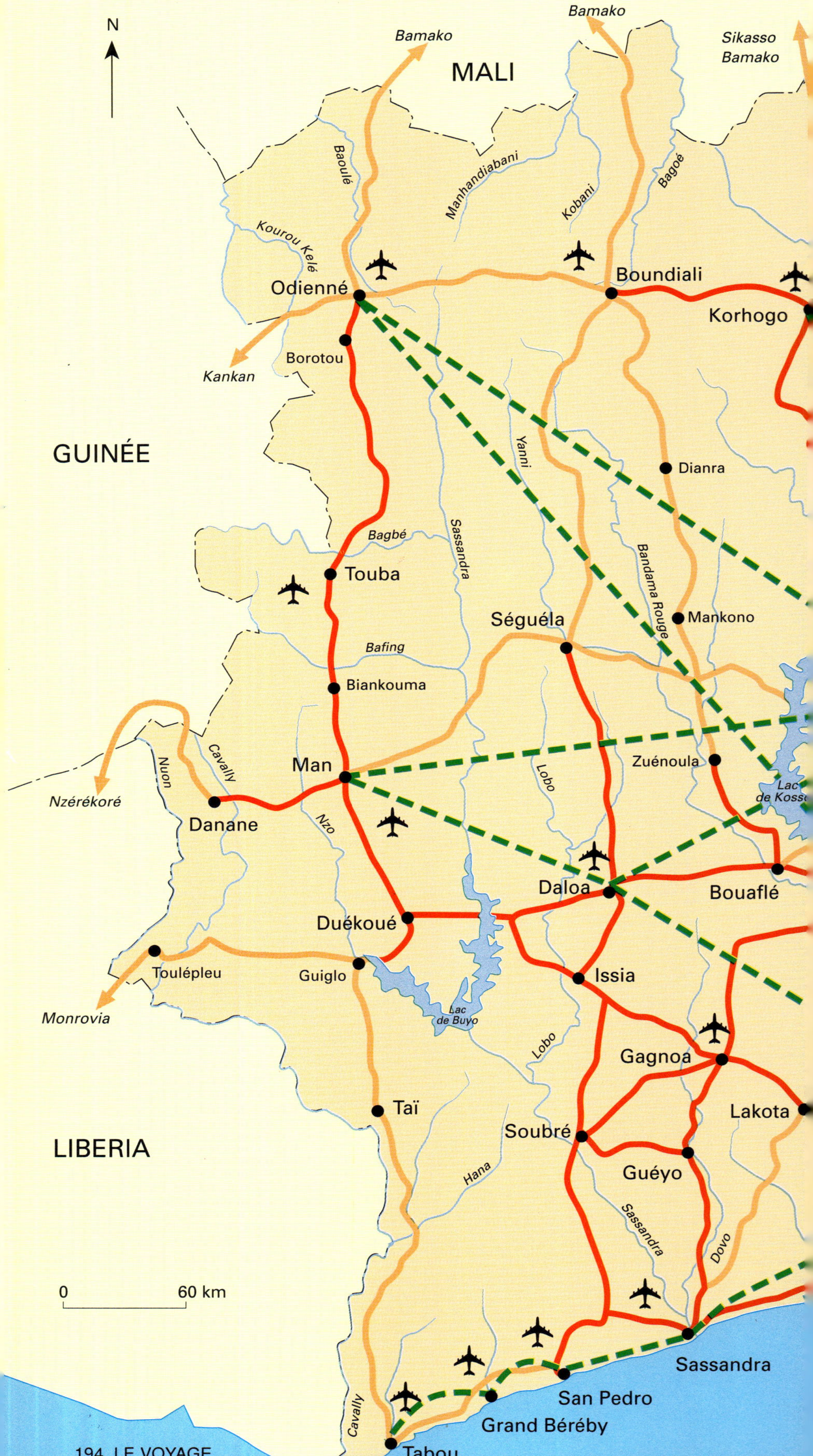

Chemin de fer
Autoroute
Route bitumée
Route non bitumée
Ligne aérienne régulière intérieure
Aéroport international
Autre aéroport et aérodrome
BURKINA FASO
Bobo Dioulasso
Bobo Dioulasso
Ferkessedougou
Ouango-Fitini
Varalé
Ferké
Bouna
Comoé
Kong
Tamale
Koumasi
Volta Noire
Iringou
Kongo
Niakaramandougou
Nzi
Gansé
Kakpin
Kotouba
Dabakala
Katiola
Bondoukou
Koumasi
Accra
Tanda
Bouaké
Comoé
M'Bahiakro
Ba
Koumasi
Accra
Ananda
Ouéllé
Tiébissou
Bocanda
Agnibilekrou
Daoukro
Kossou
YAMOUSSOUKRO
Abengourou
GHANA
Dimbokro
Kotobi
Bongouanou
Toumodi
Nzi
Agnébi
Akoupé
Agboville
Adzopé
Divo
N'Douci
Tiassalé
Mé
Comoé
Lac d'Ayame
Boubo
Aboisso
ABIDJAN
Bandama
Tano
Dabou
Accra
Grand Bassam
Grand Lahou
OCÉAN
ATLANTIQUE

Korhogo, de Bouaké et Yamoussoukro. L'avantage de ces cars est d'être encore moins chers que les précédents, de partir à peu près à l'heure, de ne pas prendre de passagers en surcharge, de présenter un certain confort, comme d'avoir tout un circuit vidéo... mais on n'aime pas forcément le tintamarre que cela représente ni le matraquage d'images violentes qui se déversent sans interruption. On n'apprécie certainement pas le fait que tous les spectateurs, bouche bée, ne pensent plus qu'à se gaver de ces « policiers » et qu'il n'est plus possible d'échanger un sourire avec ses voisins !

Aussi préfère-t-on souvent – quand c'est encore possible – les bons vieux « mille kilos » avec mille arrêts pour charger et décharger.

Pendant ces arrêts, il est agréable de se détendre les jambes, de regarder des gens et des lieux qui, sans ces pauses imprévues, se seraient fondus en une toile de fond dont les détails n'auraient pas eu le temps d'apparaître. Ce sont souvent ces détails qui deviennent les meilleurs souvenirs.

Naturellement, aussitôt que plusieurs personnes voyagent ensemble, elles ont beaucoup moins de difficultés. D'une part les taxis de brousse sont plus vite remplis, d'autre part se partager, ne serait-ce qu'à quatre, les frais d'un taxi privé est souvent la meilleure solution. Comme ce sont de petites voitures, leur tarif est parfois assez raisonnable. Il faut discuter. De toute façon, pour visiter les alentours d'une ville, il n'existe pas d'autre moyen. Les gamins qui se tiennent aux alentours des hôtels pour servir d'accompagnateurs, cirer les chaussures ou exécuter une course quelconque, sont de bons médiateurs dans ce genre de tractation. Ils savent quel est le tarif réel au-delà duquel le chauffeur ne descendra pas, mais jusqu'où il est possible de le faire descendre.

Par bateau

Les endroits accessibles par bateau sont rares. Les rivières et fleuves ne sont pas navigables sur d'assez longs parcours pour permettre de voyager avec armes et bagages d'une agglomération à une autre.

Quant au transport maritime, il n'exis-

LOCATION DE VOITURES AVEC OU SANS CHAUFFEUR

Africar, *filiale d'American Express, direction, tél. 25.01.65. Hôtel Ibis Marcory, tél. 25.92.55 et à Treichville, tél. 25.01.65, fax 25.01.66.*
Avis, *Galerie Novotel au Plateau, tél. 32.75.90, tél. à l'aéroport : 27.72.73, fax 32.66.75.*
Budget, *tél. 25.60.11, fax 25.45.09 ; aéroport, tél. 27.42.48.*
Esagn location, *tél. 32.55.23.*
Europcar, *tél. 25.12.27, fax 25.11.43 ; aéroport, tél. 27.79.80.*
Hertz, *carrefour CHU à Treichville, tél. 25.35.24 poste 421, fax 25.82.52 ; aéroport, tél. 27.78.98 ; Hôtel Ivoire, tél. 44.10.45 poste 1304. ; Hôtel Sofitel, tél. 22.11.22 poste 6353 ; Hôtel Tiama, tél. 21.08.22 poste 227.*
Interservice Ivoire, *rue des Goyaviers à Cocody, tél. 44.00.72.*
Rex location auto, *Immeuble des cinémas Studio au Plateau, tél. 21.12.37.*
Siprestas, *résidence Neuilly, tél. 32.39.41.*
Socopao, *bd de Gaulle, tél. 32.15.24.*
Sotranci, *tél. 32.59.81.*

te pas. C'est dommage : le trajet jusqu'à Sassandra par paquebot était naguère bien agréable. Restent les lagunes. Que ne pourrait-on créer sur leur succession qui représente un plan d'eau ininterrompu d'environ 300 kilomètres de long !

Des « pétrolettes » (grandes barques couvertes à moteur) font la navette de Vridi à l'île Boulay et de Grand Bassam à Assinie. D'autres partent quatre fois par semaine de Treichville pour Grand Lahou. Elles y arrivent en fin de journée et repartent le lendemain pour Ebonou. Mais pour l'instant, être obligé de se trouver à l'embarcadère de Treichville à 2 h du matin n'est ni plaisant ni rassurant ! Quand, mais quand, mettra-t-on en circulation d'Assinie à Grand Lahou l'équivalent des bateaux-bus reliant Yopougon au Plateau et à Treichville ? Même si l'on ne devait créer qu'un seul trajet par semaine, avec départ d'Abidjan à des heures raisonnables, ce serait un progrès fort apprécié.

Dans la plupart des villes, on trouve facilement des taxis urbains. Mais dans quelques autres, comme à Abengourou , Bondoukou et surtout Yamoussoukro, ils sont rares et il vaut mieux ne pas les lâcher si l'on doit effectuer plusieurs courses.

A Abidjan, ils marchent avec un compteur et leurs tarifs sont différents selon les zones et l'heure, comme dans les capitales occidentales.

La crise a provoqué la naissance des woro woro, taxis collectifs peints en jaune appartenant à des particuliers et dont le prix de la place ne dépasse pas 100 F CFA comme dans les villes de l'intérieur. On commence même à voir en ville ressurgir les bakas, eux aussi pour un prix unique de 100 F CFA la place.

A Abidjan, les transports en commun sont représentés par les autobus verts de la Sotra (Société d'économie mixte à participation majoritaire de l'État). Son réseau comprend 30 lignes desservant quartiers urbains et banlieue, de Port-Bouët à Abobo. Ces autobus fonctionnent de cinq heures du matin à une heure du matin.

Location de voitures

Les agences de location de voitures sont presque toutes installées à Abidjan. Dans les villes de l'intérieur, ce sont fréquemment les hôtels qui assurent ce service, mais il n'est pas possible de louer une voiture dans une ville et de la laisser dans une autre.

Pour faire le tour de la Côte d'Ivoire, il faut donc louer une voiture pour la durée entière du voyage ou recourir aux transports en commun et, dans les agglomérations importantes, soit prendre un taxi de ville pour visiter les alentours, soit louer une voiture quand c'est possible.

Le réseau routier ivoirien compte à peu près 60 000 km de voies diverses, dont un peu plus de 5 500 bitumées et 155 d'autoroute entre Abidjan et Yamoussoukro.

Les pistes les plus récemment bitumées sont Tabou-Grand Bereby et Sassandra-Abidjan avec bretelles bitumées pour Fresco, Grand Lahou, Jacqueville. De l'autre côté d'Abidjan, la côtière va maintenant jusqu'à la frontière ghanéenne. En tout, elle représente 640 km. On espère pour bientôt le bitumage de la route Boundiali-Odienné, celui de Ferkessédougou-frontière du Burkina Faso, avec un embranchement pour le Mali.

L'autoroute Abidjan-N'Douci est entièrement terminée.

Voyager en auto

Par ailleurs, beaucoup de pistes doivent être complètement refaites chaque année après la saison des pluies. Un programme de viabilisation a été mis sur pied pour celles dont le bitumage n'est pas prévu, c'est-à-dire qu'il sera réalisé un assainissement permettant l'écoulement de la pluie pour éviter les bourbiers.

Parallèlement, un effort a été accompli pour améliorer le franchissement des rivières. Les bacs ont presque tous été remplacés par des ponts, comme celui qui franchit le Bandama après la nouvelle agglomération de Grand Lahou ou celui de la Comoë à Petit Ferké. Quant aux ponts fragiles que les premiers orages emportaient régulièrement sur la route Odienné-Man, il ne s'agit plus que de souvenirs, d'ailleurs pittoresques.

Quelle que que soit la saison, l'automobiliste qui n'a pas l'habitude des pistes ne doit pas se leurrer : la « tôle ondulée », c'est-à-dire un sol dur où se succèdent de courtes ondulations ou au contraire une certaine épaisseur de sable recouvrant la route rendent la conduite beaucoup plus fatigante que sur goudron. Il faut en tenir compte dans ses itinéraires, ne serait-ce que par honnêteté à l'égard des autres. Un « coup de pompe » est dangereux pour celui qui l'éprouve, mais tout autant pour celui qui le croise.

Il n'existe pas – ou rarement – de difficultés pour se guider dans l'intérieur du pays. Cependant, il arrive que certains petits villages ne soient pas signalés. Il

RÉGIONS TOURISTIQUES ET EXEMPLES DE CIRCUITS ORGANISÉS PAR LES AGENCES DE VOYAGES

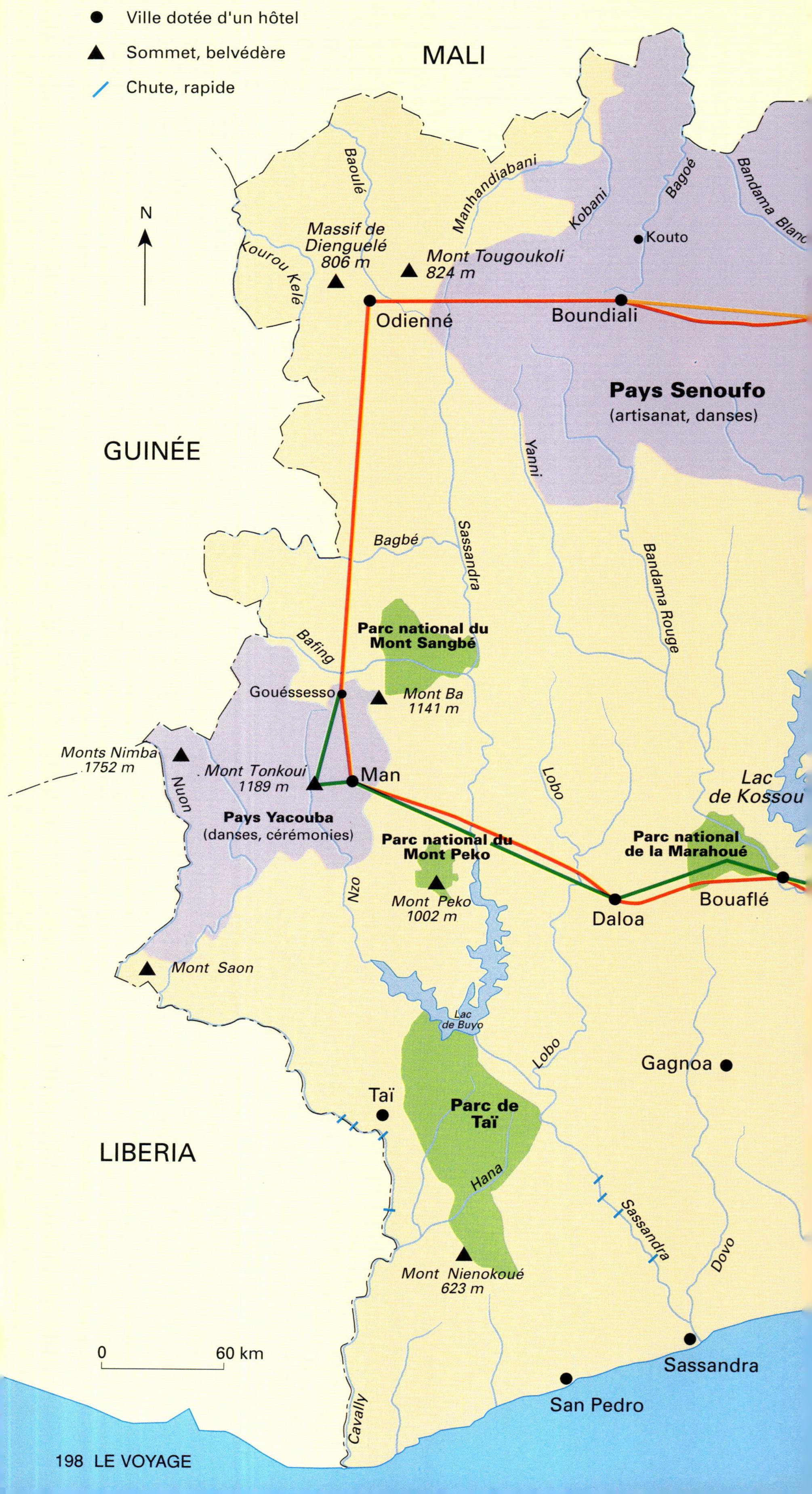

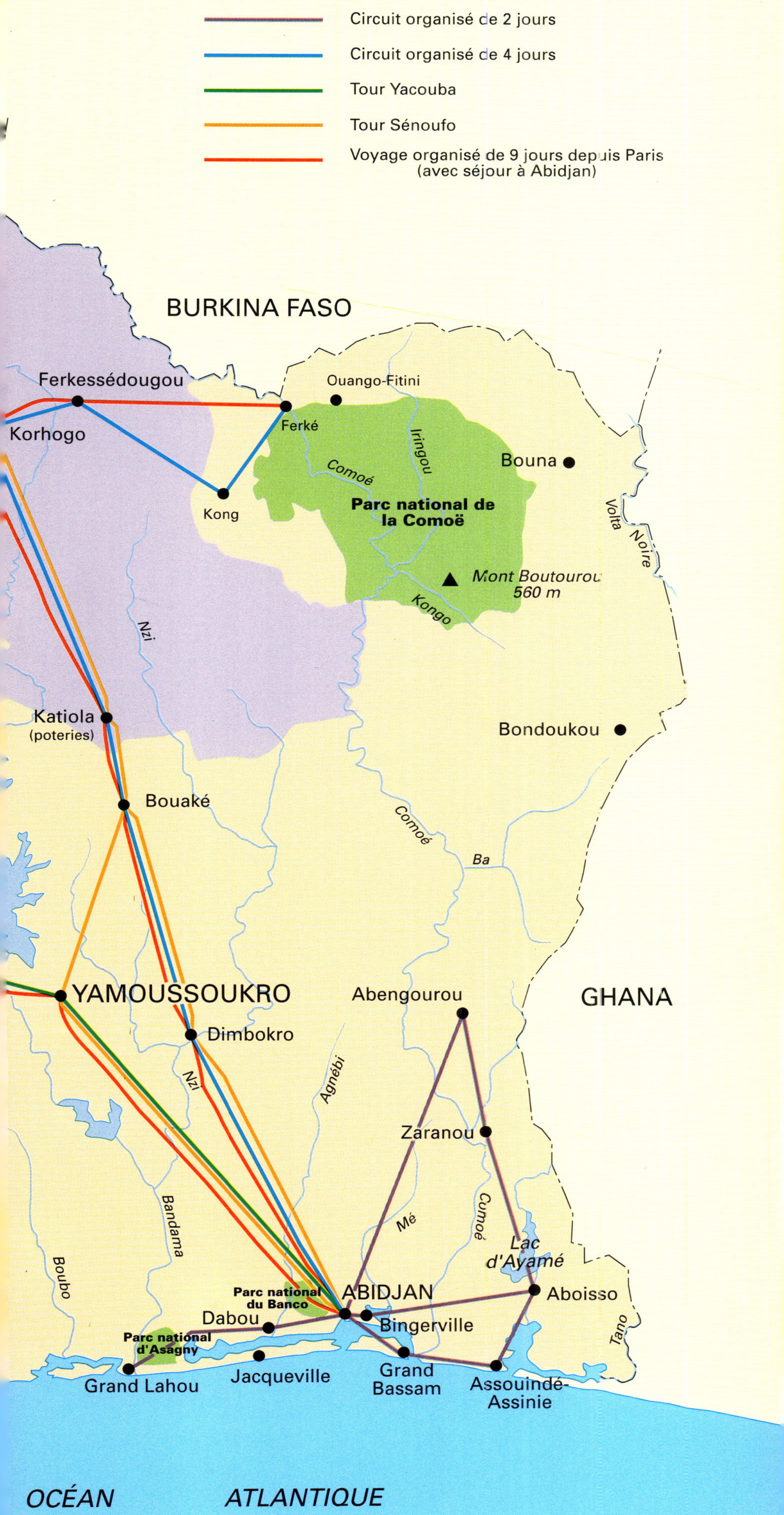
Circuit organisé de 2 jours
Circuit organisé de 4 jours
Tour Yacouba
Tour Sénoufo
Voyage organisé de 9 jours depuis Paris
(avec séjour à Abidjan)
BURKINA FASO
Ferkessédougou
Korhogo
Ouango-Fitini
Ferké
Kong
Iringou
Comoé
Parc national de
la Comoë
Bouna
Volta
Noire
Mont Boutourou
560 m
Kongo
Nzi
Katiola
(poteries)
Bondoukou
Bouaké
Comoé
Ba
YAMOUSSOUKRO
Abengourou
GHANA
Dimbokro
Nzi
Agnébi
Zaranou
Bandama
Mé
Comoé
Lac
d'Ayamé
Boubo
Parc national
du Banco
ABIDJAN
Aboisso
Dabou
Bingerville
Tano
Parc national
d'Asagny
Grand Lahou
Jacqueville
Grand
Bassam
Assouindé-
Assinie
OCÉAN
ATLANTIQUE

vaut donc mieux, si l'on a l'intention de quitter les routes d'intérêt national ou d'intérêt régional, toujours très bien indiquées, se procurer des cartes détaillées que l'on trouvera au siège de l'IGN.

Le ravitaillement en essence est largement assuré dans toutes les régions et, en cas de panne, il est rare que l'on attende très longtemps le passage d'un véhicule qui permettra d'aller chercher du secours ou qui peut lui-même secourir l'automobiliste. Pourtant, dans la région du Sud-Ouest, particulièrement entre Taï et Tabou, la route peut rester déserte pendant des heures. D'où la nécessité d'avoir toujours un jerrican d'essence, de l'eau en réserve, une ou deux roues de secours et du matériel pour réparer sur place. Il est plus prudent pendant la mauvaise saison, d'avoir une scie dans la voiture, car la route peut se trouver coupée par un arbre.

La circulation en Côte d'Ivoire se fait à droite. La vitesse est limitée à 120 km/h hors des agglomérations, 60 km/h en ville, 25 km/h dans les parcs nationaux.

Un des facteurs de ralentissement dans les trajets en « bakas » ou taxis de brousse est la fréquence des contrôles de police. Le passager novice d'un transport en commun reste d'abord perplexe en constatant la multiplicité des appels de phare, accompagnés de gestes éloquents de la main qu'adressent les transporteurs à leurs collègues arrivant en face d'eux. Il s'agit tout simplement de signaler la présence des policiers et de préciser approximativement où ils stationnent.

Enfin, des contrôles de douaniers sont opérés entre les départements et pas seulement près des frontières. Il est donc impératif de ne pas oublier ses papiers d'identité à l'hôtel, même pour une excursion d'une journée.

COMPAGNIES AÉRIENNES

Air Afrique, *3 rue J.-Anoma, tél. 20.33.89.*
Air France, *17, av. Delafosse, tél. 21.12.79.*
Air Ivoire, *av. Général-de-Gaulle, immeuble El Nassr, tél. 21.34.29.*
Air Transivoire, *aéroport, tél. 27.84.15.*
Air Gabon, *tél. 21.55.06.*
Air Guinée, *tél. 32.60.64.*
Air Zaïre, *tél. 22.42.47.*
Cameroon Airlines, *av. Franchet-d'Esperey, tél. 21.19.19.*
Egyptair, *Immeuble El Nasr, rue du Commerce, tél. 32.57.19.*
Ethiopian Airlines, *Immeuble le Paris, av. Chardy, tél. 21.93.32 ou 21.94.30.*
Ghana Airways, *av. Delafosse, tél. 32.27.83.*
Middle East Airlines, *16 rue Alphonse-Daudet, Plateau, tél. 22.62.82 ou 22.27.88.*
Nigeria Airways, *av. Général-de-Gaulle, Immeuble El Nasr, tél. 32.26.01.*
Royal Air Maroc, *Immeuble le Paris, av. Chardy, tél. 21.20.38.*
Sabena, *Immeuble Nour el Hayat, av. Chardy, tél. 21.29.36.*
Swissair, *av. Franchet-d'Esperey, tél. 21.55.72.*
Tap Air Portugal, *tél. 21.17.55.*

l'accueil et le séjour

Où se renseigner ?

Pour les Français, la première instance à consulter à Paris est le Bureau de l'OITH *(Voir encadré p. 205.)*

A Abidjan, l'Office ivoirien du tourisme et de l'hôtellerie (OITH) se trouve à l'extrémité du boulevard de la République, en face du pont Houphouët-Boigny et de la poste. Le ministère du Tourisme, dans la Tour administrative D, n'a pas pour but de renseigner les voyageurs.

En revanche, un certain nombre d'agences pourront leur fournir tous les détails souhaitables, notamment l'Agence Haury, très bien située avenue Chardy, ainsi que les agences des hôtels.

Sur le plan culturel, les centres culturels étrangers permettent de se mettre au fait de l'actualité de la capitale. En particulier le Centre culturel français, avenue Franchet-d'Espérey, a une salle de spectacles où se produisent fréquemment les troupes de théâtre ivoiriennes ou étrangères, ainsi que des conférenciers venus de partout. On peut aussi y visiter des expositions temporaires et trouver dans sa bibliothèque des livres épuisés en librairies. Quant aux nouveautés concernant la Côte d'Ivoire, littérature nationale ou études de toutes sortes, les deux librairies de France (avenue Chardy et Hôtel Ivoire) en offrent toute la gamme, publiée en France ou à Abidjan.

Dans les préfectures et sous-préfectures, il est bon de demander audience au préfet ou au sous-préfet. Ils sont de bon conseil et peuvent aplanir bien des difficultés.

A Man, Bouaké, Korhogo, les délégués du Tourisme seront consultés avec profit. Enfin, en brousse, il faut toujours demander à voir le chef du village par courtoisie et parce qu'il n'est rien dans son fief dont il ne puisse expliquer les tenants et aboutissants.

Les formalités d'entrée

Police : Les ressortissants français doivent demander à l'ambassade de Côte d'Ivoire à Paris un visa pour quelque séjour que ce soit. Les provinciaux peuvent le faire par courrier, une première fois pour demander la circulaire à rem-

LES BOÎTES À SOURIS

Pratiquée par tout le groupe Akan de Côte d'Ivoire et du Ghana, la divination par l'intermédiaire des boîtes à souris donne lieu à d'extraordinaires improvisations qui peuvent occuper facilement toute une soirée. Hélas, pour qu'un étranger puisse profiter pleinement de cet étonnant spectacle, il faut un interprète... qui ne peut tout traduire. Restent les réactions de l'assistance !
Dans un récipient en poterie, recouvert d'écorce et de peau, on a ménagé deux étages, avec un trou dans le plancher de l'étage supérieur. Quand la séance commence, la souris peut circuler librement entre les deux niveaux. On tape alors avec une planchette sur le récipient. La souris, effrayée, court se cacher à l'étage inférieur. On ouvre la boîte, on dispose une planchette sur laquelle des filaments ont été bien rangés parallèlement les uns aux autres, puis on saupoudre cette planchette avec de la poudre de manioc ou de tout aliment prisé par les souris, et on ferme.
La souris, attirée par l'odeur, vient manger les débris d'aliments en dérangeant évidemment les filaments : on en déduit toute une série d'événements mettant en scène le village, les villageois, ce qu'ils ont fait ou non, le temps, les récoltes, etc.
Chacun des participants ayant sa boîte à souris et attendant que le voisin ait fini d'épater l'assistance avec ses prédictions pour délivrer les siennes, on imagine la compétition et les trésors d'éloquence et de malice qui se déploient pendant toute la séance.

LA CÔTE D'IVOIRE EN 30 JOURS D'ABIDJAN À ABIDJAN

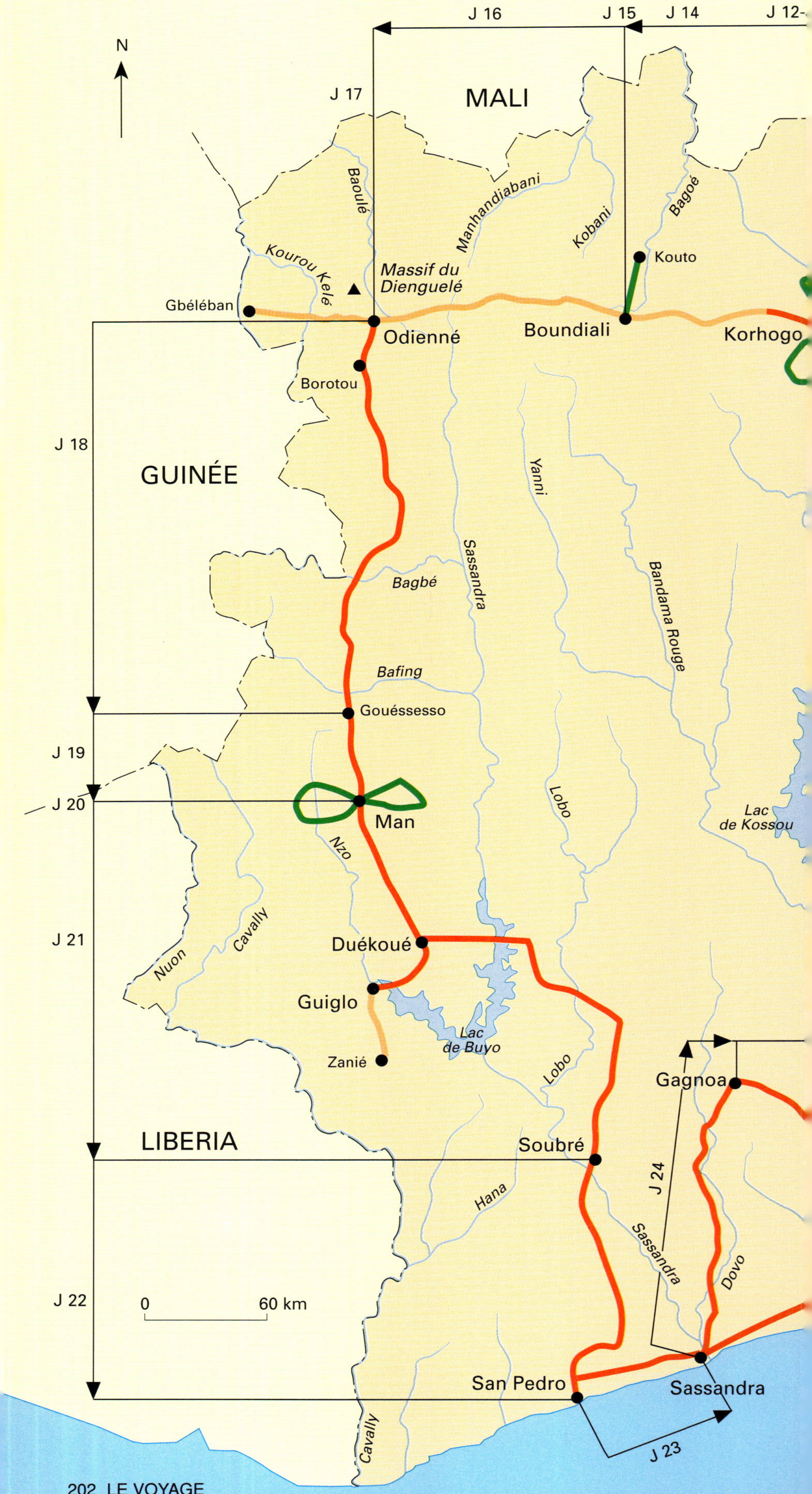

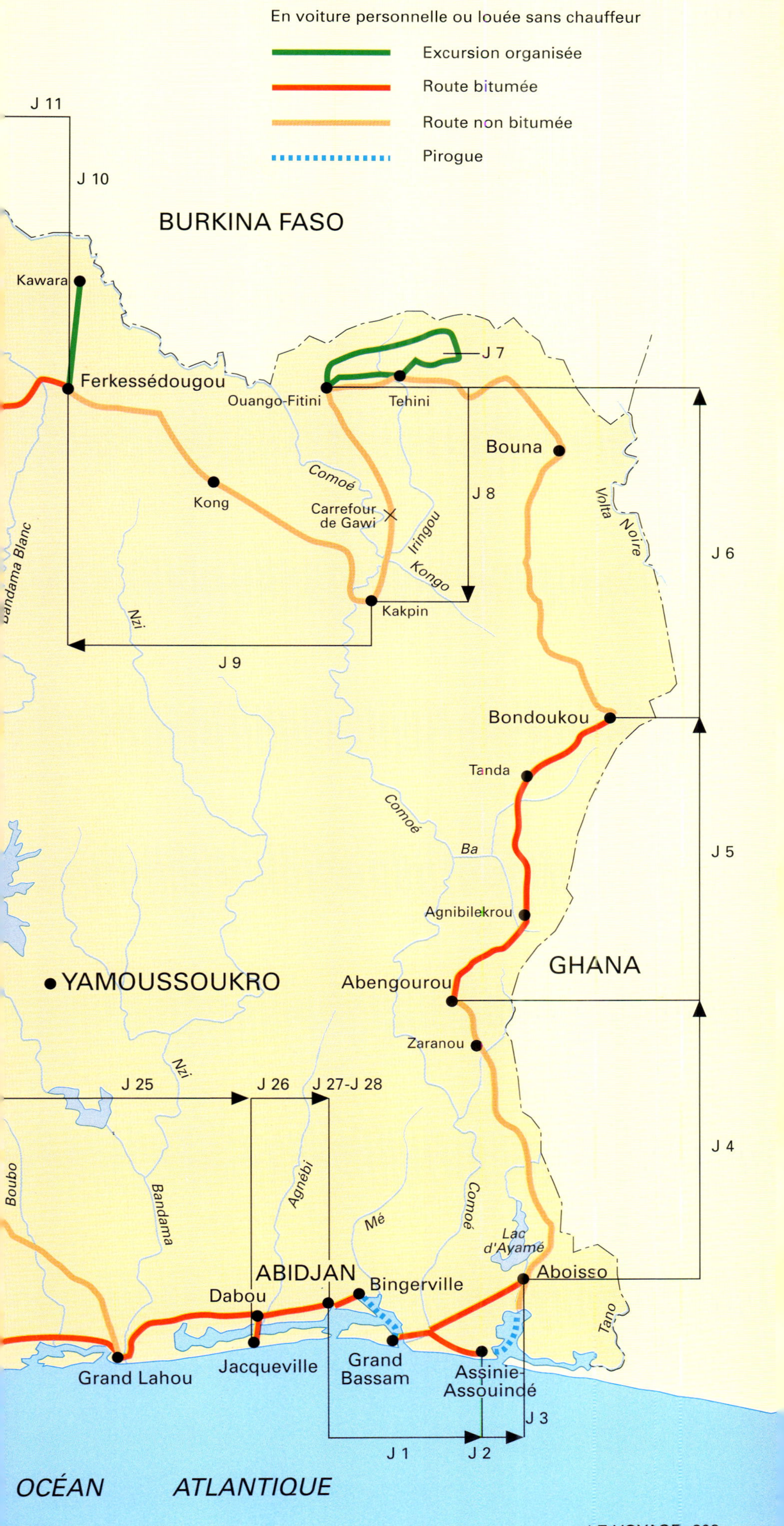

En voiture personnelle ou louée sans chauffeur
Excursion organisée
Route bitumée
Route non bitumée
Pirogue
J 11
J 10
BURKINA FASO
Kawara
Ferkessédougou
Ouango-Fitini
Tehini
J 7
Bouna
Kong
Comoé
Carrefour de Gawi
Iringou
Kongo
J 8
Volta Noire
J 6
Kakpin
Nzi
J 9
Bandama Blanc
Bondoukou
Tanda
Comoé
Ba
J 5
Agnibilekrou
GHANA
YAMOUSSOUKRO
Abengourou
Zaranou
J 25
J 26
J 27-J 28
Nzi
J 4
Boubo
Bandama
Agnébi
Mé
Comoé
Lac d'Ayamé
ABIDJAN
Bingerville
Aboisso
Dabou
Tano
Jacqueville
Grand Lahou
Grand Bassam
Assinie-Assouindé
J 3
J 1
J 2
OCÉAN
ATLANTIQUE

plir, une deuxième pour expédier celle-ci, une attestation de billet aller et retour, le passeport, deux photos d'identité, et un mandat de deux cents francs français, plus une enveloppe timbrée au prix d'une réponse par recommandé avec AR. Celle-ci est effectuée dans un délai de deux à trois jours.

Il est question de supprimer le visa : se renseigner à l'ambassade. De même les ressortissants des différents pays doivent se tenir au courant de la nécessité d'un visa ou non, la situation pouvant changer rapidement.

Aucun cautionnement n'est exigé pour les voyageurs munis d'un billet de retour, si leur séjour n'excède pas trois mois. Une décision émanant du ministre de l'Intérieur peut agréer la caution d'une personne domiciliée en Côte d'Ivoire qui garantit sans condition le rapatriement du bénéficiaire. Pour le touriste qui traverse la Côte d'Ivoire à bord de sa voiture, aucune des conditions précédentes n'est demandée, la voiture servant de caution. A défaut de l'une ou de l'autre de ces conditions, un cautionnement est à déposer avant le départ auprès de la compagnie de transport, une banque ou les autorités consulaires. Le montant de ce cautionnement pouvant varier, se renseigner avant le départ à l'ambassade de Côte d'Ivoire.

Douane : pour les voitures, un triptyque ou un carnet de passage en douane, délivré par l'Automobile-Club du pays d'immatriculation ou par un organisme touristique, est obligatoire si l'on veut éviter de payer des droits d'importation et les taxes. En l'absence de ces documents, l'automobiliste est obligé de verser ces droits en consigne ou de souscrire un acquit-à-caution pour les garantir en cas de non-assurance obligatoire.

A l'entrée en Côte d'Ivoire, ne sont soumis à aucun droit : les restants de provision de route ; 200 cigarettes ou 50 cigares, pour les personnes âgées de plus de 18 ans ; les bijoux personnels en or, argent ou platine (jusqu'à 500 g) ; les vêtements et effets personnels ; les chiens et chats ; les menus objets de camping ; une trousse d'articles de sports (raquette, etc.) ; 2 appareils de photos de format ou de type différents avec 20 rouleaux de pellicule pour chacun ; une caméra de petit format et 10 rouleaux de film ; un ou deux jeux de cartes défaits ; un électrophone avec 20 disques 45 ou 5 33 tours ; un transistor ; un magnétophone portatif ; un dictaphone ; une machine à écrire portative ; une voiture d'enfant et en général tous les objets portatifs (séchoir à cheveux, fer à repasser, etc.).

Santé : seul est désormais exigé le certificat de vaccination antiamarile (plus de dix jours et moins de dix ans). Suppression du vaccin antivariolique. Le certificat anticholérique n'est en principe pas demandé, mais il vaut mieux le faire faire, un brusque changement de l'état sanitaire mondial pouvant entraîner son exigibilité. La vaccination contre la fièvre jaune doit être faite en premier. Il faut un délai de 10 jours entre elle et la vaccination suivante. Elle se fait sur présentation d'une analyse d'urine portant sur le sucre et l'albumine. Il n'est pas nécessaire d'être à jeûn. A Paris, Air France a un centre de vaccination, 25, bd de Vaugirard, tél. 43.23.81.81, tous les jours de 8 h 30 à 16 h 30, sauf dimanche et jours fériés. En cas d'urgence, les aéroports possèdent également un service spécialisé. La vaccination contre le choléra comprend deux piqûres à huit jours d'intervalle. Attention : le vaccin anti-cholérique n'est valable que six mois. Enfin, il est impératif de suivre un traitement antipaludéen pendant tout le séjour et un mois après le retour.

Quelle saison choisir ?

C'est une question très embarrassante : tout dépend de l'endroit où l'on désire se rendre.

D'une manière générale, il vaut mieux éviter la saison des pluies. Or dans le sud, il y a quatre saisons : une grande saison des pluies de mai à juillet, une saison théoriquement sèche en août et septembre, une petite saison des pluies en octobre et novembre et une saison sèche de décembre à la fin d'avril. Dans le nord, au contraire, les pluies durent sans interruption de juin à octobre, et les pistes sont parfois souvent boueuses au-delà.

Mais tout cela n'est souvent que théorique : la saison sèche d'août et septembre, sur la côte, depuis quelques années, existe de moins en moins, car les pluies commencent souvent en retard. En revanche, la température est évidemment beaucoup plus fraîche, même à Abidjan dont l'air reste en général assez lourd. Dans toute la zone de savane, le climat presque tempéré des jours et des nuits pendant l'hivernage (saison des pluies) met l'Européen dans de meilleures conditions physiques pour voyager, et la luxuriance de la végétation surprend agréablement ceux qui s'attendaient à trouver une nature austère et peu colorée.

D'ailleurs, toujours dans le nord, il est rare que la pluie tombe sans interruption toute la journée. Parfois, après un orage, la lumière est absolument ravissante.

En revanche, dans l'ouest montagneux, du nord au sud, les pluies torrentielles peuvent fort bien durer pendant plusieurs jours à la file. Les pistes, en toutes saisons assez difficiles à cause du relief accidenté et de la nature du sol, deviennent alors totalement impraticables. Même les routes bitumées s'abîment rapidement. Il ne faut jamais s'aventurer sur l'une des pistes qui traversent les monts Toura, par exemple, à l'est de Man, sans se renseigner sur leur état : d'une année à l'autre, celui-ci change brusquement.

Ce n'est pas pour rien que certains hôtels et campements ferment de juillet à novembre ou même parfois décembre, tandis que d'autres s'adaptent à la saison. (Certaines randonnées en voiture sont parfois même remplacées par des excursions en pirogue !) Le parc national de la Comoë est fermé également jusqu'en décembre. D'ailleurs, pour bien voir les animaux, il est recommandé de ne visiter le parc que lorsque les grandes herbes ont été brûlées, c'est-à-dire à la fin de décembre.

La plupart des fêtes traditionnelles se déroulent pendant la saison sèche. Quant aux paysans artisans, l'hivernage est pour eux l'époque des travaux intensifs dans les champs et leurs villages se vident.

Cependant, les personnes qui craignent la chaleur peuvent avec raison préférer venir en Côte d'Ivoire en août ou septembre. Elles pourront accomplir des promenades à pied sans fatigue, puisque très souvent la température ne dépasse pas 25 °C. Quant aux incidents de la route, ils peuvent être pittoresques si l'on ne prend pas les choses au tragique. Et les Ivoiriens ne sont pas moins sympathiques pour être vus sous la pluie.

La vie quotidienne

La monnaie en cours en Côte d'Ivoire est le franc CFA, qui se présente sous forme de pièces en alliage de 5, 10, 25, 50, 100 et 250 F et de billets de 500, 1 000, 2 500, 5 000 et 10 000 F. Le franc français vaut 100 F CFA.

Les banques sont nombreuses à Abidjan et elles ont des succursales au moins

LE BUREAU PARISIEN DE L'OFFICE IVOIRIEN DU TOURISME ET DE L'HÔTELLERIE

Pays ouvert au tourisme international dans le respect de ses traditions et de son originalité, la République de Côte d'Ivoire, grâce à la stabilité de ses institutions, est décidée à faire de l'industrie touristique l'un des facteurs essentiels de sa croissance économique et de son développement social.
Installée à Paris depuis 1973, la direction de la Promotion extérieure du tourisme de la Côte d'Ivoire pour l'Europe et l'Amérique a fait place au bureau parisien de l'Office ivoirien du tourisme et de l'hôtellerie (OITH), établissement public à caractère industriel et commercial, créé en décembre 1992.
Cet organisme est à l'étranger le trait d'union entre les tour-opérateurs, les agents de voyage, les compagnies aériennes et le ministère du Tourisme de la République de Côte d'Ivoire. Il contribue au rayonnement du pays auprès des professionnels du voyage et de la presse, grâce à son activité dans le domaine des conférences, des expositions et des voyages de promotion à destination de la Côte d'Ivoire.
Bureau parisien de l'OITH, 24 bd Suchet, 75016 Paris, tél. 42.88.62.92, fax 42.88.40.70.

LA CÔTE D'IVOIRE 21 JOURS EN VOITURE CENTRE ET OUEST D'ABIDJAN À ABIDJAN

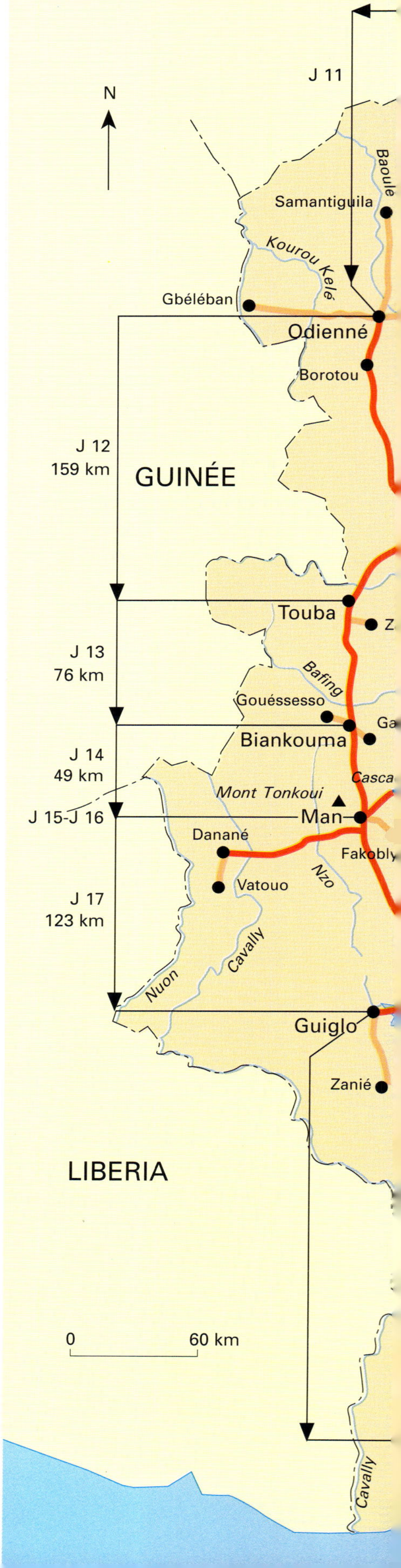

dans les préfectures. De plus, les grands hôtels ont un bureau de change ou bien peuvent changer de petites sommes. Ils acceptent tous d'être réglés en monnaie française. Le touriste français peut tirer de l'argent avec sa carte de crédit, à condition de présenter son carnet de chèques, par l'intermédiaire de la BIAO. Et il peut s'en servir pour payer sa note dans les grands hôtels. (Mais sa banque prélèvera une commission pour le change opéré).

Les banques sont ouvertes de 8 h 30 à 11 h 30 et de 14 h 30 à 16 h 30. Le bureau de change de l'hôtel Ivoire reste ouvert jusqu'à 20 h comme dans beaucoup d'hôtels (mais ceux-ci réservent leurs services à leurs clients). Celui de l'aéroport de Port-Bouët est ouvert jour et nuit.

Dans certains hôtels de l'intérieur, les cartes de crédit sont admises. Mais il vaut mieux prévoir de l'argent liquide. L'argent français est souvent accepté.

Le rythme de la vie

La journée commence doucement à partir de 6 h 30 : le jour se lève au milieu d'un concert d'oiseaux, les climatiseurs se taisent, les radios bavardent, les poubelles sortent, les portières claquent, les unes après les autres. Théoriquement, à 8 h tout le monde est au travail. En fait, arriver dans un bureau à cette heure-là est un manque de savoir-vivre. A 9 heures on y voit plus clair : les différents quotidiens ivoiriens, lus et commentés, traînent sur une table à la disposition des retardataires, tout le monde sait comment tout le monde a passé la soirée de la veille, les choses se mettent à tourner rond… Les appels téléphoniques retentissent, les demandes de renseignements affluent, les conversations professionnelles s'engagent. Les déplacements pour affaires ou pour formalités administratives entretiennent une certaine animation en ville, mais bien moins forte, cependant, qu'à certains moments cruciaux de la journée. En effet, il est difficile pour le touriste sans voiture de circuler en pleine ville pendant les heures de pointe, c'est-à-dire aux alentours de midi, de 14 h 30, et à partir de 16 h 30. Mieux vaut renoncer tout de suite aux taxis, ils sont introuvables. Il ne reste qu'à patienter et attendre les navettes de certains hôtels.

Si les rues sont embouteillées à partir de 16 h 30, cela ne veut pas dire que tout ferme à ce moment-là : les banques donnent comme d'habitude le signal, puis les bureaux suivent, à partir de 17 h, et

J 10
135 km
J 9
J 8
102 km
J 6-J 7
J 5
55 km
Route bitumée
Route non bitumée
MALI
BURKINA FASO
Manhandiabani
Kobani
Bagoé
Kouto
Koni
Ferkessedougou
Boundiali
Korhogo
Waraniéné
Torgokaha
Comoé
Nassian
Kong
Yanni
Bandama Blanc
J 4
377 km
Sassandra
Bandama Rouge
Nzi
Katiola
Bouaké
J 3
Lobo
J 2
106 km
Lac de Kossou
Parc national de la Marahoué
Daloa
Bouaflé
YAMOUSSOUKRO
Duékoué
Issia
Toumodi
Lac de Buyo
Lobo
Nzi
J 1
266 km
Gagnoa
Boubo
N'Douci
Lakota
Soubré
Agnébi
Hana
ABIDJAN
Sassandra
Dovo
Bandama
Jacqueville
183 km
J 18
130 km
J 19
236 km
J 20
53 km
J 21
OCÉAN ATLANTIQUE

enfin les magasins à 19 h. Tout au moins les magasins modernes, comme Le Froid Industriel ou les différentes succursales des réseaux alimentaires ivoiriens « Chaîne Avion », « Score », « PAC ». Mais à Treichville ou Adjamé, il n'est pas question de fermer si tôt. La boutique est un salon où l'on vient bavarder autant qu'acheter, et comme la vie ne s'arrête pratiquement pas la nuit, surtout à Treichville, elle reste animée fort tard. Danser, boire ou parler donne faim. Aussi, dans ces quartiers de noctambules, les vendeuses de brochettes ou de beignets restent bien après minuit sur les trottoirs, au coin des rues ou devant les boîtes de nuit.

Un autre personnage important qui se lève et se couche tard, c'est le vendeur de cigarettes. Sa boîte en bois posée sur le sol et lui-même assis sur une natte ou sur le mur de clôture d'une maison, il attend le client en faisant lui aussi salon.

En revanche, les grands marchés ne fonctionnent pratiquement que le matin ou alors tellement au ralenti que cela ne vaut pas la peine de s'y rendre après 13 h. Mais il existe de nombreuses échoppes de plein air, qui sont ouvertes toute la journée. Des vendeurs d'œufs, des marchandes de fruits et de légumes se groupent à certains endroits ou circulent dans les rues et vont proposer leurs produits dans les maisons particulières.

Dans les restaurants, les repas sont servis comme en Europe, à partir de 12 h 30 jusqu'à 14 h et le soir à partir de 19 h 30. Quant à l'heure de fermeture, elle dépend de l'établissement et du quartier. En général, on dîne assez tard à Abidjan, car l'heure de l'apéritif est très animée et dure facilement jusqu'à 20 ou 21 h.

Le vendredi a lieu la grande prière des musulmans. Mais au lieu de 15 h, elle est fixée à 13 h pour ne pas perturber le travail.

Le samedi matin, tout le monde est encore à son poste. Mais à partir de midi, chacun se retire de la vie publique jusqu'au lundi matin. Beaucoup de citadins vont passer le week-end au village dans leur famille. Quant aux Européens, ils se rendent à Grand Bassam, Assinie ou Vridi.

Pour celui qui voyage en taxi de brousse ou en autocar, l'heure du déjeuner se passe la plupart du temps en voiture. Pas question de restaurant. Les passagers ivoiriens emportent leurs provisions ou se ravitaillent dans les gares routières. Il faut faire comme eux. Même dans les plus petites agglomérations, sont implantés une « Chaîne Avion » ou un « PAC », c'est-à-dire de quoi boire, tiède si l'on achète de l'eau minérale ou de la bière conservées en rayon, frais si l'on choisit du coca-cola ou des sodas dont une réserve est toujours gardée en réfrigérateur. Sur le plan alimentaire, ces magasins vendent tout ce qui est épicerie. Mais manger des conserves en voiture n'est pas pratique, à part les divers pâtés, parfaits pour les sandwiches. Il reste à acheter dans les gares routières du pain, des bananes, des oranges, présentées souvent tout épluchées et les plats africains, déposés dans de larges feuilles, lorsqu'il s'agit d'attiéké ou de poisson en sauce. Les brochettes sont délicieuses, à condition d'aimer le piment. L'Européen a souvent du mal à avaler ce qui pour un Africain est plutôt fade. Dans les gares routières, ce sont fréquemment des femmes qui préparent ces brochettes sur un petit fourneau à charbon de bois, le merveilleux alloco, rondelles de banane plantain frites et légèrement pimentées ou de nombreux beignets.

On vend aussi couramment des œufs durs et des biscuits, bref de quoi attendre un repas plus substantiel.

Les pharmacies

Bien entendu, à Abidjan et dans les grandes villes, le touriste n'a aucune difficulté à trouver les divers médicaments dont il peut avoir besoin, ainsi qu'une personne compétente pour le guider en cas de troubles bénins. Dans certaines de ces pharmacies, à l'intérieur du pays, il pourra même souvent se procurer des rouleaux de pellicule photos, introuvables ailleurs. C'est le cas à Abengourou, mais surtout à Bondoukou où le pharmacien se double d'un photographe.

Dans les petites agglomérations, en revanche, les dépôts pharmaceutiques sont rares et mal approvisionnés. Il est donc prudent d'emporter depuis Abidjan une trousse comprenant : pansements, désinfectants de toutes sortes pour les plaies, le nez, la gorge, les yeux, les intestins, l'eau, de la pommade contre les piqûres d'insectes, de l'aspirine et bien entendu de la Nivaquine qu'il ne faut surtout pas oublier de prendre chaque jour. Dans ce climat chaud et humide, la moindre coupure, ampoule ou même piqûre doit être traitée immédiatement et sérieusement : l'infection est toujours à craindre et elle peut vite prendre mauvaise tournure.

En revanche, les sérums antivenimeux ne se conservant pas à la chaleur, il est absolument inutile d'en avoir avec soi, sauf si, dans sa voiture, on est muni d'une glacière portative. Mais il existe depuis peu des pompes à venin efficaces.

Les postes et télécommunications

A Abidjan, les postes sont nombreuses. Le téléphone est ce qu'il est, mais du moins est-il installé partout. La plupart des petites agglomérations ont une cabine publique. De plus, grâce à une liaison par satellite, les communications avec la France et l'Europe sont automatiques depuis juillet 1975.

Le courrier doit être adressé soit à une boîte postale, soit poste restante, car le facteur portant les lettres à domicile n'existe pas. A ce sujet, ne pas oublier que la plupart du temps le prénom en Afrique suit le nom. Par conséquent la lettre venant d'Europe et portant le prénom en premier risque d'être classée en fonction de son initiale. Aussi ne faut-il pas oublier de demander au préposé à la poste restante de vérifier dans les cases correspondant aux deux initiales. L'unité de poids pour les lettres est de 10 g.

Le coût de la vie

Si le touriste trouvait parfois la vie chère en arrivant à Abidjan, son point de vue a changé depuis la dévaluation. Les prix ayant été sévèrement contrôlés, nul dérapage ne s'est produit et, dans les hôtels de catégorie élevée, les prix seront sensiblement les mêmes qu'en France ou moins élevés.

C'est ainsi qu'on trouvera des chambres climatisées avec salle d'eau et sanitaires pour 12 000 F CFA : c'est le cas du petit hôtel des Sports, très bien situé au bout de l'ex-rue du Commerce à Abidjan, ou de l'excellent hôtel Kadjona de Korhogo et ils ne sont pas les seuls.

Le prix des repas est variable, mais on trouve fréquemment des plats garnis pour environ 5 000 F CFA et moins dans les maquis.

Les campeurs et les pique-niqueurs peuvent s'en tirer à bon compte, à condition d'acheter uniquement des produits du pays, ce qui n'a pas d'importance : ils sont excellents.

Les transports urbains sont bon marché : les autobus verts d'Abidjan coûtent 100 F CFA quel que soit le trajet en ville et 120 F CFA pour la banlieue.

La prise en charge des taxis à Abidjan est de 100 F CFA. A titre indicatif, un trajet de Cocody au Plateau atteint facilement 1 000 F CFA. Mais dans les villes de l'intérieur, le tarif est très bas : 100 F CFA la course tant que le périmètre urbain n'est pas dépassé. Quant aux taxis de brousse et autres véhicules interurbains, leurs tarifs changent souvent !

Les locations de voitures sont onéreuses, puisque l'on peut être obligé de choisir une automobile puissante ! A cela il faut ajouter une assurance obligatoire couvrant la voiture, une autre, facultative, mais bien utile, concernant le conducteur et les personnes transportées, le prix de l'essence (405 F le litre de super, 270 F le gasoil), la caution... Cela peut valoir la peine d'expédier sa voiture par bateau, surtout si celle-ci est petite et peu onéreuse, puisque l'expédition se chiffre au mètre cube et que l'assurance forfaitaire dépend du prix d'achat d'une voiture.

Le prix d'une location de pirogue est élastique. Pour une demi-journée, cela ne devient vraiment intéressant qu'à partir d'un groupe de six, puisque le prix est forfaitaire pour la pirogue..., mais il faut en trouver une !

Le marchandage

Les pourboires n'existent pas dans les hôtels excepté les pièces données au bagagiste. Théoriquement, c'est la même chose dans les restaurants mais on ne vous les refuse pas ! Lorsqu'on fait un circuit organisé, il est en revanche nécessaire de prévoir un pourboire pour le chauffeur (pour le montant, demander conseil à l'accompagnateur).

Il ne faut surtout pas oublier de faire de la monnaie avant de sortir de l'hôtel. Les chauffeurs n'ont jamais la monnaie de 5 000 F ! Et, surtout, la monnaie est indispensable dans toutes les circonstances où un « cadeau » est attendu. Si le touriste n'a que des billets dans sa poche, ou il se ruine ou il passe pour un goujat.

Toutes les tractations qui se passent à l'extérieur se marchandent, à part le paquet de cigarettes dont personne ne penserait à discuter le prix : les transports au forfait dans un taxi privé, le prix des bananes ou celui des objets artisanaux.

C'est évidemment avec l'« antiquaire » qui vend ces derniers sur les marchés que la discussion atteint des sommets de dialectique. Il faut aimer la comedia dell'arte, puisque l'improvisation est de rigueur. Sans doute y a-t-il des règles de base : « Je ne veux rien acheter », dit le chercheur de souvenirs.

« Regarde seulement », répond le chasseur en dissimulant son fusil derrière son dos. Mais il suffit d'un regard un peu appuyé sur l'objet désiré pour que le vendeur connaisse ses chances et les chiffres. Le plus redoutable n'est pas celui qui lance son prix comme on lancerait un pavé : la réaction du gibier ne se fait pas attendre ; il fuit ou il combat. Le véritable artiste nuance ses prétentions, les enveloppe d'un nuage d'amitié, d'un soupçon de tristesse dû au sort funeste qui le force à se séparer à si vil prix, etc. etc. Ah le pauvre homme ! Quelquefois il trouve à qui parler. La discussion prend alors des proportions épiques et elle est suivie par une cour d'admirateurs qui n'hésitent pas à donner leur avis et embrouiller les tractations tant que faire se peut : leurs propres éventaires ne sont pas loin.

Le chauffeur de taxi est moins subtil : sa tactique est celle d'un canonnier. Avec le touriste exténué qui n'entrevoit plus aucune chance d'atteindre le soir même l'étape projetée, cela peut réussir. Mais il arrive aussi que le voyageur, réveillé par le choc, trouve alors assez de courage pour attendre le lendemain et le « mille kilos », qui lui coûtera 10, 20, 30 fois moins cher. Tant pis pour le transporteur : s'il veut faire l'affaire, c'est à lui maintenant de rabattre sérieusement ses prétentions.

Bonnes manières et coutumes

La chose la plus difficile, lorsqu'on pénètre dans un milieu nouveau, est d'observer une juste moyenne entre une trop grande confiance en soi, exaspérante pour autrui, et un excès de bonnes intentions ouvertement affichées.

Si la première attitude provoque de la part des Ivoiriens un retrait et un mutisme réprobateurs, la deuxième les incite à la méfiance, ce qui n'est guère mieux. Inutile de jouer avec eux le conquérant, le joyeux drille ou l'ami-qui-vous-veut-du-bien (malgré vous) : la discrétion est préférable.

Cela ne doit pas pour autant entraîner un comportement indifférent. Tous les Africains, et les Ivoiriens en particulier, détestent la coutume occidentale d'ignorer systématiquement un inconnu. Sans sauter au cou de celui-ci, on peut, on doit lui dire bonjour, surtout si l'on s'adresse à lui pour lui demander un renseignement quelconque. Les « s'il vous plaît » ou « excusez-moi » préliminaires qui suffisent en Europe sont ici considérés comme trop abrupts. Il peut fort bien se faire que l'interpellé rétorque avec vivacité : « D'abord, on dit bonjour ».

Et s'il ne le dit pas, il le pense probablement.

Dans la capitale, il n'est pas question de saluer autrement qu'en français, puisque c'est la langue officielle. En brousse, l'idéal serait de pouvoir utiliser la formule usuelle de politesse dans la propre langue de l'interlocuteur. Seulement il y a une soixantaine d'idiomes en Côte d'Ivoire ! Mais le dioula, langue des commerçants, ou le baoulé sont compris à peu près partout. On peut toujours essayer de lancer un « anitré » mal prononcé : l'intention seule compte. Il arrive aussi que dans les régions à prédominance musulmane, soit prononcé l'international « salaam maleikoum ». Que l'étranger réponde par le « maleikoum salaam » consacré et il est immédiatement récompensé d'un sourire.

D'ailleurs, toutes les marques d'intérêt provoquent de la part des Ivoiriens une réaction chaleureuse et font tomber leur réserve, à condition que cet intérêt soit sincère et non l'expression d'une simple curiosité surtout avide de « pittoresque » et d'« exotisme ».

En matière de coutumes, le pittoresque représente si peu de chose : à peine la couche épithéliale ! Derrière les différences les plus frappantes, il vaut mieux rechercher les similitudes, les origines communes, il y en a tant ! A propos de l'épisode fameux de la reine Pokou, sacrifiant aux dieux son enfant pour le salut de son peuple, comment par exemple ne pas apercevoir son appartenance à un thème universel ? C'est Agamemnon sacrifiant Iphigénie, c'est Abraham offrant Isaac en holocauste à Yahvé.

Le Sandogo, devin Sénoufo, est consulté pour interpréter les songes, pour savoir quelle décision prendre. Combien de personnalités occidentales ont-elles leur « voyante » attitrée ?

Sur un même fond, se greffent à l'infini des variations. Les comparer est passionnant et rien ne peut mieux rapprocher des êtres que tout en apparence sépare. Tombe alors la méfiance instinctive, la peur profonde et inavouée de l'« autre ». Le rire ne masque plus, comme cela arrive si souvent, la gêne, il devient complicité.

Est-il nécessaire de chercher ailleurs la clé de l'entente ? Tout devient facile et les bévues inévitables sont pardonnées si elles ne traduisent pas un manque d'égard, mais une absence de connaissance qu'on ne demande qu'à combler.

LA CÔTE D'IVOIRE EN 10 JOURS D' ABIDJAN À ABIDJAN

(l'est et le parc de la Comoë)

Savoir prendre son temps

Pour cela, il faut certes du temps. Si le touriste n'en a jamais assez pour connaître en profondeur mœurs et coutumes, il ne tient qu'à lui d'en prendre suffisamment pour manifester en tout cas son intérêt. Au lieu de courir d'une région à une autre sans souffler et au risque de ne pas distinguer les individus les uns des autres, qui l'empêche de rester à la même place pour engager avec eux la conversation ?

Il ne manquera pas d'interlocuteurs, indépendamment des personnalités comme le représentant du tourisme, le préfet, le sous-préfet ou, en brousse, le chef du village. Les uns et les autres le mettront en rapport avec des notables et lui-même, en se promenant, rencontrera des gens de toutes sortes avides de contacts ou d'échanges. Il ne faut pas des semaines pour que des relations amicales se nouent. Mais il faut tout de même prendre le temps de s'asseoir et ne pas regarder sa montre au bout de cinq minutes.

La hâte que manifeste sans cesse l'Occidental, même lorsqu'il est en vacances, voilà qui surprend profondément l'Ivoirien. A peine la sympathie commence-t-elle à naître et la conversation à prendre un tour plus personnel que l'étranger parle de partir, alors que rien ne l'y pousse que le désir d'aller voir ailleurs autre chose. En vérité, au contact de gens plus calmes, plus sereins, c'est une véritable cure de désintoxication que peut accomplir le citadin européen qui toute l'année court après des ombres. Pour cet apprentissage d'une sagesse oubliée, Abidjan n'est peut-être pas l'endroit idéal, mais dans les villes de l'intérieur, en brousse surtout, bien des choses reprennent leur place et l'on finit par s'étonner soi-même de l'importance exagéré qu'on leur accorde.

Prendre son temps est également la meilleure manière d'obtenir de bon gré des photographies qui sont parfois refusées de prime abord, ou à savoir qui n'y voit pas d'inconvénient et qui en éprouve de la contrariété. Certains ne supportent pas la pensée qu'un peu d'eux-mêmes va se fixer sur une pellicule et s'en aller dans un inconnu lointain sur lequel aucun contrôle n'est possible. D'autres, au contraire, aiment beaucoup poser devant l'objectif. Quelquefois ils espèrent que la photographie pourra leur ête donnée instantanément, car les polaroïds commencent à être connus dans les villages fréquentés par les touristes. Les enfants insistent souvent pour être photographiés, même s'ils savent qu'ils ne verront pas le résultat.

Pour l'étranger-ami, les danses s'organisent aussi spontanément en dehors des périodes de fêtes traditionnelles. Mais, si ce n'est vraiment pas le moment, on l'emmène aux champs, on lui explique les coutumes agraires, toutes les péripéties de la vie quotidienne... C'est tout aussi intéressant.

Comment remercier ?

Lorsqu'il connaît un peu mieux ses hôtes, le touriste sait comment les remercier de leur hospitalité et il peut éviter des gaffes : offrir une bouteille de gin à un musulman pratiquant ne constitue pas une idée géniale. Le même alcool est cependant fort apprécié par les animistes, non seulement comme boisson, mais comme libation offerte aux ancêtres.

Tel autre préfère une bouteille de vin. A Zala, le cadeau traditionnel au chef de village comporte une dizaine de pains. La communauté villageoise peut avoir quelque projet en cours : il est parfois possible d'y contribuer sous une forme quelconque. Bref, les idées ne manquent pas pour faire en sorte que le cadeau ne ressemble pas à un paiement déguisé.

Il n'empêche que la ou les pièces de 100 F CFA sont souvent considérées comme une « bonne manière » dont on ne peut se dispenser. Elles encourageront le griot qui, dans une fête, dédie un couplet au touriste et l'inciteront à ne pas mêler de vinaigre au miel des mots louangeurs. Elles remercieront le gosse qui sert de guide (ce qui n'empêche pas de l'inviter à partager le pique-nique ou à boire un soda au « PAC »). Elles seront un témoignage de félicitation pour la grand-mère qui, le visage couvert de marques rituelles peintes au kaolin, danse d'une maison à une autre parce que sa fille vient d'accoucher d'un beau garçon. Elles seront bien utiles ces pièces.

Mais point trop n'en faut, ni n'importe comment.

La table

Abidjan, comme toutes les capitales, possède une gamme de restaurants internationaux extrêmement étendue. Dans les quartiers résidentiels, les meilleures cuisines du monde sont représentées et il est possible d'en changer tous les jours de la semaine. Mais vient-on en Côte d'Ivoire sans avoir d'abord envie de goûter les plats nationaux ?

L'un des plus fameux est le *foutou*. Il

se compose d'une pâte en forme de boule, à base d'igname, de banane plantain ou de manioc. Elle est arrosée de diverses sauces à l'arachide ou à la graine de palme dans lesquelles on cuit soit de la viande, soit du poisson. L'*attieké* est une sorte de couscous de manioc, qui se mange également avec des sauces au poisson ou à la viande. Un autre plat connaît une faveur croissante : c'est le *kedjenou*, poulet cuit à l'étouffée avec des légumes et servi avec du riz. Mais il y en a bien d'autres, qui varient avec les régions et les ressources propres.

Dans le centre et le nord, l'agouti, le phacochère sont préparés généralement en ragoûts qui ont une saveur de venaison. Le cabri grillé est délicieux, ainsi que la « viande de brousse » naguère interdite, puisqu'il était défendu de chasser, maintenant autorisée... en dehors des parcs. Les arbres de la savane, le néré, le karité, donnent des fruits très utilisés. De la gousse du néré on tire un condiment, le *soumbala*. La pulpe de karité se mange crue ou est transformée en « beurre » qui assaisonne les plats, comme le maïs préparé de différentes manières.

A Abidjan, des restaurants spécialisés proposent les plus connus parmi ces plats, mais ils sont généralement un peu moins pimentés que la recette ne l'exige, pour permettre aux Occidentaux de les avaler.

Rien ne remplace cependant la cuisine familiale. Dans un nombre croissant de grandes villes, tout le monde peut l'apprécier dans les « maquis ». Ce nom pittoresque est donné aux cours de maisons privées transformées en restaurants non déclarés dont les prix sont imbattables (de 1 000 à 1 500 F CFA) et dont les adresses se transmettent de bouche à oreille. On constate dans ces maquis à l'ambiance extrêmement amicale et gaie que chaque maîtresse de maison, en variant le dosage et l'association des multiples épices et plantes, inconnues des Occidentaux, et que l'on peut voir sur les marchés, renouvelle les recettes traditionnelles ou en invente de nouvelles. On est alors surpris de constater que le piment n'est pas inévitable et que certains mets sont beaucoup plus doux, comme les grillades de dindon, la bouillie de petit mil, les ignames en ragoût ou en frites, délicieux légume qui ressemble beaucoup à la pomme de terre.

Mais il n'y a pas que les plats eux-mêmes : en pique-nique, le touriste prend vite l'habitude de manger des produits du pays, à commencer par les innombrables poissons, comme l'espadon ou le capitaine, l'excellent mouton préparé en brochettes et tous les fruits : avocats que l'on peut déguster à toutes les sauces, papayes, délicieuses avec du jambon fumé, mangues greffées, goyaves et bien sûr bananes, ananas, pamplemousses, oranges.

Les boissons

Dans les villages, la boisson la plus répandue est le *bandji*, vin extrait de la sève du palmier. Comme n'importe quel vin, il est de qualité inégale et, selon son degré de fermentation, plus ou moins alcoolisé. Il faut le boire dans les règles, quand il est offert en brousse. Naturellement, personne ne sourcille lorsque l'étranger avale d'un trait le contenu de la petite calebasse dans laquelle il est servi. Mais si cet étranger fait doucement rouler le liquide dans la calebasse, en verse le dessus sur le sol avant de boire et, après avoir bu, vide le fond par terre, alors on apprécie le respect qu'il a ainsi montré pour les ancêtres à qui s'adressent ces libations.

Le *dolo* est une sorte de bière, extraite du mil ou du sorgho, mais il tient en fait autant du cidre que de la bière. Le *lemouroudji* se compose de jus de citron et de gingembre. Le jus de tamarin est une boisson servie pendant les repas, dans le nord-est. Bien fraîche, cette boisson est très agréable à boire et, paraît-il, possède des vertus laxatives. Il existe d'ailleurs bien d'autres infusions ou macérations de plantes du pays ayant un pouvoir médicinal. Mais le touriste n'a pratiquement jamais l'occasion de les connaître.

Enfin, nul étranger ne quitte Treichville sans avoir bu le fameux *koutoukou*, extrait de vin de palme distillé, qui a une réputation de traîtrise bien établie, mais au fond, personne ne sait si c'est lui ou les « nuits blanches » de Treichville qu'il faut incriminer.

En réalité ce ne sont pas les boîtes de nuit de la capitale qui pourront faire apprécier ce koutoukou décrié à tort : quand on a eu l'occasion d'en goûter dans l'une des distilleries clandestines qui existent apparemment sans être inquiétées le long de la Bia, on se rend compte que cet alcool évidemment un peu raide se digère fort bien quand il n'est pas frelaté... et qu'on le déguste par très petites quantités.

sport, danses, fêtes

Les sports aquatiques

Sur les plages les plus fréquentées de Côte d'Ivoire, la natation exige la plus extrême prudence à cause de la barre. S'il est possible de se baigner en restant sur le bord, traverser les rouleaux qui se brisent violemment sur le sable et empêchent le nageur même expérimenté de reprendre son souffle est fortement déconseillé.

Il existe sur la côte ouest, à partir de Sassandra, des plages où cet inconvénient n'existe pas, car la barre est assez éloignée du rivage, c'est ce qui fait le charme des plages de Grand Bereby ou des environs de Sassandra.

Pour nager, il vaut donc mieux se rabattre sur les piscines qui font presque toujours partie de l'équipement des hôtels de l'intérieur. Après une randonnée en voiture, elles permettent de se délasser très efficacement. De même, les

L'OUEST ET LA CÔTE EN 15 JOURS

lagunes et certains lacs forment des plans d'eau très calmes, qui ne présentent aucun danger pour les baigneurs et qui sont largement utilisés pour le ski nautique, la voile ou la pêche à la traîne. A Assinie, Fresco, Grand Lahou, Sassandra, dans la lagune, les poissons sont nombreux, en particulier les carpes rouges, qui peuvent atteindre 100 kg, les barracudas, les carangues, les tarpons, les capitaines. La pêche se pratique aussi dans l'océan. Au large d'Abidjan, à Grand Lahou, Sassandra, les thons abondent ainsi que les requins dormeurs (qui n'attaquent, paraît-il, pas l'homme), les espadons voiliers, les carangues, les mérous et les barracudas qui sont en principe des poissons de lagune, mais se tiennent devant l'embouchure des passes.

La meilleure saison pour la pêche, quelle que soit l'espèce, se situe d'octobre à mai. A Abidjan existe un club nautique. A San Pedro, Grand Bereby, Sassandra, Assinie, les campements et hôtels se chargent d'organiser les sorties.

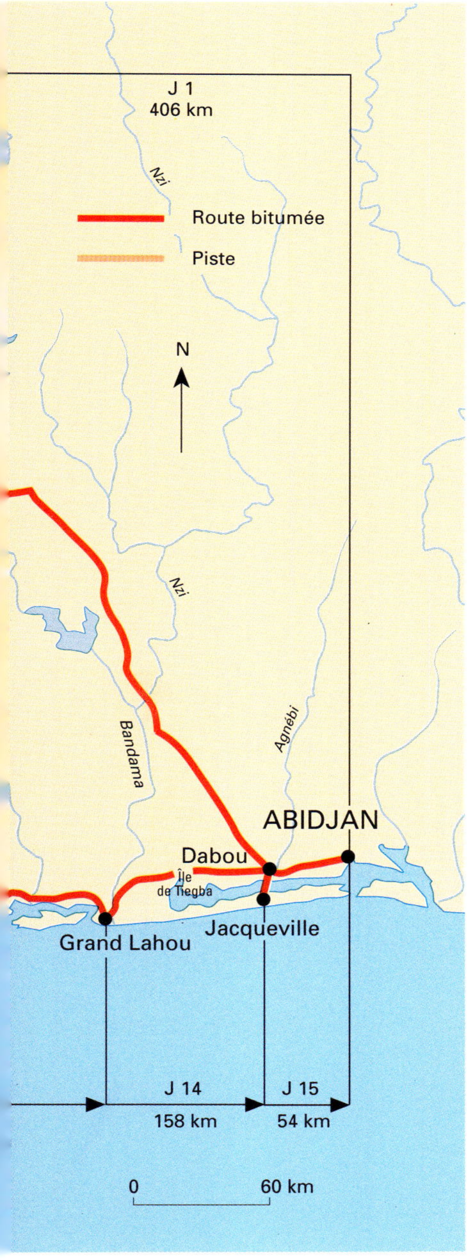

Sports terrestres et aériens

L'équitation est très pratiquée dans la capitale et plusieurs clubs hippiques permettent de se promener dans la forêt du Banco ou sur le bord de la mer. A Sassandra, à Man, on loue également des chevaux.

La chasse, officiellement fermée sur tout le territoire de la Côte d'Ivoire depuis février 1974, est de nouveau permise depuis la fin de 1994 en dehors des parcs et réserves.

Il existe de nombreux courts de tennis, non seulement à Abidjan, mais aussi dans les principales villes de l'intérieur.

En revanche, il n'y avait qu'une seule patinoire à glace, celle de l'hôtel Ivoire, mais elle est fermée actuellement probablement en raison de son coût de fonctionnement. Dans le quartier nouveau de la Riviera, un golf accueille les joueurs chevronnés et les débutants que l'on entraîne d'une façon originale. Installés sur le rivage de la lagune, ils tapent en direction de celle-ci sur des balles flottantes, qu'ils retirent de l'eau grâce à un filin auquel elles sont attachées. Un golf de 18 trous a aussi été aménagé à Yamoussoukro.

Enfin, l'aviation figure en bonne place parmi les sports pratiqués, puisque des aéro-clubs existent à Abidjan, Dabou, Bouaké. Mais pour un Ivoirien, rien de tout cela ne vaut le football. Assister à n'importe quel match, le dimanche après-midi ou pendant la semaine en nocturne, vaut le déplacement si l'on aime l'enthousiasme populaire. D'ailleurs, il n'est pas besoin d'y assister pour s'en faire une idée : à Cocody ou au Plateau, parviennent les immenses et impressionnantes clameurs qui signalent chaque but marqué, depuis le stade Houphouët-Boigny.

Dans l'ouest, les Gueré, entre autres, pratiquent une sorte de lutte gréco-romaine, rythmée par des tams-tams de plus d'un mètre cinquante de haut. Des griots chantent et commentent leurs exploits pour la joie des assistants... sinon pour la leur.

Les fêtes traditionnelles

Elles appartiennent à deux catégories : celles dont la date répond à une époque déterminée, comme les cérémonies en relation avec les récoltes, les fêtes de génération et de classes d'âge, et celles qui se produisent à l'occasion d'un événement imprévisible, comme la mort.

Parmi les cérémonies se rapportant aux cultures, la *fête des Ignames* se pratique chez les Agni, les Abron, c'est-à-dire dans le groupe Akan qui a introduit cette culture en Côte d'Ivoire. A Montezo et à Yassap, dans la région de Cabou, elle est également pratiquée, en septembre, alors que dans le nord, à Bondoukou, elle a lieu le 2 novembre.

Le *Tematé* est une danse Wobé qui marque la fin de la récolte du riz. Chaque séquence de la danse évoque les différentes phases de la culture, des semailles à la récolte.

Dans les régions de savane, se célèbre la fête du karité. Chez les Sénoufo, chaque étape de l'éducation dispensée au cours du Poro est marquée par une cérémonie publique et des réjouissances qui ont lieu à la fin de chaque période de sept ans.

A Borotou, chez les Malinké, le *Kouroubous si* est réservé aux jeunes filles en âge d'être mariées. Cette fête a lieu trois jours avant la fête du Ramadan. A Kong, c'est le *Kouroubi* qui est fêté également par les musulmans.

Les fêtes de génération donnent lieu en septembre, dans toute la région de Dabou, chez les Adioukrou, à une série de réjouissances qui se déroulent avant la rentrée des classes dans tous les villages, par roulement.

A Tiegba, il faut citer en février la fête de Génération, en mai la fête de Beauté, le 8 juillet l'anniversaire du prophète Harris. Le 12 septembre, à Koutouzou, à côté de Jacqueville, c'est un culte dérivé du christianisme qui est célébré par le prophète Papa Novo.

L'*Abissa*, chez les Appoloniens de Grand Bassam, revient chaque année au début de novembre : c'est une cérémonie en l'honneur des morts à laquelle tout le monde peut assister et qui dure une semaine.

A la fin d'avril se déroule à Gomon le *Dipri*, commémoration d'un sacrifice consenti par un ancêtre pour sauver son peuple de la famine. C'est certainement l'une des cérémonies les plus impressionnantes auxquelles puissent assister des profanes.

Parmi les fêtes occasionnelles, il faut citer particulièrement les funérailles célébrées en pays Sénoufo qui donnent lieu à la très renommée danse des Forgerons, ceux-ci étant à la fois des fossoyeurs et jouant un rôle très important dans les rites du Poro.

Chaque ethnie a ses propres traditions, par conséquent ses fêtes. Les citer toutes n'est donc pas possible ici. Il faut séjourner dans une région et prendre connaissance de ses rites pour être à même d'assister aux fêtes les plus authentiques et en comprendre, au moins approximativement, le symbolisme.

Les fêtes officielles

Aucune des fêtes précédentes ne peut donner lieu à un jour chômé : il n'y aurait probablement pas assez de jours dans l'année. En revanche, certaines circonstances sont reconnues officiellement comme fêtes chômées : il s'agit du 1er janvier, puisque l'année légale ivoirienne commence le même jour que dans les pays occidentaux, Pâques, le Premier mai, l'Ascension, le lundi de Pentecôte, l'Assomption, la Toussaint, le Ramadan et la Tabaski, grandes fêtes musulmanes, Noël et la Fête nationale, célébrant l'avènement de l'Indépendance, fixée pour des raisons de commodité le 7 décembre au lieu de la date réelle du 7 août.

Ni fête officielle, puisqu'il est local, ni traditionnel, puisqu'il a été inspiré d'une coutume européenne, le carnaval de Bouaké se situe à l'époque de Mardi Gras et dure une semaine. Ce sont les autorités de la ville qui chaque année en fixent la date. Le dernier jour, après avoir brûlé l'effigie du bonhomme Carnaval, le plus beau char est désigné et, au cours d'un bal masqué qui dure jusqu'à l'aube, on procède à l'élection de Miss Carnaval.

mille souvenirs

■ Pour se procurer les élégantes toilettes des Ivoiriennes, l'Européenne a deux moyens : ou obtenir l'adresse d'un des tailleurs de Treichville et d'Adjamé ou acheter des robes dans les boutiques. La première solution est séduisante, mais il faut gagner les faveurs d'une Abidjanaise pour l'accompagner chez son couturier personnel. Si elle y consent, il ne reste plus qu'à trouver le tissu, ou plutôt à le choisir, car ils sont nombreux et tentants. Les pagnes peuvent être tissés avec plusieurs fils de couleurs différentes ou teints selon les procédés de nouage et de batik, dans lesquels certaines zones de tissu sont soustraites à la teinture par réserve. Naturellement on trouve des tissus de toutes sortes sur les marchés de Treichville, d'Adjamé, chez les Libanais de la rue du Commerce, particulièrement à l'extrémité de celle-ci, du côté du pont Houphouët-Boigny ou dans le magasin qui fait le coin de cette rue et de la première rue sur la gauche. A l'intérieur du pays, le marché de Bouaké est spécialement fourni en pagnes et couvertures Baoulé. A Man, Gouessesso, les batikiers sont renommés.

En confection, de nombreuses boutiques d'hôtels proposent de jolis modèles, ainsi que le centre artisanal de Grand Bassam. Quant aux magasins de couture, il ne s'agit plus vraiment de tenues ivoiriennes, mais certains modèles en sont cependant nettement inspirés.

Sur les marchés (Treichville, Cocody...), sont vendues des robes inspirées du boubou sénégalais et réalisées dans de très jolis tissus imprimés. On en trouve de toutes les couleurs et, en marchandant un peu, leur prix est très raisonnable, surtout si l'on en achète plusieurs.

En pays Sénoufo, à Waraniené, par exemple, les tisserands-tailleurs vendent des cabans et des djellabas, faits de bandes étroites de cotonnade de plusieurs couleurs ou uniformément grèges. Ils sont élégants, agréables à porter et pratiques, avec leurs grandes poches de poitrine.

Pour celles qui ne veulent pas s'encombrer, les bijoux sont là, comme les masques-miniatures en bronze vendus en pendentifs. Dans la même matière, on trouve de beaux bracelets. Un peu partout, des artisans réalisent en or et en argent des bagues, des bracelets, des pendentifs plus ou moins jolis. Au Centre artisanal de Daloa, à signaler la qualité des bijoutiers et le prix de l'or, meilleur marché que dans le reste du pays.

Dans la catégorie bijoux modernes inspirés de l'art traditionnel, ne pas oublier les vedettes : Christiane Laurent et Josette Dagnogo. *(Voir encadré p. 89 sur la haute couture.)* Enfin, sur tous les marchés, sont proposés des sacs, des ceintures, des chaussures en peau de serpent. Le cuir, incrusté de motifs de couleur, est représenté par des sacs bordés de franges et des sandales à lanière passant entre deux orteils.

Pour la maison

C'est la ruine ! Non seulement dans chaque région tentures, masques, statues, « canaris », instruments de musique, à force de tenter se font acheter, mais le désastre prend toute son ampleur quand, à l'aéroport, il faut payer le supplément de bagage. Comment résister ? Que ce soit aux marchés d'Abidjan, de Bouaké, de Man où l'on trouve encore de beaux masques et de splendides cuillers à riz, de Korhogo (ou plutôt à Korhogo tout court, puisque l'étranger est pisté dès sa sortie de l'hôtel), que ce soit au centre artisanal de Grand Bassam ou à la Rose d'Ivoire (à l'hôtel Ivoire ou à Nour Al Hayat), partout la convoitise s'empare du touriste. La question n'est plus de savoir si la raison va l'emporter sur la tentation, mais comment choisir parmi tout ce qui fait envie.

Donc, il faut décider, au prix le plus justifié. En réalité, il n'y a pratiquement rien de ce qui est proposé dans les villes que l'on ne trouve à Abidjan ou à Grand Bassam. Bouaké fait exception cependant : au grand marché, le bric-à-brac exposé défie l'imagination par son aspect hétéroclite, pour ne pas dire ésotérique !

A Abidjan, sur les marchés et au centre artisanal, ce n'est généralement pas plus cher ou à peine. Quant à la qualité des objets, en bois surtout, elle est meilleure au centre artisanal de Grand Bassam ou à la Rose d'Ivoire. Au sujet des statues ou des masques de bois polychromes, comme ceux qui sont fabriqués en pays Sénoufo, il faut craindre une déconvenue pénible s'ils sont exposés à l'humidité qui règne dans la région d'Abidjan : celle-ci mange littéralement la peinture et lorsque les objets ont été achetés en début de séjour, on peut avoir la désagréable surprise au retour de s'apercevoir qu'ils sont devenus couleur de terre. Voilà qui milite en faveur d'un achat de dernière heure dans des endroits où la qualité est contrôlée.

Autre petit inconvénient facile à éviter : les fameuses toiles peintes de

Les cérémonies d'excision revêtent une solennité particulière dans les ethnies de l'ouest comme Guéré ou Dan. Ces jeunes filles, agenouillées sur des tabourets rituels ou pendant les danses qui suivent l'opération, doivent faire preuve de courage et de stoïcisme pour garder leur honneur (photo M. et A. Kirtley/Éditions du Jaguar).

Korhogo sont irrésistibles, mieux vaut s'y résigner. Mais certaines d'entre elles sentent très mauvais. Comme l'achat s'effectue en plein air, on ne s'en aperçoit pas ! En défaisant ses bagages, le choc peut être rude. Il faut donc faire son choix non seulement avec ses yeux, mais avec son nez… et laisser prendre l'air à la toile avant de l'emballer, séparément.

Choisir des objets transportables

Comment indiquer un objet plutôt qu'un autre ? Les plus transportables sont évidemment les poids Baoulé en bronze, les masques en bois ou en cuivre, de multiples objets usuels comme cuillers, peignes sculptés, etc. Viennent ensuite les « canaris » et vases de poterie (mais ils se cassent), les statuettes de petites dimensions, les jeux d'awalé en bois (parfaits pour servir les amuse-gueule de l'apéritif), les cannes de chefs, les instruments de musique ou du moins certains, les brochettes, vendues par douze, avec une tête sculptée en cuivre. Les très jolis pots en bronze avec couvercle, pour les onguents ou les bijoux, posent un problème non d'encombrement, mais de poids.

Les amateurs d'objets anciens authentiques trouveront plus que leur bonheur dans le sous-sol de la Rose d'Ivoire (celle de l'hôtel Ivoire). Même sans acheter, il mérite une visite. Plusieurs experts sur la place d'Abidjan peuvent être consultés pour juger de la valeur de ces objets. S'ils sont véritablement anciens, il faudra obtenir l'autorisation de les exporter. Celle-ci doit être demandée à la Direction du Centre des Sciences humaines, BP 1600 à Abidjan.

Enfin, lorsqu'on est tombé amoureux d'une statue Sénoufo de très grande taille, d'un masque particulièrement volumineux comme certaines pièces Sénoufo, Gueré, Bété, d'une porte de case sculptée, de fauteuils en bois également sculptés comme on en voit fabriquer par exemple à Grand Bassam, la seule solution est de se les faire expédier par bateau. Les centres de Grand Bassam, Daloa, Korhogo se chargent de toutes les formalités, mais gare à la douane !

UNE BANQUE ORIGINALE

Que faire lorsqu'on ne possède pas le montant exigé comme dépôt minimum par les banques pour ouvrir un compte et que l'on veut pourtant économiser chaque jour 100 F CFA sans tomber dans la tentation d'y toucher ?
On s'adresse, quand on vit à Abidjan à une banque ambulante, système créé – dit-on – par des Nigerians et qui consiste à faire passer chaque jour au domicile des clients un encaisseur. Aussi minime que soit la somme, il la consignera dans son grand livre, l'emportera – ou ne l'emportera pas les jours où le client sera décidément trop pauvre pour se séparer même de 100 F. A la fin du mois, la somme versée est restituée, moins une commission équivalente au versement quotidien moyen, pour le service rendu. Il arrive aussi que l'encaisseur disparaisse… mais c'est assez rare, c'est du moins ce que l'on affirme !

D'après Abdou Touré,
les Petits métiers d'Abidjan.

l'hébergement

■ Jusqu'en 1974, les hôtels de Côte d'Ivoire n'avaient pas été classés par nombre d'étoiles, selon la méthode internationale.

Un décret du 29 mars 1974 a porté sur le classement d'un certain nombre de ces établissements en catégories correspondant à 4, 3, 2 et 1 étoiles (hôtels ou motels).

Les étoiles ne priment pas toujours

Cependant le nombre d'étoiles ne correspond pas toujours au confort réel : il peut se produire un décalage entre le moment où un changement de direction a entraîné une modernisation, un agrandissement, la construction d'équipements sportifs comme piscine ou tennis (de plus en plus nombreux à l'extérieur d'Abidjan). A signaler que les hôtels qui furent construits sous l'égide de la Sietho sont tous d'une capacité maximum de 40 chambres et entourés de jardins souvent beaux, avec piscine, de la classe d'un bon « trois étoiles ». Mais ils sont très diversement gérés ! Aujourd'hui, presque tous ont ou doivent subir un solide traitement pour retrouver leurs qualités initiales.

Le Sud-Ouest reste encore sous-équipé en hôtels compte-tenu de l'inauguration de la route côtière qui met Sassandra à trois heures de voiture d'Abidjan. Mais sur toute la côte, les professionnels commencent à faire un recensement serré de tous les endroits qui mériteraient d'être exploités... et Dieu sait s'il y en a ! De toutes façons, on trouve déjà toute la gamme des hébergements, du grand luxe au petit hôtel non classé et au campement.

Dans toutes les régions, on est sûr de trouver un établissement de bon niveau, avec climatisation et salle d'eau avec sanitaires pour chaque chambre et souvent même télévision raccordée à un circuit vidéo, même dans des deux étoiles.

Mais rien n'empêche, si l'on prévoit de camper ou de dormir dans un village, de prévoir quelques mètres de tulle, pliés en deux et coulissant sur une ficelle : on trouve toujours deux clous ou deux arbres pour suspendre cette moustiquaire improvisée et l'on est sûr du succès qu'elle remportera auprès des villageois.

Les hôtels plus modestes

Des réceptacles hôteliers plus modestes, comportant moins de dix chambres, offrent souvent un confort très acceptable. Ils ont parfois plusieurs chambres climatisées, si elle ne le sont pas toutes. Les bâtiments sont évidemment un peu vieillots, mais ils sont généralement propres et les repas que l'on y sert sont souvent d'excellente qualité.

En brousse : les campements

Les campements-hôtels, composés de cases traditionnelles, sont parfois dépourvus de climatisation. Mais ils n'en ont pas besoin, puisque situés en pleine nature ou en bord de lagune. Il faut toujours y vérifier que les lits sont bien pourvus de moustiquaires, ce qui est en principe le cas. Un simple ventilateur éloigne les insectes... tout au moins les petits.

Les campements administratifs ne peuvent être considérés que comme un service public de dépannage. Il ne faut donc pas attendre d'eux un confort comparable à celui d'un établissement payant. Y trouver un lit, même sans draps, et très souvent une douche, représente déjà une ressource inappréciable dans les agglomérations sans hôtel. Leur seul réel inconvénient est le manque de protection contre les insectes. D'autant plus qu'étant construits en « dur », il y fait assez chaud et que l'on est obligé d'ouvrir la fenêtre et parfois la porte. Les appareils à ultra-sons écartent théoriquement moustiques et moucherons, mais n'ont pas d'effet contre les araignées et les cafards. Les fabricants de matériel de camping devraient bien inventer une armature de moustiquaire facile à démonter, ne prenant pas de place et pouvant se poser et non se suspendre.

Ce serait supprimer le seul désagrément que la bonne humeur ne suffira pas à effacer.

LA CÔTE D'IVOIRE EN 7 JOURS
D'ABIDJAN À ABIDJAN

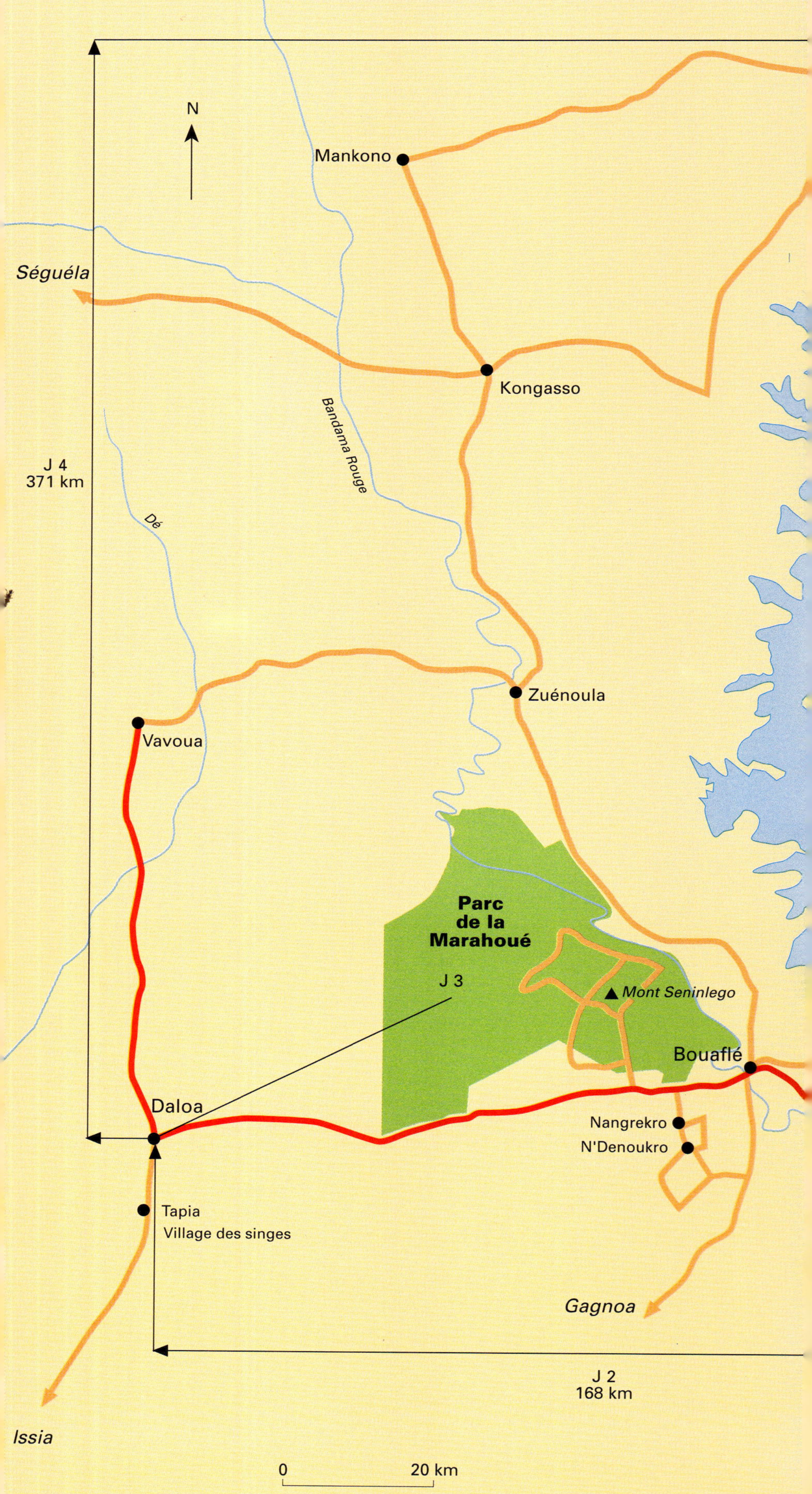

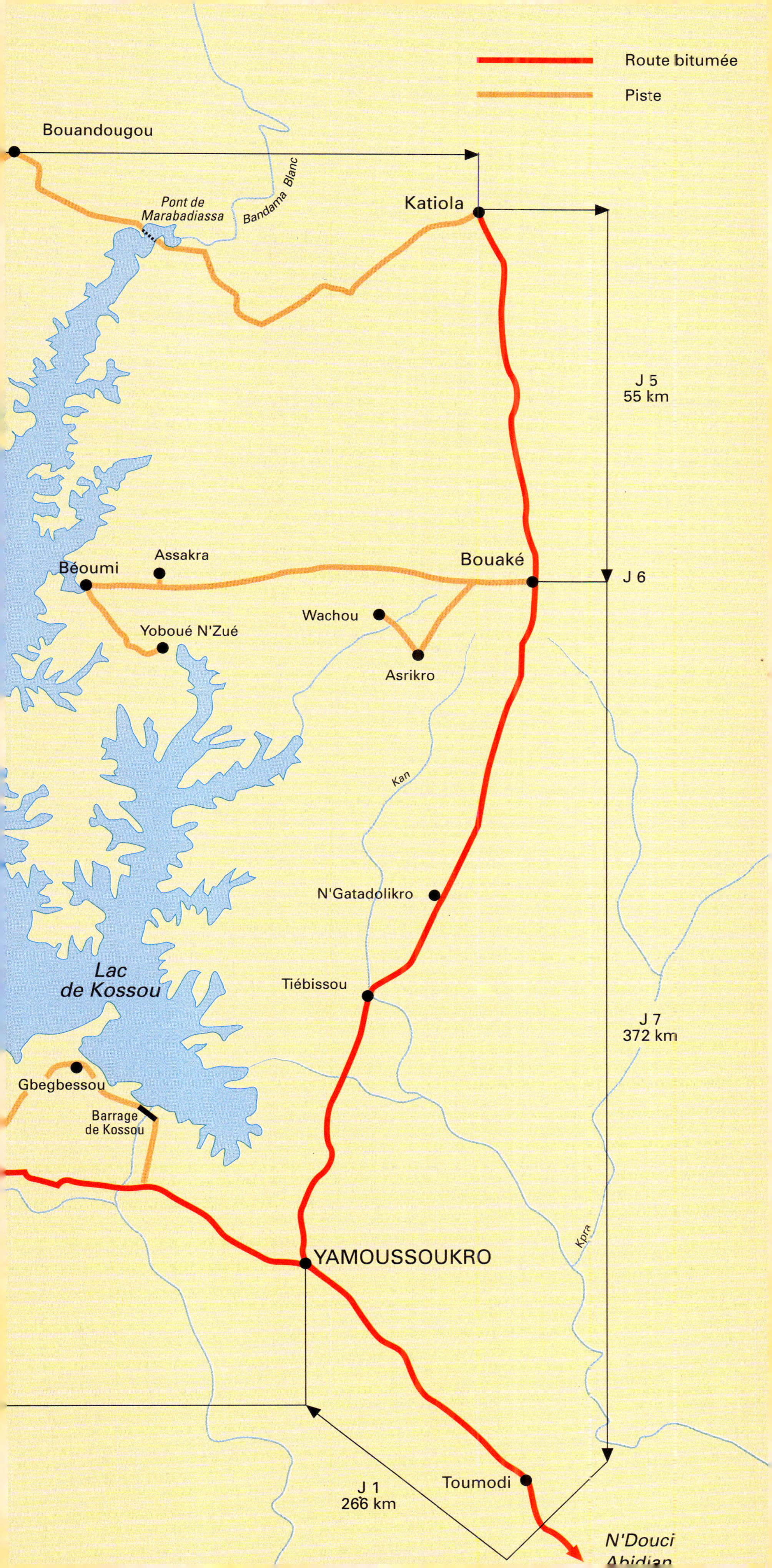

Route bitumée
Piste
Bouandougou
Pont de Marabadiassa
Bandama Blanc
Katiola
J 5
55 km
Assakra
Béoumi
Bouaké
J 6
Wachou
Yoboué N'Zué
Asrikro
Kan
N'Gatadolikro
Lac de Kossou
Tiébissou
J 7
372 km
Gbegbessou
Barrage de Kossou
Kpra
YAMOUSSOUKRO
J 1
266 km
Toumodi
N'Douci
Abidjan

les hôtels ivoiriens

LOCALITÉ ÉTABLISSEMENTS ET ADRESSES	Caté- gorie	Nbre de ch.	Tél.
ABENGOUROU			
Indénié, B.P. 128	**	22 clim.	91.31.59
ABIDJAN			
Ivoire, Cocody, bd Lagunaire, 08 BP 1	****L	750	44.10.45 fax 44.00.50
Golf, Riviera, 08, BP 18	****	270	43.10.44 fax 43.05.44
Novotel, av. du Gal-de-Gaulle, 04, BP 1276	****	274	21.23.23 fax 33.26.36
Sofitel, bd Lagunaire, BP 2185	****	214	21.11.22 fax 21.20.28
Tiama, bd de la République, 04 BP 643	****	142	21.08.22 fax 22.40.17
Assonvon	***	170 ch. + 8 suites	45.14.16 fax 45.654
De France, bd de Marseille, BP 690	***	50	32.85.85
Hamanieh, bd de Lorraine, 11, BP 548	***	84	26.91.55
Palm Beach, Vridi, 15 BP 125	***	60	27.42.16 fax 27.30.16
Stop, 38 rue P. et M. Curie, BP 1313	***	34	26.43.45
Banfora, 03 BP 1714	**	39	37.02.52
Batafoe, Lycée technique Cocody, 03 BP 3125	**	37	44.72.80
Gobouet, 01 BP 277	**	32	35.10.17
Grand Hotel, Plateau, BP 1785	**	95	33.21.09
Hibiscus, Marcory, 11 BP 202	**	39	26.21.00
Ibis, bd Giscard-d'Estaing, 15 BP 594	**	190	24.92.55
Ibis II, bd Roume, 04 BP 1185	**	134	21.01.57 fax 21.78.75
International, route Aéroport, BP 1763	**	52	24.07.47
Nord, Adjamé, 09 BP 230	**	34	37.57.48
Pergola, bd de Marseille, BP 772	**	24	35.56.58
Sports, 01 BP 790	**	14	33.19.58 fax 32.93.70
Terminus, bd de Marseille, 01 BP 790	**	36	31.11.98
Konankro, Marcory, 11 BP 548	*	25	35.61.86
Liberté, Adjamé, 01 BP 174	*	57	37.15.64
Méditerranée, bd de Marseille, BP 263	*	17	22.20.88
Motel à l'île Boulay, village de vacances	non classé	30	44.35.74
Tourelles, Port-Bouët, BP 385	non classé	12	36.81.51
ADZOPÉ			
Le Mafa	***	15	54.02.22

Yapo	*	10	
N'Guessan	*	8	
Motel, BP 192	non classé	8 clim.	54.01.22
Les Myosotis, BP 68	non classé	2 + 5 clim.	
AGBOVILLE			
Kavi, BP 295	***	66 clim.	51.73.87
Catalan, BP 151	non classé	11 clim.	51.71.30
Ballet, BP 355	non classé	13 clim.	51.71.29
AGNIBILEKROU			
La Frontière, BP 242	*	14.+ 4 clim	92.02.10
ASSINIE			
Village Club d'Assinie (Club Méditerranée)	vill. vac.	209 clim.	
Village Valtour, à Assouindé, voir agences	vill. vac.	316 clim.	
BONDOUKOU			
Mont Zanzan, BP 132	**	30 clim.	92.54.14
BOUAFLÉ			
Le Mont Lotenzia, BP 422	**	16	58.92.80
La Paix, BP 165	*	15	58.94.54
Campement-hôtel, BP 4	non classé	15	58.94.54
BOUAKÉ			
Ran, BP 556	****	62 clim.	63.20.16
Air, 02 BP 253	**	21 clim.	63.35.37
Centre, BP 54	**	18 clim.	63.36.29
Phenicia, 01 BP 443	**	18 clim.	63.17.28
Provençal, BP 105	**	34 clim.	63.34.91
Elephant, BP 285 Bouaké	*	30	63.25.28
Gnonseikan, 04 BP 380	*	9 clim.	63.42.52
BOUNDIALI			
Dala, villages bungalows, BP 90		25 non clim.	82.00.54
DALOA			
Ambassadeurs, BP 754	***	44 clim.	78.36.13
Beauséjour, BP 670	*	17	78.31.55
L'Auberge de l'Ouest, BP 713	*	14	78.32.19
DANANÉ			
Les Lianes	*	8	70.02.86
DIMBOKRO			
Relais, BP 266	**	12 clim.	62.51.70
Le Rônier, BP 127	*	14 clim.	62.56.44

Renaissance	*	30 clim.	62.65.47
DIVO			
Motel-Djiboua, BP 30	*	20 clim.	58.03.15
Nouna, BP 81	*	18 clim.	58.00.87
DUEKOUÉ			
Monessia	**	20 clim. + 5 suites	
FERKESSÉDOUGOU			
Comoë Safari Lodge, campement-hôtel (à Petit Ferké, à l'entrée du parc)	***	40 clim.	35.45.65 à Abidjan
Réserve, BP 142	*	12 clim.	88.01.85
Relais Sénoufo, BP 104	*	28	88.02.32
GAGNOA			
Cottage, BP 559	**	40	77.21.73
Fromager, BP 317	**	40 clim.	77.20.36
Les Rôniers ou **Les Routiers**, BP 813	*	24	77.24.88
GOUESSESSO			
Les Lianes, (village de bungalows), BP 78, Biankouma	**	50 non clim. piscine, tennis	79.04.51
GRAND BASSAM			
La Paillote, BP 196	**	8 clim.	30.10.76
Taverne Bassamoise, B 154	**	15 clim.	30.10.62
Wharf, BP 620	*	10 clim.	30.15.33
Atlantic, BP 205	non classé	9 clim.	
Assoyam		24	30.15.57
GRAND BEREBY			
La Baie des Sirènes, BP 15	****		71.29.94 fax TY 99 156
GUIGLO			
Tam-Tam, BP 73	non classé	3 + 2 clim.	74.51.60
ISSIA			
Nesseré		12 clim. ou non	75.01.36
JACQUEVILLE			
M'Koa, BP 204	***	21 clim.	31.50.73
Campement-camping	non classé	5 non clim.	31.51.21
KATIOLA			
Le Hambol, BP 144	***	50 clim.	65.45.25
KORHOGO			
Mont Korhogo, BP 263	***	55 clim.	86.04.00

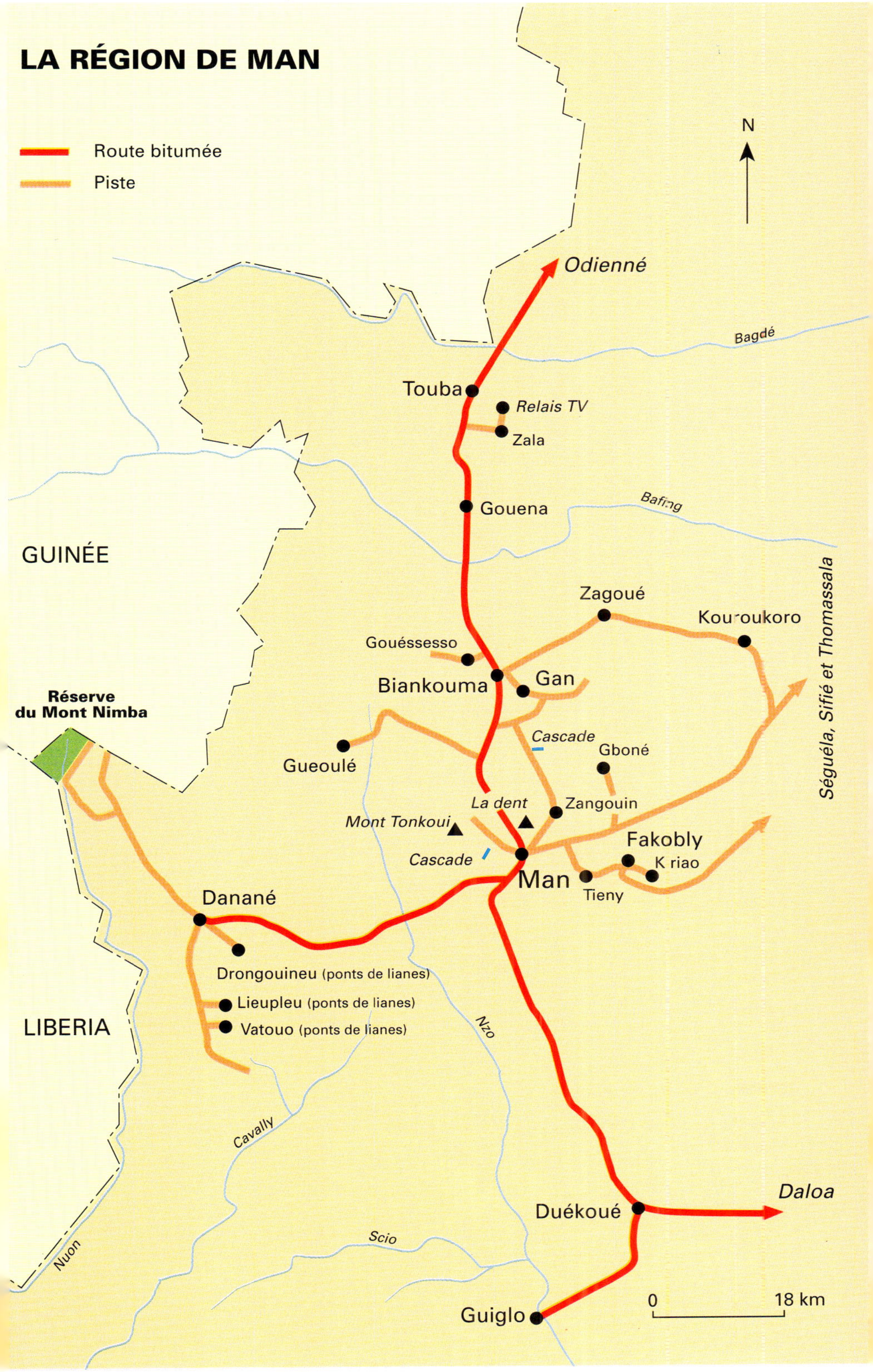
LA RÉGION DE MAN
Route bitumée
Piste
N
Odienné
Bagdé
Touba
Relais TV
Zala
Gouena
Bafing
GUINÉE
Séguéla, Sifié et Thomassala
Zagoué
Kouroukoro
Gouéssesso
Biankouma
Gan
Réserve du Mont Nimba
Cascade
Gboné
Gueoulé
La dent
Zangouin
Mont Tonkoui
Fakobly
Cascade
K riao
Man
Tieny
Danané
Drongouineu (ponts de lianes)
Lieupleu (ponts de lianes)
Vatouo (ponts de lianes)
LIBERIA
Nzo
Cavally
Daloa
Duékoué
Scio
Nuon
0
18 km
Guiglo

Agip, BP 659	non classé	6 clim.	86.01.13
Kadjona, BP 117	**	40 clim.	86.06.14
Les Avocats, BP 301	**	39 clim. + 2 suites	86.05.69
Non Stop, BP 748	*	19	
Le Pacific, BP 740	*	12 clim.	86.00.85
Le Recul, BP 441	*	10 clim.	86.05.02
Le Tisserin, BP 331	*	12 clim.	86.05.92
Vidalkaha		cases clim. non classé	86.01.65 à Korhogo 88.01.43 à Sinematiali
KAKPIN			
Campement			
LAKOTA			
Le Pangolin d'Or, BP 5		10 clim.	61
MAN			
Beauséjour-les-Masques, BP 1031	***	40 clim.	79.09.91
Les Cascades, BP 485	***	52 clim.	79.02.52
Leveneur, BP 370	**	11 clim.	79.09.14
Lotus, BP 532	**	10 clim.	79.05.92
Virginia, BP 486	*	40 clim.	79.06.94
N'DOUCI			
Auberge du Bongo, BP 50	non classé	3 non clim.	9
ODIENNÉ			
Les Frontières, BP 135	***	30 clim.	80.02.83
SAN PEDRO			
Balmer Plage	***	16 bungalows	71.25.03 fax 71.22.75 fax à Abidjan 22.49.73
Arso, BP 326	**	57 clim.	71.24.74
Atlantic, BP 375	**	56 clim.	71.18.54
Les Hauts de Digboué, BP 3		11 ch. clim. piscine	71.11.40
SASSANDRA			
Campement-hôtel, BP 341	non classé	20 clim.	72.05.15 fax 33.15.29
De l'Ouest, BP 349	non classé	6 + 6 clim.	72.04.64
SEGUELA			
Carrefour, BP 332	**	40 clim.	84.00.95
Worodougou	**	12 clim.	84.00.97

SOUBRÉ			
Auberge du Nawa, BP 210	non classé 11	dont 7 clim.	
TABOU			
Hôtel Kleit, BP 149	**		72.40.98
TIASSALÉ			
Tchassa, BP 532		10 clim.	56 et 57
TORTIYA			
Campement de la Paillote		20 clim. + 2 dortoirs	Harry Tours 22.15.94 fax 22.17.68
TOUBA			
L'Escale du Port, BP 70	non classé	18 clim.	70.70.67
TOUMODI			
Rombo, BP 38	non classé	27	52
YAMOUSSOUKRO			
Président, BP 1024	*****L	300	64.01.81
Le Bonheur I, BP 1018	***	52 clim.	64.00.61
Le Bonheur II, BP 989	**	52	64.00.31
Résidence, BP 84	**	35 clim.	64.00.40
Shell, BP 1987	*	6 clim. restaurant	64.11.27
Bélier	*	10 clim. ou vent.	

LA CÔTE D'IVOIRE
RÉGION NORD
GUINÉE
LIBERIA
Baoulé
Massif du Dlenguélé
Samatiguila
Kimbirila
Gbélédan
Seydougou
Odiénné
Tiémé
Boundiali
Kouto
Gbon
Kolia
Kasombarga
Koni
M'Bengué
Sinématiali
Fakaha
Waraniéné
Torgokaha
Pokaha
Korthogo
Bandama Blanc
Borotou
Touba
Man
Route bitumée
Piste
Voie ferrée
0
30 km
BURKINA FASO
Hôtel Safary Lodge
Bac de Ferké
Poste de Lingba
Nassian
Ferkessédougou axe nord-sud Nafana
Kong
LA CÔTE D'IVOIRE
(Le parc de la Comoë)
Piste
0
10 km

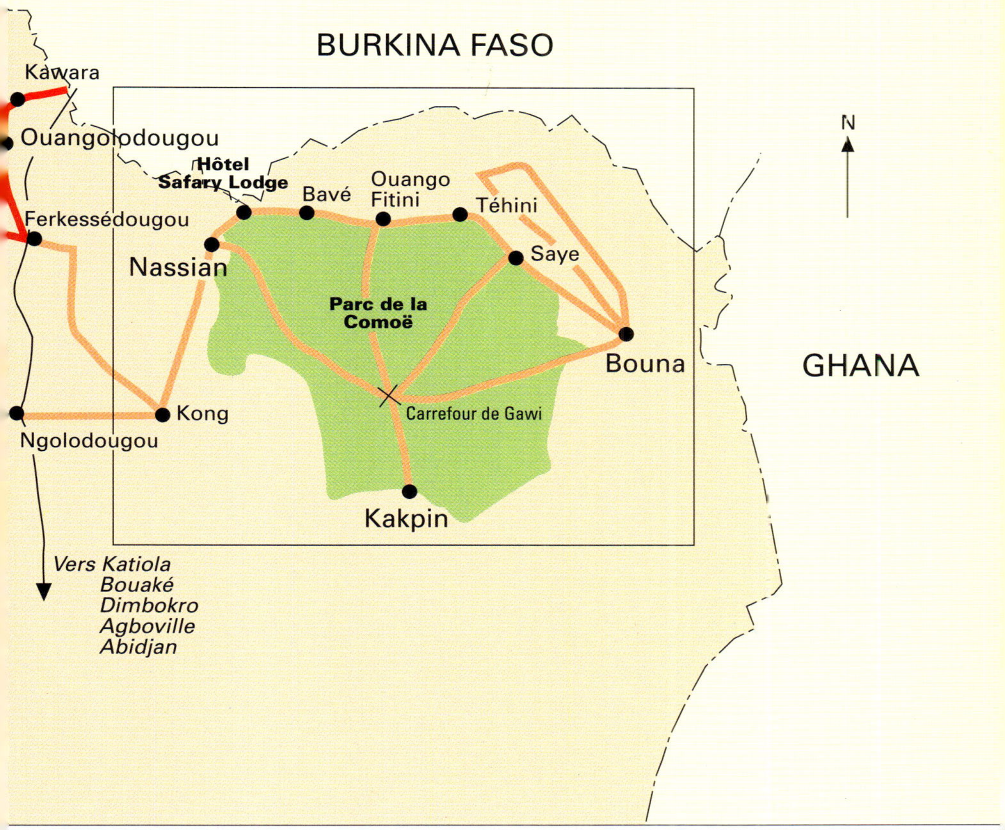
BURKINA FASO
Kawara
Ouangolodougou
Hôtel
Safary Lodge
Bavé
Ouango
Fitini
Téhini
Ferkessédougou
Nassian
Saye
Parc de la
Comoë
Bouna
GHANA
Kong
Carrefour de Gawi
Ngolodougou
Kakpin
N
Vers Katiola
Bouaké
Dimbokro
Agboville
Abidjan

Bavé
Ouango
Fitini
Téhini
Mont Wabélé
Iringou
Kolodio
Saye
Yalo
Parc de la
Comoë
Sinti
Bouna
Comoë
Mont Biélérazi
Binaodi
Mont Pelekaï
Bania
Carrefour de Gawi
Bamago
Kopingué
Iringou
Monts
Boutourou
Koutouba
Gansé
Kakpin
Comoë
Bondoukou

spécial voyage d'affaires

Avant le départ

Ambassade de Côte d'Ivoire, 102, avenue Raymond-Poincaré, 75016 Paris, tél. 45.01.53.10
OITH, 24 bd Suchet, tél. 42.88.62.92.

Sur place

Les adresses et numéros de téléphone ci-après sont tous situés à Abidjan, sauf mention spéciale (hôtels ou restaurants).
Ambassade de France, 17, rue Lecœur, BP 175, tél. 20.04.04.
Consulat, tél. 20.05.05.
Chambe de commerce, 6, avenue J.-Anoma, 01, B.P. 1399, Abidjan, tél. 32.46.83. Télex 23224.
Centre du Commerce International, B.P. V 142, tél. 21.30.92.
Jeune Chambre Économique, 6, avenue Lamblin, 01, B.P. 3714, tél. 22.35.59.
Fonds d'entraide et de Garantie des Emprunts du Conseil de l'Entente, 01, B.P. 3734, tél. 33.28.35.
Direction Générale des Douanes, tél. 21.23.16.
Direction de la Promotion et du Commerce Extérieur, B.P. V 2543, tél. 21.26.35.

Ministères :
Commerce et Industrie, tél. 21.24.35.
Agriculture, tél. 22.81.35.
Finances, tél. 21.05.66.
Tours ministérielles A et B, tél. 21.06.88 ; C, tél. 29.40.00 ; D, tél. 29.00.00 ; E, tél. 29.20.00.

Banques :
Banque Centrale des États de l'Afrique de l'Ouest : 01, B.P. 1769, tél. 21.04.66. Télex 23761.
BFCE : immeuble Alpha 2000, avenue Chardy, 04, B.P. 918, tél. 33.28.75. Télex 23839.
BICICI : avenue Franchet-d'Esperey, 01, B.P. 1298, tél. 20.16.00. Télex 23651.
BNDA : 11, avenue J.-Anoma, 01, B.P. 2508, tél. 32.07.57. Télex 22298.
Banque Paribas : B.P. 09, tél. 21.30.32. Télex 22870.
BIAO : 8, avenue J.-Anoma, 01, B.P. 1274, tél. 20.07.20. Télex 23631.
SGBCI : 5, avenue J.-Anoma, 01, B.P. 1355, tél. 32.03.33. Télex 22651.
Société Ivoirienne de Banques : 34, bou-

OÙ S'ADRESSER À L'ÉTRANGER

Algérie : *immeuble le Bosquet, Hydra le Paradou, Alger, tél. 60.23.78.*
RFA : *Konigstrasse 93, TIL. 21.20.98 – 21.20.99, Bonn-Bad Godesberg, tél. (02221) 33.10.11 – 33.10.12*
Belgique-Pays-Bas-Luxembourg : *234, av. Franklin-Roosevelt, Bruxelles 5, tél. 673.23.40 – 02/672.23.54 à 57.*
République du Zaïre : *68, avenue de la Justice, B.P. 8935 Kinshasa/Kalina, tél. 30.440 – 30.431.*
États-Unis d'Amérique : *2414 Massachussets N.W. Washington D.C. 20008.*
Danemark-Suède-Norvège-Finlande : *Gersonvej 8, Copenhague 2900 Hellerup, tél. HE (Hellerup) 88.22.*
Tokyo-Japon 107 : *Aoyama Tower 19/68, 2 Chome Uehara plaza appt 2 C, tél. 402.83.71 – 402.83.72.*
Liban : *Avenue Sami El Solh, imm. Litex Bank, tél. 41.21.17.*
Canada : *9, av. Malborough Ottawa, Ontario Kin 8e 6, tél. 236.99.10 – 236.99.19 ; 00.1.202 – 48.32.400. Résidence : 96.665.14, télex : 23.64.195 Ivory Coast.*
Ethiopie-Tanzanie-Kenya-Ouganda : *P.O. box 3668 Addis Abeba, tél. 448.330 à 448.333.*

levard de la République, 01, B.P. 1300, tél. 32.00.00. Télex 23751.

Indicatif téléphone :
33 pour la France. 32 pour la Belgique. 41 pour la Suisse. 352 pour le Luxembourg.
Central téléphonique : 34.56.53.
Service central télex : 34.74.19. Télex 22222.

Transports :
Aéroport Port-Bouët : tél. 27.81.01.
SICF : tél. 21.02.45.
Sotra : 01, B.P. 2009, tél. 32.17.37. Télex 43101 (location autocars et bateaux, excursions).

Transitaires :
Air Afrique : tél. 36.81.83.
SOAEM-CI Transit : tél. 36.84.83.
Transafric : tél. 36.81.41.
Transcap Air Fret : tél. 36.81.31.
SDV : 01, B.P. 4082, tél. 20.20.00, fax 20.21.09.
Compagnies aériennes :
Air Afrique : avenue J.-Anoma, tél. 32.02.00. Télex 23785.
Air Ivoire : avenue du Général-de-Gaulle, tél. 32.26.73.

Hôtels :
A Abidjan : Sofitel, Le Tiama, L'Ibis.
Novotel au *Plateau.*
Ivoire à *Cocody.*
Golf à la *Riviera.*
A Yamoussoukro : Le Président, Le Bonheur (moins important).

Restaurants :
Les différents restaurants des hôtels précédents.
A Abidjan : Aboussouan, cuisine africaine, bd Valéry-Giscard-d'Estaing, tél. 22.37.14.
Etable, bd de Marseille.
A Yamoussoukro : le Soukala, sur un des lacs ouest, près de la grande mosquée ; très beau restaurant de cuisine africaine.

France Unesco : *102, av. Raymond-Poincaré, 75116 Paris, tél. 45.01.53.10.*
Ambassade de Côte d'Ivoire : *102, av. Raymond-Poincaré, 75016 Paris, tél. 45.01.53.10, fax 45.00.47.97.*
Ghana : *9, Eighteenth Lane, P.O. box 3445, Accra, tél. 74.611.*
Grande-Bretagne : *2, Upper Belgrade Street Londres SWI.*
O.N.U. : *46 East 74th Street, New York 21, tél. 212.00.1.212 – 988.39.30.*
Suisse-Berne : *51, Thormannstrasse, Berne-3000. tél. 00.41.31 – 43.10.51 – 43.10.52 – 43.10.54/98.46.44 – 98.46.45 – 98.46.46.*

Deux tendances architecturales se manifestent avec des tours modernes ou des cases traditionnelles : à gauche l'hôtel Ivoire d'Abidjan et Club Med d'Assinie (photos L. Giraudineau/J.A.), à droite, l'hôtel Président à Yamoussoukro (photo Ascani/Hoa Qui) et le Club Kon Tiki à Vridi (photo L. Giraudineau/J.A.).

index

Cet index comprend les sites faisant l'objet d'une prescription. Ceux qui justifient une rubrique particulière sont indiqués en gras.

La Côte d'Ivoire compte un pourcentage important de musulmans pour lesquels le Ramadan, comme partout dans le monde, est pratiqué avec ferveur... d'où le plaisir physique libérateur qui se fait jour à la fin de cette période de privation (photo Ascani/Hoa Qui).

dans la même collection

pays-régions

- l'algérie *(6e éd.)*
- les antilles *(6e éd.)*
- l'argentine
- l'australie *(5e éd.)*
- le brésil *(4e éd.)*
- le burkina faso
- la californie
- le cameroun *(6e éd.)*
- le canada *(4e éd.)*
- la cappadoce, konya et ankara
- capri, naples et pompéi
- le cher en berry *(2e éd.)*
- la chine *(5e éd.)*
- les comores *(3e éd.)*
- le congo *(2e éd.)*
- la corée du sud
- la corse *(1ère éd.)*
- la côte d'ivoire *(7e éd.)*
- la crète *(3e éd.)*
- l'écosse
- l'égypte *(8e éd.)*
- l'espagne, les baléares, les canaries *(4e éd.)*
- la finlande *(2e éd.)*
- la floride
- le gabon *(4e éd.)*
- le ghana *(2e éd.)*
- les grandes alpes *(2e éd.)*
- la grande-bretagne *(3e éd.)*
- la grèce *(6e éd.)*
- la guinée-bissau
- la guyane *(3e éd.)*
- la hollande et amsterdam
- l'île de la réunion *(7e éd.)*
- l'île maurice *(4e éd.)*
- l'inde *(2e éd.)*
- l'indonésie *(5e éd.)*
- l'irlande *(5e éd.)*
- l'islande, le groenland et les féroé
- le japon *(2e éd.)*
- le kenya *(4e éd.)*
- la louisiane *(4e éd.)*
- madagascar *(6e éd.)*
- la malaisie
- le mali *(2e éd.)*
- le maroc *(9e éd.)*
- la mauritanie
- le mexique *(5e éd.)*
- le népal
- le niger *(4e éd.)*
- la nouvelle calédonie
- le portugal, les açores et madère *(5e éd.)*
- rhodes
- le rwanda
- la scandinavie *(6e éd.)*
- le sénégal *(2e éd.)*
- les seychelles *(4e éd.)*
- la sicile *(5e éd.)*
- sri lanka (ceylan) *(3e éd.)*
- la suisse et le liechtenstein *(2e éd.)*
- la syrie *(3e éd.)*
- tahiti et toutes ses îles *(5e éd.)*
- la thaïlande *(3e éd.)*
- le togo *(3e éd.)*
- la tunisie *(1ère éd.)*
- la yougoslavie *(4e éd.)*
- le zaïre *(3e éd.)*

villes

- barcelone et la catalogne
- bruxelles, flandres et wallonie
- budapest et la hongrie
- chicago
- florence et la toscane *(4e éd.)*
- hong kong et singapour
- istanbul et la turquie égéenne *(4e éd.)*
- jérusalem
- la mecque et médine *(3e éd.)*
- lisbonne
- londres
- madrid et tolède
- moscou et saint-pétersbourg *(4e éd.)*
- new york *(3e éd.)*
- prague
- rome et le vatican *(2e éd.)*
- séville et l'andalousie
- venise *(4e éd.)*

à paraître

- l'afrique du sud
- le danemark et copenhague
- la guinée équatoriale
- le pakistan
- les philippines
- l'alsace et strasbourg
- tokyo

LES EDITIONS DU JAGUAR

57 bis, rue d'Auteuil - 75016 Paris
directeur honoraire de la collection : jean hureau
photos : guy philippart de foy sauf mention spéciale
cartographie : editerra

achevé d'imprimer 1er trimestre 1996 par Pozzo Gros Monti S.p.A. - Italie
No d'éditeur 1213/7 - ISBN-2-86950-255-9 -ISSN 0240-8058
DL 1re édition: 1976. Dépôt légal 3e trimestre 1998